KNAUR

Im Knaur Taschenbuch Verlag sind aus der simplify-Reihe folgende Titel erschienen:
simplify your life. Einfacher und glücklicher leben
simplify your love. Gemeinsam einfacher und glücklicher leben
simplify your life. Endlich mehr Zeit haben
simplify your life. Mit Kindern einfacher und glücklicher leben
simplify your life. Küche, Keller, Kleiderschrank entspannt im Griff
simplify your life. Den Arbeitsalltag gelassen meistern
simplify Diät. Einfach besser essen und schlank bleiben

Über den Autor:
Prof. Dr. Lothar Seiwert ist Europas führender und bekanntester Experte für das neue Zeit- und Lebensmanagement. Kaum ein anderer Sachbuchautor und Business-Speaker dürfte so häufig ausgezeichnet worden sein: Prof. Seiwert erhielt in den letzten Jahren mehr als zehn Awards, unter anderem den *Benjamin-Franklin-Preis* (»Bestes Business-Buch des Jahres«), den *Internationalen Deutschen Trainingspreis*, den *Life Achievement Award* für sein Lebenswerk oder den *Conga-Award* als bester Business-Speaker der Deutschen Veranstaltungsbranche. Die *German Speakers Association* ehrte ihn mit der Aufnahme in die *Hall of Fame* der besten Vortragsredner. Seine Vorträge in deutscher und englischer Sprache haben in Europa, Asien und den USA bereits mehr als 400 000 Zuhörer mit Spannung verfolgt.
Die Bücher des prominenten Keynote-Speakers stürmen immer wieder die Bestsellerlisten und wurden weltweit mehr als 4 Millionen Mal verkauft. Allein der weltweite Megaseller *simplify your life* (mit Werner Tiki Küstenmacher) hielt sich fast 300 Wochen ununterbrochen in der *Spiegel*-Bestsellerliste.
Heute leitet er als erfolgreicher Unternehmer die Heidelberger *Seiwert Keynote-Speaker GmbH*, die sich auf sein Vortragsgeschäft zu den Themen Time-Management, Life-Leadership® und Work-Life-Balance spezialisiert hat. Von 2009–2011 war Prof. Seiwert Präsident der *German Speakers Association* (GSA). Im Juli 2010 wurde er in den USA mit dem höchsten und härtesten Qualitätssiegel für Vortragsredner, dem CSP (*Certified Speaking Professional*), ausgezeichnet.
www.Lothar-Seiwert.de

Lothar Seiwert

simplify
your time

Einfach Zeit haben.

Mit einem Vorwort und Illustrationen
von Werner Tiki Küstenmacher

Knaur Taschenbuch Verlag

simplify your life® ist eine eingetragene Marke der
VNR Verlag für die Deutsche Wirtschaft AG, Bonn.

»Eines der besten Bücher des Jahres 2010.«
Managementbuch.de

**Besuchen Sie uns im Internet:
www.knaur.de**

Vollständige Taschenbuchausgabe März 2013
Knaur Taschenbuch
Ein Unternehmen der Droemerschen Verlagsanstalt
Th. Knaur Nachf. GmbH & Co. KG, München
Copyright © 2010 Campus Verlag GmbH, Frankfurt am Main
Alle Rechte vorbehalten. Das Werk darf – auch teilweise – nur mit
Genehmigung des Verlags wiedergegeben werden.
Umschlaggestaltung: ZERO Werbeagentur, München
Umschlagabbildung: Werner Tiki Küstenmacher
Satz: Adobe InDesign im Verlag
Druck und Bindung: CPI – Clausen & Bosse, Leck
Printed in Germany
ISBN 978-3-426-78386-3

2 4 5 3 1

>>Das Leben ist eine Reise.
Je weniger Gepäck man dabei hat,
desto mehr Eindrücke
kann man mitnehmen.<<

Hanna Schygulla

Inhalt

Vorwort von Werner Tiki Küstenmacher 9
Weg mit dem Zeitballast! 13

1. Einfach Schluss mit Zeit-Irrtümern: *simplify* **schafft Klarheit** . . 19
Lassen Sie sich nicht länger von Zeit-Irrtümern unter
Druck setzen. *simplify* ist Ihr Weg zu einem entspannten
Umgang mit der Zeit!

Zeit-Irrtum Nummer 1: Keine Zeit?! 31
Zeit-Irrtum Nummer 2: Schneller ist besser! 39
Zeit-Irrtum Nummer 3: Wer viel macht, hat Erfolg! 47
Zeit-Irrtum Nummer 4: Internet und Co. sind Zeitsparer! . 55
Zeit-Irrtum Nummer 5: Multitasking bringt Zeitgewinn! . . 63
Zeit-Irrtum Nummer 6: Pausen sind überflüssig! 71
Zeit-Irrtum Nummer 7: Trödeln ist nur was für Faule! . . . 79

2. Einfach persönlich: Die simplify-TIME-Typen 87
Finden Sie heraus, welcher Zeit-Typ Sie sind. *simplify* zeigt,
wie Sie ganz individuell das Beste aus Ihrer Zeit machen!

Reine Typsache: Der *simplify*-TIME-Test 91
Echt flott: Der **T**urbo-Typ 97
Kreativität pur: Der **I**deen-Typ 109
Alles im Blick: Der **M**anager-Typ 121
Immer ganz genau: Der **E**xakt-Typ 133
Stärken sammeln: Besser im Team 147

: 7

3. Einfach mit Methode: Die *simplify*-Time-Tools 151

Mit einfachen Methoden ganz viel erreichen – das ist Zeit-management à la *simplify*! Die *simplify*-Time-Tools helfen Ihnen, den hektischen Alltag in den Griff zu bekommen und sich wichtige Zeit-Freiräume zu schaffen.

simplify-Tool 1: Prioritäten bestimmen 159
simplify-Tool 2: Richtig planen 173
simplify-Tool 3: Aufgaben abgeben 191
simplify-Tool 4: Info-Stress abschalten 205
simplify-Tool 5: Ordnung schaffen 223

4. Weniger, aber besser: Das *simplify*-Prinzip 239

Befreien Sie sich von überflüssigem Ballast und erobern Sie sich mit dem *simplify*-Prinzip langsam, aber konsequent Ihre Lebensqualität zurück.

Einfach in Balance: So dreht sich mein Lebensrad 247
Einfach visionär: Das ist mein Lebenstraum 261
Einfach zum Ziel: Jetzt werden Wünsche wahr. 273
Einfach gut: Weniger, aber besser! 289

Einfach loslegen: Mit *simplify* auf Erfolgskurs 309

Einfach entspannend: *simplify* für Turbo-Typen 313
Einfach kreativ: *simplify* für Ideen-Typen 314
Einfach mehr vom Leben: *simplify* für Manager-Typen . . . 315
Einfach erstklassig: *simplify* für Exakt-Typen 316

Literatur 317
Register 325

Vorwort
von Werner Tiki Küstenmacher

Liebe Leserin, lieber Leser,

seit etwa 50 Jahren bin ich begeisterter Leser von Ratgeberbüchern, seit über 20 Jahren schreibe ich selbst welche. Es ist an der Zeit, dass ich Ihnen das tiefste Geheimnis dieser Literaturgattung verrate: Das Lesen von Ratgebern hilft nichts.

Wirksam werden diese Bücher erst, wenn Sie das, was drinsteht, auch tun. Es ist ähnlich wie beim berühmten Bonmot über chemische Substanzen im Sport: »Doping im Fußball bringt nichts. Das Zeug muss in die Spieler!«

Also: Wie kommt das gelesene Wissenszeug von Ihrem Gehirn in Ihre Muskeln? Wie gelangen all die wertvollen Erkenntnisse, die Sie in diesem neuesten Buch von Zeit-Professor Seiwert gewinnen werden, in Ihren Alltag?

»*Umsetzung*« nennt man diesen mühsamen Vorgang, und in diesem eigenartigen Wort steckt bereits die Lösung. Früher wurden wir in der Schule »umgesetzt«, weil wir mit unserem Banknachbarn den Unterricht gestört hatten. Eine simple örtliche Veränderung kann Wunder wirken. Sie hilft bei menschlichen Problemen, und ganz besonders bei Schwierigkeiten mit dem Thema Zeit.

Möglichkeiten für solche Ortswechel gibt es jede Menge: Wechseln Sie bei Arbeitsüberlastung das Zimmer. Wenn Sie genervt sind von einem anderen Menschen, gehen Sie von ihm weg. Laufen Sie ein paar Schritte, wenn Sie gedanklich irgendwo festhängen. Setzen Sie sich bei einem Meeting auf einen anderen Platz als sonst. Tragen Sie

Ihre Uhr am anderen Handgelenk, um Ihre Zeit aus einem neuen Blickwinkel zu sehen. Kurzum: Bewegen Sie Moleküle in Ihrer Außenwelt, damit sich auch etwas bewegt in der Innenwelt Ihrer Seele. So lässt sich manche Blockade lösen, manche Stresssituation entschärfen. Aber was ist mit all dem winzigen Sand im täglichen Getriebe? Das sind die vielen Gewohnheiten und Verhaltensmuster, die sich meist tief eingegraben haben in den Bodenbelag Ihres Alltags. Dennoch sind sie schwer zu erkennen, denn längst haben Sie sich an sie gewöhnt. Mit diesem Buch werden Sie ihnen endlich auf die Schliche kommen. *Lothar Seiwert* kennt sie alle: Er hat zigtausende Menschen beraten, die enttäuscht oder verzweifelt waren über ihre chronische Zeitnot, ihre Stresssymptome und die damit zusammenhängenden Serien von Pleiten, Pech und Pannen.

Sie haben also eine große, schwere Aufgabe vor sich. Nein! Bitte denken Sie nie wieder so über Ihr Leben. Sondern nehmen Sie es als großes, unendlich kostbares Geschenk. Seien Sie froh über alles, was Sie haben, auch über die schweren Tage und all die Lasten, die Sie mit sich herumschleppen. Machen Sie sich's einfacher. Womit wir endlich beim schönen Titel dieses Buchs wären:

simplify your time.

simplify ist zu einem stehenden Begriff geworden, seit ich mit Lothar Seiwert im Jahr 2001 das Buch auf den Markt brachte, das zum erfolgreichsten Ratgeber des Jahrzehnts werden sollte.

Weltweit sehnen sich die Menschen danach, dass ihre Umgebung einfacher werden möge. Das tut sie aber nicht: Menschliche Beziehungen sind und bleiben kompliziert, Gesellschaften werden immer differenzierter, unser Wertesystem immer sensibler. Wir würden so gern die Verhältnisse ändern, die Menschen um uns herum, die Gesetze von Wirtschaft und Gesellschaft. Aber das einzige, was wir wirklich umgestalten können, sind wir selbst.

Daher ist das wichtigste Wort im Titel des vorliegenden Buches nicht der schöne Begriff *simplify* und auch nicht die archaische Vokabel *time*, sondern das unscheinbare Bindeglied dazwischen: *your*: Sie können nicht das Leben vereinfachen, aber Ihr Leben: *your life*. Sie können nicht die Zeit vereinfachen, aber das Stück davon, das Ihnen gehört: *your time*.

Dieses Stück Zeit, Ihre *Zeit, ist das Kostbarste, was Sie besitzen.* Sie haben es geschenkt bekommen, nicht damit Sie sich darüber ärgern, es verschleudern oder es ausquetschen wie eine Zitrusfrucht. Sondern damit Sie es genießen, das Beste daraus machen und es mit anderen teilen!

Fangen Sie jetzt damit an: mit dem Lesen und mit dem Tun.

Ihr
Werner Tiki Küstenmacher

Weg mit dem Zeitballast!

Liebe Leserin, lieber Leser,

als ich vor fast zehn Jahren gemeinsam mit meinem Freund und Kollegen Tiki Küstenmacher *simplify your life* schrieb, ahnte niemand, was für ein Erfolg dieses Buch werden würde: Es hielt sich fast 300 Wochen ununterbrochen in der *Spiegel*-Bestsellerliste, in deutscher Sprache wurde es fast anderthalb Millionen Mal verkauft, eine weitere Million in über 30 anderen Sprachen weltweit.

Zeitmanagement war schon damals ein zentrales *simplify*-Thema, doch seit Internet, Mail, Blackberry und iPhone unseren Alltag takten, ist die Welt noch schneller geworden. In den vergangenen Jahren konnte ich am Rande meiner Vorträge und Seminare viele Gespräche mit den Teilnehmern führen, und ich spürte: Unglaublich viele Menschen haben das Gefühl, »zu wenig Zeit« zu haben. Sie fühlen sich ständig überfordert und unter Druck.

Auf diesem Höhepunkt der Kompliziertheit ist die Sehnsucht nach Einfachheit am größten. Deshalb ist jetzt die Zeit für *simplify your time*. Ich verspreche Ihnen: *simplify your time* wird Sie verändern, denn Sie werden eine völlig neue Sichtweise auf das Phänomen Zeit bekommen. Sie werden sich von Terminstress und Zeitdruck verabschieden und das wunderbare Gefühl der Ruhe und Gelassenheit neu entdecken. Sie werden endlich wieder unverplante Zeit genießen und ohne schlechtes Gewissen faul sein. Sie werden sich entspannen und erholen und merken, wie Sie daraus Kräfte schöpfen können, die Sie lange schon vergessen hatten. Sie werden beschwingt und mit Spaß Ihre Arbeit erledigen. Sie werden konzentriert an einzelnen Aufgaben arbeiten und dabei ganz neue Erfolgserlebnisse feiern.

Die Bochumer Soziologin Nadine Schöneck hat das Zeitempfinden der Deutschen erforscht. Ihr Ergebnis: 80 Prozent sind unzufrieden, weil sie unter Druck stehen, sich gehetzt fühlen. Weil sie nicht ahnen, wie einfach ein besserer Umgang mit der Zeit eigentlich ist.

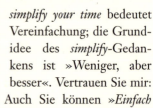

simplify your time bedeutet Vereinfachung; die Grundidee des *simplify*-Gedankens ist »Weniger, aber besser«. Vertrauen Sie mir: Auch Sie können »*Einfach Zeit haben*«, wenn Sie in Zukunft ein bisschen mehr Eigensinn zulassen, bewusst auswählen und Nein sagen bei langweiligen oder überflüssigen Dingen. *simplify your time* bedeutet nicht, Zeit zu sparen, immer schneller zu werden, noch mehr Arbeit hineinzustopfen. Viel einfacher ist es, die Zeit schätzen zu lernen, sie zu seinem Freund zu machen und so zu mehr Lebensqualität und besseren beruflichen Ergebnissen zu kommen!

Die *simplify your time*-Reise

Ist Ihnen das Bild am Anfang und am Ende dieses Buches aufgefallen? Betrachten Sie doch noch einmal dieses graue enge Gewusel, die Autos im Stau auf der Straße, die gedrängten Menschenmassen, die überfüllten Büros mit den vielen Menschen vor den PCs, den Telefonhörer immer in der Hand! Können Sie das Hupen, den Straßenlärm, das Stimmengewirr, die vielen verschiedenen Handyklingeltöne hören? Und fühlen Sie sich vielleicht dabei ein bisschen an

Ihren Alltag erinnert? Alles ist bis auf den letzten Freiraum verplant, die Tage voll gepackt mit Aufgaben und überladen mit Verpflichtungen, und ständig zerrt jemand an Ihrem Ärmel und will *noch mehr*, bis Sie irgendwann einen solchen beklemmenden Druck fühlen, dass Sie kaum mehr atmen können.

Und jetzt werfen Sie einen Blick auf das Cover dieses Buches: Stellen Sie sich einmal vor, Sie wären an Bord des Heißluftballons, getragen von der freundlichen Uhr, weit weg von dem Durcheinander und Gewimmel: Sie haben all Ihren Ballast abgeworfen, und nun schweben Sie davon. Je mehr Abstand Sie gewinnen, desto freier können Sie atmen, desto klarer können Sie sehen: Sie lassen Ihren Blick entspannt über die Landschaft unter Ihnen schweifen, und mit dieser Distanz erkennen Sie in dem Gewimmel da unten plötzlich auch fröhliche Personen und farbenfrohe Dinge, die Ihnen wichtig sind. Dann heben Sie Ihren Blick und schauen nach vorn, und endlich, hier oben, können Sie am Horizont Ihre Ziele wieder erkennen, die Sie lange aus den Augen verloren hatten.

Ich möchte Sie zu einer solchen *simplify your time*-Reise einladen. Steigen Sie mit mir in unseren Heißluftballon, und werfen Sie den Zeitballast ab, der auf Ihren Schultern lastet und Sie beklemmt.

Die vier großen Sandsäcke

Unsere gemeinsame Reise hat keine feste Route, aber wir können in unserem Ballon nur von der Stelle kommen, wenn wir nach und nach Ballast abwerfen:

Wir beginnen mit den größten **Zeit-Irrtümern** – mit all den Mythen und Halbwahrheiten, die um das Thema Zeit kursieren und uns in die Raserei treiben. Sie werden merken: Schon dadurch, dass Sie für sich diese Mythen entlarven, herausfinden, auf welche der irrigen Glaubenssätze Sie besonders empfindlich reagieren und sich davon befreien, werden Sie ein entspannteres Verhältnis zur Zeit entwickeln!

Von den Zeit-Irrtümern befreit, schweben wir gleich weiter zu den **TIME-Typen.** Um Ihren Umgang mit der Zeit zu vereinfachen, sollten Sie unbedingt wissen, wie Ihre persönliche Uhr tickt, anders formuliert: Finden Sie heraus, welcher TIME-Typ Sie sind. Befreien Sie sich von der Vorstellung, dass jedem von uns pro Tag 24 Stunden zur Verfügung stehen und »Zeit« deshalb für alle das Gleiche bedeutet: Jeder Mensch hat ein individuelles Zeitempfinden und geht auf seine ganz persönliche Art und Weise mit seiner Zeit um.

Die TIME-Typen sind aber nicht nur deshalb so hilfreich, weil Sie sich selbst besser verstehen werden, sondern auch, weil Sie damit mit Ihrer Umwelt besser klarkommen: Wie oft haben Sie sich schon über Ihren Partner, Ihren Chef oder einen Kollegen geärgert, der Sie unnötig drängte oder aber wieder erst auf den letzten Drücker alles ablieferte? Wer weiß, mit welchem TIME-Typ er es zu tun hat, der kann gelassener mit solchen Situationen umgehen und besser reagieren.

Auf der dritten Etappe unserer *simplify your time*-Reise werden Sie etwas Erstaunliches erleben: Wir werden gemeinsam sehr viele nützliche *simplify*-**Time-Tools** in unseren Heißluftballon packen, und trotzdem wird der Ballon immer weiter steigen. Denn mit jeder Methode lernen Sie, unnötigen Ballast aus Ihrem Alltag abzuwerfen, sich von ungeliebten, unnötigen, sinnlosen Aufgaben und Verpflichtungen zu befreien.

Die vierte und letzte Etappe unserer Reise bringt uns Ihren **Lebensträumen und -wünschen** näher. Sie werden diese großen Ziele am Horizont erkennen, wenn Sie den letzten Zeit-Sandsack der Verpflichtungen und des Perfektionismus abwerfen und sich ein bisschen mehr Egoismus und Faulheit zugestehen. In der Sonne liegen, das Abendessen mit Freunden, der nächste Karriereschritt: Wofür möchten Sie gerne mehr Zeit haben? Was macht Ihr Leben lebenswert?

Am Ende unserer *simplify your time*-Reise werden Sie nicht nur Ihre Zeit und Ihren Umgang damit besser verstehen. Sie werden auch unzählige *simplify*-Methoden kennen gelernt haben, mit denen Sie den Anforderungen des hektischen Alltags flexibler begegnen und sich wichtige Freiräume für Erfolg und Entspannung, für Leistung und Leichtigkeit schaffen können. Vor allem aber werden Sie endlich das ganz neue, großartige Gefühl erleben, Herr über die eigene Zeit zu sein!

Herzlichst,

Ihr Lothar Seiwert

www.Lothar-Seiwert.de   Heidelberg, im Frühjahr 2013

Einfach Schluss mit Zeit-Irrtümern:
simplify schafft Klarheit

simplify-Kapitelüberblick

Zeit-Irrtum Nummer 1: Keine Zeit?!	31
Zeit-Irrtum Nummer 2: Schneller ist besser!	39
Zeit-Irrtum Nummer 3: Wer viel macht, hat Erfolg!	47
Zeit-Irrtum Nummer 4: Internet und Co. sind Zeitsparer!	55
Zeit-Irrtum Nummer 5: Multitasking bringt Zeitgewinn!	63
Zeit-Irrtum Nummer 6: Pausen sind überflüssig!	71
Zeit-Irrtum Nummer 7: Trödeln ist nur was für Faule!	79

Johann Wolfgang von Goethe

>> Die Irrtümer des Menschen machen ihn eigentlich liebenswürdig. <<

Einfach Schluss mit Zeit-Irrtümern

Immer auf dem Sprung? Ständig unter Druck? Keine Zeit für die schönen Momente des Lebens? Mit *simplify* geht es auch anders.

Spinat enthält viel Eisen. Saurier waren die größten Tiere auf der Erde. Rot macht Stiere wild: Manche Irrtümer halten sich hartnäckig. Auch rund um das Thema Zeit kursieren zahlreiche Mythen und Halbwahrheiten.

Sind Sie ganz sicher, dass schneller immer besser ist, dass Multitasking Ihnen hilft, Zeit zu sparen, und dass ein voller Terminkalender der Karriere dient? Das alles stimmt nicht. Doch obwohl viele von uns insgeheim schon länger daran zweifeln, sind diese falschen Vorstellungen so populär, dass wir sie meist nicht hinterfragen. Im Gegenteil: Wir versuchen ihnen gerecht zu werden und treiben so die Beschleunigung in unserem Leben weiter an.

»Das sind die Weisen, die durch Irrtum zur Wahrheit reisen.« Dieses Zitat von Friedrich Rückert ist das Motto des ersten Teils unserer *simplify your time*-Reise. Denn: Wenn Sie sich von den falschen *Zeitmythen* verabschieden, können Sie Ballast abwerfen und Ihre Reise ganz unbeschwert genießen.

Zeit verstehen

Wir haben Sinnesorgane, um Farben, Geschmacksrichtungen, Gerüche, Geräusche oder Temperaturen wahrzunehmen. Aber: Ausgerechnet für die *Zeit* besitzen wir keine Sensoren. Unser Gehirn misst Zeit anhand von Ereignissen und Bewegungen. Je mehr passiert, je schneller wir uns bewegen, desto gedrängter gestaltet sich die Zeit. Für unsere Zeit-Irrtümer heißt das: *Wahr ist, was wir wahrnehmen.* An der Zeit liegt es also nicht, wenn wir gehetzt oder gestresst sind. Aber woran dann? Erste Antworten gibt Ihnen der kleine Überblick in Sachen Zeit-Irrtümer.

Moment mal!

»Nicht Zeit ist das Maß von Ereignissen, sondern Ereignisse sind das Maß der Zeit«, sagt der britische Physiker Julian Barbour. Diese Überlegung führte ihn zur Theorie der »Nows«. So bezeichnet er eine unendliche Abfolge von »Augenblicken«.

Zeit-Irrtum Nummer 1: Keine Zeit?!

Jammern ist in. Sicher kennen Sie die Geschichte mit dem halb leeren Wasserglas, das den Optimisten vom Pessimisten unterscheidet? Leider sind in Sachen Zeit die meisten von uns absolute Pessimisten. Wir sehen das, was fehlt – nicht das, was wir haben: nämlich jeden Tag 24 Stunden Zeit. Die gute Nachricht ist: Wir können unsere Einstellung jederzeit ändern.

Mein erster ganz einfacher *simplify*-Tipp für Sie lautet daher: Werden Sie *Zeit-Optimist!* Optimismus verändert unser Denken und Handeln. Tun Sie so, als ob Sie Zeit hätten. Untersuchungen belegen: Menschen, die glauben, dass sie Zeit haben, bewegen sich gelassener, gehen strategisch vor, wirken nach außen souveräner und erzielen im gleichen Zeitraum bessere Ergebnisse als hektische Zeit-Pessimisten. Ge-

hen Sie also die Aufgaben und Termine des Alltags mit mehr Zuversicht an. Sicher braucht das etwas Übung und Geduld. Doch oft helfen schon ein paar kleine Verhaltensänderungen.

Zeit-Irrtum Nummer 2: Schneller ist besser!

Etwa 30.000 Briefe kann eine Sortiermaschine pro Stunde verarbeiten – ein Mensch schafft in derselben Zeit vielleicht 1.500. Früher kam einmal am Vormittag die Post – heute erscheint der Briefträger ständig, in Form von Mails. 1996 konnten an der Schweizer Börse gerade mal 45 Transaktionen pro Sekunde ausgeführt werden – 2009 waren es rund 3.000!

Unser Alltag ist ganz schön *schnell* geworden. Nur wer sein Leben frisiert, nur wer auf der Überholspur lebt, gilt als effizient und vital. Sicher, die meisten von uns lieben das Tempo. Wir genießen den Kick bei 200 Stundenkilometern auf der Autobahn oder das prickelnde Gefühl bei einer steilen Off-Pisten-Abfahrt. Doch wenn der Geschwindigkeitsrausch unser Leben bestimmt, rasen wir irgendwann ungebremst in den Abgrund.

Entdecken Sie die Vorzüge eines unaufgeregten Lebens. »Tausche Karriere gegen erfülltes Leben«, lautet das Motto der *Downshifter*. Diese Menschen setzen ganz bewusst auf Entschleunigung. Sie sind es leid, viel Geld auszugeben, um sich von einem stressigen Job zu erholen und besser zu fühlen. Sie steigen vom Sportwagen auf den geräumigen Van um, statt all-inclusive auf den Seychellen suchen sie Erholung bei einem Campingurlaub an der Ostsee. Hauptsache weniger Hektik und mehr Lebensfreude!

Zeit-Irrtum Nummer 3: Wer viel macht, hat Erfolg!

Viel hilft viel! Egal, ob Vitamine zur Stärkung der Abwehrkräfte, Kaffee zum Wachbleiben oder der Einkauf für die Party: Wir nehmen gerne von allem ein bisschen mehr. Im Umgang mit Ihrer Zeit sollten Sie dieses Motto jedoch unbedingt vermeiden.

Ein prall gefüllter Terminkalender ist ebenso wenig ein Garant für Erfolg im Job wie unzählige Überstunden. Pünktlich nach Hause zu gehen passt nicht in unsere moderne Arbeitswelt? Wer keinen Stress hat, gehört nicht dazu? Im Gegenteil: Wer sich ständig zu viel aufhalst, der versinkt ganz schnell im Chaos. Wer seine Energieressourcen verschwendet, kämpft irgendwann mit einem leeren Akku.

Setzen Sie statt Quantität lieber auf *Qualität*. Lernen Sie zu erkennen, wann es genug ist, und schlagen Sie die eine oder andere interessante Möglichkeit lieber in den Wind. Letztlich zählen nur die Ergebnisse. Weniger Verpflichtungen bedeuteten mehr Zeit für die Menschen und Dinge, die Ihnen persönlich wichtig sind.

Cicero
>> Der ist kein freier Mensch, der sich nicht auch einmal dem Nichtstun hingeben kann. <<

Haben Sie *Mut zur Lücke*. Denn kein Eintrag im Kalender heißt nicht automatisch: Freie Zeit! Erwarten Sie immer das Unerwartete. Blocken Sie jeden Tag Zeitreserven für Unvorhergesehenes. Und sollte sich tatsächlich nichts dazwischendrängen – umso besser. Dann freuen Sie sich, dass Ihnen unverhofft Zeit geschenkt wurde, die Sie einfach so genießen können. Denn Zeit und Lebensqualität sind untrennbar miteinander verbunden.

Zeit-Irrtum Nummer 4:
Internet und Co. sind echte Zeitsparer!

BULIBUR für »Bussi links, Bussi rechts«: Eine über Twitter verschickte Nachricht darf höchstens 140 Zeichen lang sein, aber sie kann in Sekunden Millionen von Menschen erreichen. Wir simsen und mailen uns schwindlig, über alle Zeitzonen und die Takte unseres persönlichen Zeitrhythmus hinweg. Dank WLAN und UMTS sind wir permanent vernetzt und immer auf Stand-by; unser Kommunikationsfluss reißt nie ab. Nachrichten finden nicht mehr »nach« einem Ereignis statt – moderne Technik bedeutet Gleichzeitigkeit.

Handy, Internet und Co. beherrschen als digitale Zeitdiebe unseren Alltag. Wir ertrinken in einer Informations- und Datenflut. 2008 wurden nach Schätzungen des amerikanischen Meinungsforschungsinstituts IDC weltweit etwa 210 Milliarden E-Mails pro Tag verschickt. Und all das will auch gelesen und bearbeitet werden! So bleibt uns immer weniger Reflexions- und Reaktionszeit, und wir fühlen uns zunehmend gehetzt.

Gefragt sind deshalb clevere Strategien zur *zeitweiligen Unerreichbarkeit*. Wir müssen technisch ausschalten, um uns über einen längeren Zeitraum auf wichtige Dinge konzentrieren zu können. Also: Bye-bye, Stand-by!

Moment mal!

»No, Sir. Die Amerikaner brauchen vielleicht das Telefon, wir nicht. Wir haben sehr viele Eilboten.« So reagierte Sir William Preece, Chefingenieur der britischen Post, nachdem Graham Bell ihm die praktische Nutzung des Telefons demonstriert hatte.

Zeit-Irrtum Nummer 5:
Multitasking bringt Zeitgewinn!

Jahrelang war *Multitasking* ein gefeiertes Phänomen. Internet und Lifestyle-Zeitschriften waren sich einig: Der moderne Mensch muss einfach mit der Fähigkeit ausgestattet sein, mehrere Dinge gleichzeitig zu tun. Multitasking galt als Schlüssel für Produktivität, Erfolg und Ansehen.

Doch die Zeiten haben sich geändert. »Das Multitasking-Fiasko«, »Multitasking macht Arbeitnehmer dümmer«, »Zeitverschwendung Multitasking« – so oder so ähnlich titeln nun die Gazetten. Wissenschaftliche Studien haben längst bewiesen: Wer immer alles auf einmal erledigt, braucht viel länger, ist wesentlich unkonzentrierter und macht deutlich mehr Fehler. Und eine New Yorker Beratungsfirma rechnet vor, dass der US-amerikanischen Wirtschaft durch Multitasking jährlich knapp 600 Milliarden Dollar verloren gehen. Dennoch erledigen die meisten von uns im Job und im Privatleben nach wie vor vieles nebenher und nebenbei. Das ist umso verwunderlicher, weil Multitasking nicht nur der Wirtschaft, sondern auch der Gesundheit schadet: Zu den Nebenwirkungen zählen Verspannungen, Kopfschmerzen, Unruhe, Stress und im schlimmsten Fall sogar Burnout. Viele wollen einfach nicht wahrhaben, dass wir manche Dinge nicht oder nur sehr schlecht gleichzeitig erledigen können. Auch Napoleon schaffte es angeblich, vier oder fünf Sachen auf einmal zu machen. Doch wir alle wissen, dass seine Geschichte nicht gut ausging. Deshalb sollten wir uns vom Mythos Multitasking verabschieden und es lieber wieder mit der guten alten *Eins-nach-dem-anderen-Methode* versuchen.

Moment mal!

Das lateinisch-englische Wortungetüm Multitasking kommt ursprünglich aus der Informatik. Es umschreibt die Fähigkeit eines Betriebssystems, mehrere Aufgaben zeitgleich auszuführen. Doch der Mensch ist kein Betriebssystem …

Zeit-Irrtum Nummer 6: Pausen sind überflüssig!

Pause? Fehlanzeige! Wie soll das gehen, wo es doch immer so viel zu tun gibt? Die Umsatzstatistiken müssen dringend zum Chef, in einer Stunde beginnt das Meeting, und die Präsentation für den neuen Kunden ist auch noch nicht fertig …

Lee Iacocca
>> Außer in wirklichen Krisenzeiten habe ich nie am Freitagabend, Samstag oder Sonntag gearbeitet. <<

Pausenlos durcharbeiten – das ist nicht nur die Idealvorstellung so mancher Chefs, viele sehen darin auch die einzige Lösung, wenn die Arbeit wieder mal kaum zu schaffen ist. Der allgegenwärtige Zeitdruck führt dazu, dass Pausen oft nur als lästige Unterbrechungen gesehen werden. Wir glauben, wer erfolgreich sein will, muss rund um die Uhr schuften. Doch Effizienz und Kreativität kann man weder erzwingen noch durch eiserne Disziplin ersetzen. Menschen sind keine Maschinen.  Niemand kann den ganzen Tag auf vollen Touren powern. Ohne Pausen gibt es auch keine Leistung: Eigentlich spürt und weiß das jeder. Dennoch gönnen wir uns kaum Auszeiten. Dabei können uns schon *kleine Pausen* jede Menge Kraft und Energie schenken. Und: Dass Pausen für Karriere und Gesundheit viel wichtiger sind als Stress und Überstunden, zeigen uns viele erfolgreiche Vorbilder – allen voran Winston Churchill oder Bill Clinton, die beide selbst in den größten Krisensituationen nur höchst selten ihren Mittagsschlaf ausfallen ließen.

Zeit-Irrtum Nummer 7: Trödeln ist nur was für Faule!

»Trödel doch nicht so rum!« Hat man Sie als Kind auch immer wieder zur Eile angetrieben? Dabei gab es doch nichts Herrlicheres, als die Zeit zu vertrödeln und einfach faul zu sein. Es war wunderbar, ganze Tage damit zu verbringen, im Gras zu liegen, die Straße vor dem Haus vollständig mit Kreide anzumalen oder sich nur im Zeitlupentempo zu bewegen, weil jeder Grashalm, jeder Marienkäfer es wert war, betrachtet zu werden. Doch irgendwann haben wir verlernt, wie gut es tut, ab und zu die Zeit zu vergessen.

Trödeln, faul sein und entspannte *Mußestunden* haben keinen Platz in unseren übervollen Terminkalendern. Im Gegenteil: Wir tun alles, um selbst klitzekleine Zeitreserven aufzuspüren und auch die letzten freien Minuten sinnvoll zu nutzen. Leere Zeit, Freizeit, die nicht mit Aktivitäten verplant ist, kennen viele gar nicht mehr. Doch Nichtstun ist nützlich, Muße ist wertvoll, ja vielleicht sogar lebensnotwendig. Newton, Frankl oder Freud: Viele wichtige Denker belegen eindrucksvoll, dass große Ideen meist in Phasen der Muße geboren werden. Deshalb sollten wir alle die Muße öfter zu uns einladen, unsere Zeit vertrödeln und den Augenblick ganz absichtslos genießen.

Zeit-Irrtümer durchschauen

Immer weniger Zeit, um immer mehr zu erledigen: Was Computer, Outlook, Blackberry und Co. noch spielend bewältigen, bringt uns Menschen ganz schnell an unsere Grenzen. Dennoch lassen wir uns auf den halsbrecherischen Wettlauf mit der Uhr ein und treiben uns gegenseitig zur Eile an. Wir sind eine Gesellschaft im Dauerstress. Alles soll schnell abgehakt werden: Arbeit, Freizeit, Leben. Dabei bemerken wir gar nicht, wie sinnlos dieser ganze Tempowahn in Wirklichkeit ist. Wir hetzen einfach mit den anderen mit. Was alle tun, muss doch richtig sein – oder? Wenn hin und wieder leise Zweifel aufkommen, dann haben wir keine Zeit, ernsthaft darüber nachzudenken.

Ladislaus Boros
>> Der Mensch hat keine Zeit, wenn er sich nicht Zeit nimmt, Zeit zu haben. <<

Wer von lauter gehetzten Zeitgenossen umgeben ist, kann nicht plötzlich alles nur im Schneckentempo erledigen und zum Dauermüßiggänger werden. Aber das müssen Sie auch gar nicht. Es reicht, nicht immer gleich in Panik zu verfallen und jeden Tempo-Hype mitzumachen. Wenn Sie sich nicht länger von den Zeit-Irrtümern blenden lassen und die Tipps in den folgenden Kapiteln umsetzen, dann haben Sie schon viel gewonnen – viel Zeit und Gelassenheit! Also, betrachten Sie die Uhr nicht länger als Gegner, den Sie in einem hektischen Wettrennen schlagen müssen, sondern als Freund, der Ihnen hilft, viel besser und entspannter zu arbeiten und zu leben. Entdecken Sie mit *simplify your time* die schönen Seiten der Zeit!

›Wie entkomme ich dem täglichen Zeitdruck?‹

Ganz einfach: Weniger tun!

Zeit-
Irrtum Nummer 1:
Keine Zeit?!

Termine statt Freiräume, Aufgabenlisten statt Lebensfreude: Stopp! Wer meint, keine Zeit zu haben, der irrt gewaltig.

»Hast du denn überhaupt irgendwann Zeit, aus den Stoffen, die du sammelst, etwas zu nähen?« Eigentlich ging es bei der Wohnreportage eines schwedischen Möbelhauses um das Thema »Geliebtes Zuhause«. Doch die Antwort auf diese Frage vermittelt ein wunderbares Gefühl von Befreiung: »Nein. Warum auch? Ich muss nicht all die Dinge, die mir gefallen, unbedingt umsetzen. Es reicht, wenn ich mich einfach daran erfreue.«

simplify-Überblick

- Viel jammern hilft wenig
- Zeit ist Geld
- Ich habe ~~keine~~ Zeit
- Nicht auf den Wecker gehen

An etwas Spaß haben, ohne Anwendungsplan, sich nicht unter Druck setzen, keine Ausflüchte suchen, nur weil andere ein Ergebnis erwarten, genau dafür steht auch *simplify your time*. Denn Zeit ist kein Optimierungsproblem, sondern eine sehr persönliche Sache. Und deshalb liegt es an uns, Zeit so zu nutzen, dass sie uns gut tut.

Viel jammern hilft wenig

»Sorry, *keine Zeit!*« Wir haben uns derart an die alltägliche Hetze gewöhnt, dass es uns nicht mehr bewusst ist, wie oft diese Klage über unsere Lippen kommt. Kein Gespräch unter Freunden oder Kollegen, in dem nicht irgendwann die Rede von Stress und Zeitdruck ist. Verständlich, schließlich ist unsere moderne Lebensweise ja durch immer knapper werdende Zeit gekennzeichnet. Doch halt: Die Zeit ist nicht weniger geworden! Wie unsere Vorfahren stehen jedem von uns pro Tag exakt 24 Stunden zur Verfügung.

Doch wenn es genügend Zeit gibt und täglich neue hinzukommt, was macht dann unseren *Zeitmangel* aus? Warum haben wir das Gefühl, nie genug Zeit zu haben? Nun, wenn es nicht an der Menge liegt, dann ist es wohl unsere Einstellung.

Zeit ist Geld

Dieser Spruch von Benjamin Franklin ist längst zum hektischen Motto des modernen Zeitdrucks geworden. Tatsächlich jedoch ist Zeit viel mehr wert als Geld.

Nehmen wir einmal an, ein Bekannter möchte, dass Sie in seine neue Geschäftsidee investieren. Da der Mensch Ihnen aber nicht sonderlich sympathisch ist und seine Idee Sie nicht überzeugt, lehnen Sie ab. Klar, Sie haben ja kein Geld zu verschenken. Was aber passiert, wenn sich dieser Bekannte mit Ihnen zum Essen verabreden will? Handeln Sie dann auch so überlegt? Sie finden, das kann man nicht vergleichen? Irrtum: Man kann.

Wenn Sie pro Tag nur eine Stunde für Dinge aufwenden, die Sie eigentlich gar nicht tun möchten, sind das bezogen auf einen Ganztagsjob pro Jahr fast 32 Tage. Etwa ein Jahresurlaub – einfach so rausgepulvert. Und Sie klagen über Zeitmangel?

Ständig belasten wir unser Zeitkonto mit viel zu vielen Aufgaben und überflüssigen Terminen. Jede noch so kleine Zeitnische wird umgehend für neue Aktivitäten genutzt. Unser ganzes Leben wird von *Zeitdruck* bestimmt: »Die Präsentation muss bis übermorgen stehen. Bis zum Sommer müssen acht Kilo runter. Ich muss unbedingt noch in die neue Ausstellung, sie schließt in einer Woche.« Ob Job oder Freizeit: Wir sind Meister im »Müssen«, aber Anfänger im »Einfach-sein-lassen«. Unser Nonstop-Engagement lässt uns keine Zeit darüber nachzudenken, ob das, was wir tun, wirklich sinnvoll ist. Es scheint, als seien wir so damit beschäftigt, das Wasser vom Boden aufzuwischen, dass wir nicht dazukommen, einfach den Wasserhahn abzudrehen.

Wolfdietrich Schnurre
>> Er war so freigiebig mit seiner Zeit, dass er statt einer Armbanduhr einen Abreißkalender am Handgelenk trug. <<

Da wir unser *Zeitbudget* nun mal nicht überziehen können – für Zeit gibt es keinen Dispo-Kredit –, wird es manchmal ganz schön eng. Und deshalb ist die Feststellung: »*Ich habe keine Zeit*« nicht nur falsch, sie kann langfristig gesehen auch teuer werden. Denn möglicherweise kostet dies Sie die Theateraufführung Ihrer Tochter, das erste Tor Ihres Sohnes, die Geburtstagsfeier bei Freunden oder einfach die Chance, sich selbst etwas Gutes zu gönnen. Lassen Sie nicht zu, dass angeblicher Zeitmangel Sie daran hindert, die Dinge zu tun, die Ihnen wichtig sind, dass Ihre Träume und Wünsche unter der Last von Verpflichtungen begraben werden. Erobern Sie sich Ihre Zeit zurück!

Kennen Sie die schöne Story mit der Zeitkarte? Vor einigen Jahren zogen Mitglieder des *Vereins zur Verzögerung der Zeit* mit einer

: 33

»Zeitkarte« in Scheckkarten-Format durch München und versuchten, damit zu bezahlen – was natürlich nicht ging. Unerhört, beschwerten sie sich daraufhin bei einigen Banken, wo doch Zeit Geld sei! Leider verstanden die wenigsten der Angesprochenen, dass alles ein Scherz war. Nun, beim Thema Geld hört ja auch der Spaß bekanntlich auf …

Ich habe ~~keine~~ Zeit

Streichen Sie das Wort »keine« aus Ihrem Lebensmotto, und alles wird gut. Nein, niemand möchte Sie auf den Arm nehmen. Denn der Zeitdruck, dem wir tagtäglich ausgesetzt sind, ist alles andere als witzig. Aber Weglassen ist tatsächlich der Schlüssel zu mehr Zeit. Und Sie haben ihn in der Hand. Ihr Zeitreichtum versteckt sich in den Dingen und Aktivitäten, die Sie *nicht* brauchen. Schon die legendäre Coco Chanel wusste: »Lebenskunst ist die Kunst des richtigen Weglassens!«

Wenn Sie die drei folgenden *simplify*-Taktiken gegen Zeitdruck beherzigen, werden auch Sie bald sagen: »Klar hab ich Zeit!«

1. *simplify*-Taktik gegen Zeitdruck: Nehmen Sie Ihre Zeit persönlich!

Es ist leicht, anderen die Schuld für unsere Zeitprobleme zu geben. Aber nur eine Person setzt die Maßstäbe für Ihren individuellen Umgang mit der Zeit: Sie selbst! Also, gestalten Sie Ihre Zeit in Zukunft *selbstbestimmt*. Rücken Sie Ihre eigenen Wünsche und Interessen in den Mittelpunkt. Begeben Sie sich auf einen ganz besonderen Ego-Trip und schenken Sie Ihrer Zeit endlich die Aufmerksamkeit, die sie verdient.

simplify-Tipp!

Ein Buch lesen, tanzen … – Fragen Sie sich: Was macht mir Spaß, und wofür möchte ich mehr Zeit haben?

Ich möchte mehr Zeit für mich haben.
Ich möchte mehr Zeit mit meiner Familie verbringen.
Ich möchte mehr Zeit in meine Weiterbildung investieren.
Ich möchte mehr Zeit …

Wenn Sie wissen, wofür Sie gerne mehr Zeit hätten, sollten Sie umgehend damit beginnen, Ihr Zeitbudget zu entlasten.

2. *simplify*-Taktik gegen Zeitdruck: Weniger, aber besser!

Lösen Sie sich von der Angst, etwas zu verpassen! Wählen Sie ganz bewusst aus, womit Sie Ihre Zeit verbringen möchten – oder eben nicht. Niemand kann alles leben, alles machen oder alles haben. Und niemand muss immer und überall erreichbar sein. Tun Sie weniger, aber dafür *das Richtige*. Schaffen Sie Freiräume für Ihr Glück. Unverplante Zeit, ein leeres Blatt im Terminkalender halten wunderbare Möglichkeiten bereit, das Leben zu genießen. Denken Sie immer daran: Wer nicht selbst genießt, wird ganz schnell ungenießbar.

simplify-Tipp!

Machen Sie aus Ihrer üblichen »Must-Do-Liste« eine »Not-To Do-Liste«: Überlegen Sie, was Sie ab heute nicht mehr tun werden! Welche Aufgaben können Sie sich sparen, womit vergeuden Sie Ihre Zeit? So schaffen Sie Platz für das, was Ihnen wichtig ist.

3. *simplify*-Taktik gegen Zeitdruck:
Sparen Sie sich alle Anstrengungen, Zeit zu sparen!

»Warum verkaufst du diese?«, fragte der kleine Prinz. »Weil sie ungeheuer viel Zeit sparen«, sagte der Kaufmann. »Berechnungen von Experten haben ergeben, mit diesen Pillen sparst du 53 Minuten in der Woche.« Die wunderbare Geschichte des kleinen Prinzen von Antoine de Saint-Exupéry wurde vor über 60 Jahren veröffentlicht, aber der Wunsch, Zeit zu sparen, ist heute aktueller denn je. Ständig versuchen wir mit allerlei technischen Gerätschaften und ausgefeilten Tricks der Zeit ein Schnippchen zu schlagen. Doch Zeit kann man erleben und geben, aber nicht kaufen. Deshalb können Sie sich auch alle Sparanstrengungen sparen. Versuchen Sie lieber, die Zeit auf Ihre Seite zu bringen. Machen Sie die Uhr zu Ihrem Freund.

John Steinbeck
>> Man verliert die meiste Zeit damit, dass man Zeit gewinnen will. «

Nicht auf den Wecker gehen

Schlummert in einer Ihrer Schubladen noch eine funktionsfähige mechanische Uhr? Sehr gut – her damit! Klar verfügen Computer, Handy und Co. über Zeitanzeigen, und präziser sind diese Zeitgeber in der Regel auch. Aber meist müssen wir die genaue Zeit ohnehin nicht wissen, es sei denn, wir wollen den Puls messen.

Aber eine Uhr, die man morgens aufzieht, bei der man ab und zu die Zeiger korrigieren muss, macht uns die Zeit viel bewusster. Mechanische Uhren gehen einfach anders – sie vermitteln ein anderes Zeitempfinden. Sie bedrängen uns nicht mit blinkenden Anzeigen, setzen uns nicht mit großen Sekundenzählern unter Druck. Mechanische Uhren wollen angeschaut und verstanden werden. Ganz ruhig zeigen sie uns an, dass Stunden und Minuten verstreichen, aber gleichzeitig lassen sie uns auch erfahren, wie viel Zeit wir eigentlich haben. Und sie nehmen es uns gewiss nicht übel, wenn wir vergessen, sie am Wochenende aufzuziehen …

Denken Sie immer daran: Es mangelt Ihnen nicht an Zeit. Deshalb werden Sie den Zeitdruck nur dann los, wenn Sie vieles von dem sein lassen, was Sie bisher tun.

»Warum ist Schnellsein schlimm? Im Sport zählen ja auch Sekunden.«

Stimmt, aber im Leben darf Tempo nicht zum entscheidenden Kriterium werden.

Zeit-

Irrtum Nummer 2: Schneller ist besser!

»Gib Gas! Beeil dich! Lass knacken! Mach hin!« Oft haben wir es so eilig, dass es nicht mal mehr zu einem vollständigen Satz reicht.

Die Zeiten sind schnelllebig, vieles ändert sich so rasant, dass uns der Atem stockt. Ob im Job oder in der Freizeit – überall drückt die Beschleunigung aufs Tempo: Wir arbeiten schnell, lesen schnell, fahren schnell, sprechen schnell und essen schnell. Ja, wir lieben sogar schneller als früher und wechseln häufiger den Partner.

---

simplify-Überblick

- Beste Mischung
- Nonstop unterwegs
- Slow Living
- Let it slow

Schnelligkeit als Erfolgsfaktor, als Voraussetzung für Innovation, Produktivitätssteigerung und Fortschritt? Irrtum: Das Gegenteil ist der Fall. Gute Leistung lässt sich nicht mit der Stoppuhr messen. In der ganzen Hektik vergessen wir oft das Wichtigste oder machen grobe Fehler. Schlimmer noch: Wer den ganzen Tag rennt, wird irgendwann krank. Denn bei aller Geschwindigkeit gibt es vieles, an dem wir gerne festhalten möchten und auch sollten. Die schönsten

39

Dinge im Leben haben bekanntlich ihre ganz eigene Zeit. Und für die gibt es zum Glück keine Uhr.

Beste Mischung

Wir sind süchtig nach *Geschwindigkeit*. Alles dauert uns zu lange. Nonstop geben wir Gas, schon kleine Verspätungen bringen uns aus dem Konzept. 60 Minuten auf die Verabredung zum Mittagessen warten – in Deutschland undenkbar. Nicht nur, weil wir meist nur eine halbe Stunde Pause haben: Warte- und Leerzeiten stressen uns einfach. Ganz anders ist das in vielen Ländern Afrikas, Asiens oder Südamerikas. Dort lassen die Menschen ihr Leben nicht von der Uhr bestimmen. Zeit ist für sie flexibel, dehnbar wie Gummi. Verabredungen zu einer bestimmten Uhrzeit gelten als ungefähre Vereinbarung. Fünf Minuten können leicht zu einer halben Stunde werden und »morgen« heißt nicht automatisch am nächsten Tag, sondern irgendwann demnächst.

Moment mal!

Für Gepard und Gazelle in der afrikanischen Savanne ist Schnelligkeit eine Frage des Überlebens. Ganz im Gegenteil zum südamerikanischen Faultier: Es bewegt sich im Zeitlupentempo durchs Geäst und ist genau deshalb für andere Tiere schwer auszumachen. Fazit: Jedes Tempo kann sinnvoll sein!

Natürlich will ich Sie nicht dazu bewegen, Terminabsprachen zu ignorieren oder Dinge einfach schleifen zu lassen: Waren müssen pünktlich geliefert, Öffnungszeiten eingehalten und Projekte zuverlässig abgeschlossen werden. Das soll auch kein Aufruf zum generellen Geschwindigkeitsboykott sein. Wie so oft geht es nicht um »Entweder – oder«, sondern um die richtige Mischung zwischen schnellem und langsamem Tempo. Denn der Schnellste ist nicht immer der Sieger und der Langsamste nicht immer der Dumme. Kurzum: Nur gelebte Zeitvielfalt macht uns auf Dauer glücklich.

Nonstop unterwegs

Am laufenden Band mit Rudi Carrell war eine der beliebtesten Samstagabendshows in den 1970er Jahren. Vielleicht erinnern Sie sich: Der Gewinner saß in einem großen Korbsessel vor einem Förderband. Zuerst langsam, dann immer schneller liefen unterschiedlichste Dinge an ihm vorbei – vom Ananasschäler bis zur Waschmaschine. Die Dinge, die er sich gemerkt hatte, durfte er später mit nach Hause nehmen. Dabei verzettelten sich viele Kandidaten in dem Bemühen, möglichst viel zu bekommen, sodass ihre Ausbeute eher kläglich war. Wer sich hingegen auf einige wenige Sachen konzentrierte, konnte sich über schöne Gewinne freuen.

Ein wenig ähnelt unser Leben einem solchen *laufenden Band* – nonstop ziehen Aufgaben, Termine und Verpflichtungen an uns vorbei. Weil alles gleich wichtig erscheint, möchten wir auch alles machen. Da dies nicht zu schaffen ist, fällt irgendwann alles hinten runter. Hier hilft nur eins: Immer mal wieder das Band stoppen. Am besten, Sie machen es wie Balu der Bär im *Dschungelbuch*: »Probier's mal mit Gemütlichkeit …«

Aldous Huxley
>> Der Mensch von heute hat nur ein einziges wirklich neues Laster erfunden: die Geschwindigkeit. <<

Slow Living

Lassen Sie sich Zeit! Machen Sie *Slow Living* zu Ihrem Lebenskonzept – nicht nur in Bezug auf Ihr eigenes Tempo. Slow Living schließt auch die Dinge ein, mit denen Sie sich umgeben: Unablässig drängen neue Konsumartikel auf den Markt, die Auswahl ist unüberschaubar. Kaum etwas hat noch die Chance zum geschätzten guten alten Stück zu werden. Aber geht es tatsächlich nicht ohne Popcorn-Maschine? Sitzt es sich auf einem weißen Ledersofa wirklich besser? Klar macht es Spaß, sich hin und wieder etwas Neues zu gönnen – aber die Basics sollten Sie schon über Jahre gerne nutzen.

Brechen Sie aus diesem hektischen Kreislauf aus. Finden Sie heraus, welchen Gewinn Ihnen Slow Living bringen kann. Definieren Sie Ihren ganz persönlichen langsamen Rhythmus.

Rudolf Rolfs
>> Die Zeit ist eine Vase. Es kommt darauf an, ob man Disteln oder Rosen hineinstellt. <<

Slow reisen, langsam schauen

Der vierwöchige Jahresurlaub in der Sommerfrische ist für die meisten von uns allenfalls noch eine schöne Kindheitserinnerung. Heute halten uns Kurztrips, Last-Minute-Reisen und Eventferien auch in der schönsten Zeit des Jahres auf Trab. Da werden Tausende von Kilometern zurückgelegt, um in einem All-inclusive-Club den Pool und die Bar kennenzulernen. Unzählige Fotos belegen, wo man war, aber gesehen hat man eigentlich nichts.

Entdecken Sie den Sinn des Reisens wieder neu – fliegen Sie nicht einfach über Länder und Kontinente hinweg. Wer langsam guckt, sieht mehr. Auf einer Zugfahrt kommt man viel leichter mit Menschen ins Gespräch als zwischen zwei Staus auf einer Autobahnraststätte. Verzichten Sie auf das Pflichtbesichtigungsprogramm und austauschbare Luxusherbergen. Nutzen Sie stattdessen die Möglichkeit, sich vom hektischen Alltag abzukuppeln.

simplify-Tipp!

Machen Sie doch öfter mal eine Fahrt ins Blaue – ohne verbindliche Zeitpläne. Legen Sie Ihre Routen nur grob fest, und halten Sie, wo es Ihnen gefällt. Genießen Sie das Essen in einem kleinen Landgasthof, und wenn Sie vielleicht ein Glas Wein mehr gekostet haben, dann bleiben Sie einfach über Nacht: Sie haben ja Zeit und verpassen nichts!

Genieß mal schnell!

Früher waren die Lebensmittel knapp – heute ist es die Zeit. Zwischen zweieinhalb und vier Minuten, so haben Studien ergeben, dauert eine Fast-Food-Mahlzeit. Nach spätestens zehn Minuten hat man das Lokal wieder verlassen. Häufig nehmen wir uns nicht einmal mehr die Zeit, um uns zu setzen. Wir bestellen am Dine & Drive Schalter und essen beim Fahren. In den USA gibt es sogar eine Hamburger-Kette mit dem bezeichnenden Namen *Eat and Run*.

Doch die Wiederentdeckung des Genusses ist auf dem Vormarsch. So kann sich die internationale *Slow-Food-Bewegung*, die vor über 20 Jahren als Gegentrend zum uniformen Essen gegründet wurde, über stetig wachsende Mitgliederzahlen freuen. Immer mehr Menschen versuchen, dem hektischen Alltagstreiben ganz bewusst eine langsame Esskultur entgegenzusetzen. Dabei geht es nicht nur um delikaten Gaumenkitzel: Die Zubereitung der Speisen spielt eine ebenso wichtige Rolle wie das gemütliche Zusammensitzen. Und aus der vermeintlichen Verschwendung von Zeit für Kochen und Essen wird ein »Auskosten von Zeit«.

Langsame Erfolgsgeschichten

Effizienz heißt das Zauberwort: Immer mehr soll in immer kürzerer Zeit produziert werden. Das traurige Ergebnis: *Wir arbeiten schnell statt gut.* Aber anders als im Sport sind nicht immer die Schnellsten die Gewinner, wie die folgenden kleinen Beispiele zeigen:

simplify-Tipp!

Genuss zum Minipreis, mit wenig Aufwand und ganz viel Spaß? Das geht! Machen Sie Kochen einfach zu einem Gruppenerlebnis. Verabreden Sie sich mit Freunden, um die Zutaten einzukaufen, bereiten Sie das Essen gemeinsam zu, und tafeln Sie dann zusammen nach Herzenslust. Wetten, dass auch das anschließende »Klarschiff machen« richtig flott geht?

»Wenn man gute Instrumente bauen will, braucht man viel Zeit«, lautet das unzeitgemäße Erfolgsgeheimnis des österreichischen Klaviermachermeisters Bernhard Balas. Etwa ein Jahr nimmt er sich für die Herstellung eines unverwechselbaren Einzelstücks – da müssen sich seine Kunden aus ganz Europa eben in Geduld üben.

Geduld spielt auch bei Frank Fahland aus Potsdam eine entscheidende Rolle. Als Slow Baker besinnt er sich auf die alten Werte der

Bäckerzunft. In seinen Brotteig kommen keinerlei Fertigmehle oder Backmischungen – ausschließlich Mehl, Salz, Hefe, Malz und Wasser. Diese Art des Backens ist auch eine Zeitfrage: So braucht ein Natursauerteigbrot 29 Stunden, bis es fertig ist; allein die Gärung dauert einen ganzen Tag. Gut Ding will eben Weile haben!

simplify-Tipp!

11 die Fußballmannschaft, 88 die Oma und 0 Problemo: Sie müssen nur an Verona Pooth und Co. denken und haben sofort die Nummer der Auskunft parat? Das Prinzip der Eselsbrücke, auf dem diese geniale Werbeidee beruht, können Sie auch für Ihren ganz persönlichen Langsamkeitsslogan nutzen: 0815 steht für 0 Hektik, 8-samsein und 15 Minuten Pause einlegen. Wenn Sie diese Nummer in Ihrem Kalender oder auf der Schreibtischauflage notieren, »werden Sie garantiert geholfen!«

Let it slow!

Runterschalten, entschleunigen, einfach nur den Moment genießen: Wenn Sie zwischendurch regelmäßig etwas Geschwindigkeit rausnehmen, werden Sie sehr bald merken, wie gut Ihnen das tut. Machen Sie jeden Tag *eine Sache* etwas langsamer als gewöhnlich: Stellen Sie sich im Supermarkt an die Kasse mit der längsten Schlange. Trinken Sie ein Glas Wasser in winzigen Schlückchen.

Genießen Sie einmal pro Woche einen *langsamen Abend*. Der Fernseher bleibt aus, legen Sie stattdessen schöne Musik auf und tun Sie Dinge, für die Sie sonst kaum Zeit finden: Schreiben Sie Grußkarten an Freunde und Verwandte – einfach so, ohne besonderen Anlass. Bringen

Sie gemeinsam mit Ihren Kindern die Buntstifte-Kiste auf Vordermann, oder versuchen Sie sich an Großmutters Rezept für selbst gemachten Brombeerwein …

›Erfolg hat doch wohl nur, wer etwas tut?‹

Stimmt, aber man muss sich für die richtigen Dinge ins Zeug legen.

Zeit-
Irrtum Nummer 3:
Wer viel macht,
hat Erfolg!

Termine, Termine, Termine: Wie von Geisterhand geschrieben füllen sich die Seiten des Kalenders. Überladene To-Do-Listen bestimmen unser Leben.

Ein *voller Terminkalender* als Statussymbol wie das richtige Auto oder die entsprechende Uhr am Handgelenk? Man ist wichtig, gefragt und natürlich erfolgreich. Glauben Sie das wirklich? Sicher nicht. Machen wir's kurz: Eine Menge Termine sind kein Beleg für ein erfülltes Leben. Und spätestens, wenn sich ein Berg von Verpflichtungen vor Ihnen auftürmt, dem Sie sich nicht mehr gewachsen fühlen, brauchen Sie ein ganz anderes Terminverständnis.

simplify-Überblick

- **Gut sortiert!**
- **Mehr Luft, mehr Lebenslust**
- **Nicht klotzen, kleckern**
- **Konzentrieren statt verlieren**

Weniger, aber besser! lautet die *simplify*-Formel für Zeit-Harmonie in Ihrem Kalender und in Ihrem Leben. Aber wie so oft gilt auch hier: Hüten Sie sich vor dem anderen Extrem. Es geht nicht nur um Verzicht, sondern um qualitative Verbesserungen.

Gut sortiert!

Ein Kalender ist wie eine Handtasche: Je besser sie bestückt ist, umso angenehmer kommen wir durchs Leben. Nur: Was sollte ein gut bestückter Kalender enthalten? Termine natürlich. Aber wie bei Handtaschen gilt: Wenn man zu viel reinpackt, versinkt man ganz schnell im Chaos.

simplify-Tipp!

»Alle denken an sich – nur ich denke an mich!« Erinnern Sie sich an den Spruch von Alf, dem sympathisch-gefräßigen Außerirdischen aus der US-amerikanischen Sitcom? Sie sollten ihn durchaus beherzigen, wenn jemand Ihnen mal wieder schnell einen Termin aufs Auge drücken will. Denken Sie an sich – und lehnen Sie ab.

Weniger, aber besser! Das gilt sowohl im Job als auch in der Freizeit. Ein vollgestopfter Timer lässt uns keinen Raum für Erholung, Kreativität und Lebensfreude. Wer sich an der *simplify*-Formel orientiert, richtet seinen Blick selbstbewusst auf die eigenen Bedürfnisse.

Mehr Luft, mehr Lebenslust

Wer erfolgreich sein will, steht oft unter Druck und muss klug mit seinen Kräften haushalten. Leider ist das oft gar nicht so leicht. Gerade im Job ist der Stress oft groß. Meetings, Kundengespräche, Dienstreisen, Geschäftsessen: Haben auch Sie das Gefühl, dass Ihnen die permanenten Überstunden die Luft abschneiden?

Fünf *simplify*-Strategien zum Luftholen

Schon mit ein paar kleinen Tricks können Sie sich und Ihrem Kalender etwas Luft verschaffen:

1. Verzichten Sie konsequent auf halbherzige Verabredungen, wie das Vertriebler-Treffen, wo doch nur jeder viel redet, aber wenig sagt. Denken Sie immer an die Handtasche!
2. Tauschen Sie mit Kollegen oder Bekannten Tätigkeiten, die Ihnen leicht von der Hand gehen, gegen Arbeiten, die Ihnen schwer fallen: Statistiken aufbereiten gegen einen Artikel in der Firmenzeitschrift, Kuchenbacken für den Schulbasar gegen einen Vortrag über Lebenskunst.
3. Streichen Sie Ihren Namen aus möglichst vielen Rundschreibenlisten und CC-Verteilern: Was wirklich wichtig ist, erfahren Sie ohnehin.
4. Planen Sie Meetings und Besprechungen in größeren Zeitabständen.
5. Legen Sie sich ein schönes oder auch witziges »Bitte nicht stören«-Schild für Ihre Bürotür zu. Und benutzen Sie es!

Wenn Sie Obstbäume im Garten haben, wissen Sie, dass diese regelmäßig beschnitten und ausgelichtet werden müssen – sonst verdichten sich die Baumkronen, und die Qualität der Früchte leidet. Ähnlich pfleglich sollten Sie auch mit Ihrer Zeit und Ihrem Kalender umgehen. Verzichten Sie ganz bewusst auf Termine, dünnen Sie Ihre Verpflichtungen aus! *Unverplante Zeit ist rar und kostbar.* Haben Sie kein schlechtes Gewissen, wenn Sie mal einen Termin ausfallen lassen. Es ist okay, nicht überall dabei zu sein. Statt auch an den Wochenenden von einem Event zum nächsten zu hetzen, machen Sie es sich doch einfach zu Hause so richtig gemütlich.

Nicht klotzen, kleckern

Nein, Sie haben sich nicht verlesen: Klotzen Sie nicht mit Ihrer Zeit. Kleckern Sie bei der Vergabe von Terminen. Vor allem zu Jahresbeginn sind wir sehr großzügig mit dem Platz in unserem Kalender – es ist ja noch so viel frei. Aber erschreckend schnell verwandelt sich alles in ein unübersichtliches Termindickicht. Plötzlich bleibt kaum noch Zeit, um sich mal spontan zu verabreden oder einfach einen faulen Tag zu genießen. Um nicht in die Leere-Blatt-Falle zu tappen, sollten Sie einfach *Placebo-Termine* eintragen.

simplify-Tipp!

Nutzen Sie den positiven Effekt von Scheinterminen. Blocken Sie übers Jahr verteilt mindestens zwei Tage pro Woche im Voraus. Am besten, Sie machen das mit Bleistift. Wenn eine Terminanfrage kommt, müssen Sie einfach nur den Bleistiftstrich ausradieren und können die Zeit ganz bewusst freigeben – oder eben nicht. Aber Sie sollten nicht nur Ihre Termine im Auge behalten: Mindestens genauso wichtig ist Ihre persönliche Kapazitätsauslastung.

Zeit-Realisten

Gerade mal 20 Minuten hat der Klempner gebraucht, um den kaputten Wasserhahn auszutauschen, doch auf der Rechnung setzt er eine Stunde an – unverschämt? Nein, realistisch. Ein cleverer Handwerker bedenkt auch die Zeiten, die für das Abholen aus dem Lager, die Anfahrt zum Kunden, den Einbau und die Rückfahrt in den Betrieb anfallen. So werden aus 20 Minuten Arbeitszeit im Einsatzplan leicht zwei Stunden.

simplify-Strategie
gegen Terminflut

Eine realistische Zeitplanung braucht verlässliche Daten. Finden Sie heraus, wie viel Zeit Sie in der Regel für bestimmte Aktivitäten benötigen. Halten Sie die Resultate in einer Liste fest:

1 Seite Bericht verfassen	=	40 Minuten
Ablage machen	=	30 Minuten
E-Mails bearbeiten	=	90 Minuten
Kreativ sein	=	60 Minuten
Ordnung schaffen	=	15 Minuten
_____	=	
_____	=	
_____	=	
_____	=	
_____	=	

Übertragen Sie diese Aktivitätenzeiten in Ihren Kalender, vielleicht in einer bestimmten Farbe. Ganz wichtig: Behandeln Sie diese Einträge wie »richtige« Termine. Dann wird sich Ihr Kalender nicht mehr wahllos mit anderen Aufgaben und Verabredungen füllen.

Wie ist es bei Ihnen? Berücksichtigen Sie bei Ihrer Zeitplanung Aktivitäten wie Mails beantworten, Ablage machen und neue Ideen entwickeln? Oder tragen Sie nur »richtige« Termine in Ihren Kalender ein? Kein Eintrag heißt dann: Hier passt noch was rein? Klar, dass damit Stress vorprogrammiert ist. Besser, Sie ermitteln Ihre tatsächliche Kapazitätsauslastung – nicht nur den Zeitbedarf für die Kalendereinträge.

Kleine Dinge kosten Zeit

Nicht vergessen: Rezept abholen, Druckerpatrone kaufen, Kaffeemaschine entkalken, Geburtstagskarte besorgen. Häufig schwirren unzählige kleine Aufgaben in unserem Kopf herum. Eigentlich passen sie nicht so recht in unseren Terminplan, aber sie warten darauf, erledigt zu werden und stören unsere Konzentration. Da gibt's nur eins: Raus aus dem Kopf und *aufschreiben*.

simplify-Tipp!

Machen Sie einen Kalender-Check: Blättern Sie in Ihrem aktuellen Timer, oder scrollen Sie durch Ihren elektronischen Planer, und markieren Sie alle Termine farbig, die für Sie persönlich wichtig waren. Sind es viele? Sehr gut! Welche Termine hätten Sie lieber nicht wahrgenommen? Zu viele? Dann sollten Sie genau dort ansetzen, Hier stecken die Aktivitäten, die Ihnen wertvolle Zeit rauben. Und darauf sollten Sie zukünftig möglichst verzichten.

Konzentrieren statt verlieren

Kennen Sie *Dietmar Hopp*? Der Mitbegründer des Softwareunternehmens SAP, geschickter Investor, großzügiger Mäzen und Boss des »Dorf-Bundesligisten« TSG 1899 Hoffenheim gilt als erfolgreicher Tausendsassa. Das ist er ohne Frage. Doch auch wenn es vielleicht den Eindruck erweckt, der Mann tanze auf allen Hochzeiten: Er weiß immer sehr genau, was er will. Er verzettelt sich bei seinen zahlreichen Engagements nicht. Genau das ist es, was erfolgreiche Menschen auszeichnet: Sie verlieren sich nicht in unwichtigen Details, sondern konzentrieren sich auf die wirklich wichtigen Dinge.

Aber woher weiß man, was man tun oder lassen sollte? Hier gibt es zwei einfache *simplify*-Regeln:

1. Das Wichtigste bei Ihrer Zeitplanung sind Sie selbst!
2. Deshalb sollte Ihr Kalender bei möglichst vielen Terminen *Ihre* Wünsche und Ziele berücksichtigen.

Qualität statt Quantität

Was macht man mit kostbaren Dingen? Man geht sorgfältig mit ihnen um. Wer seine Zeit überlegt einteilt, hat nicht nur bessere Karrierechancen, sondern auch mehr Freiräume für Freunde, Familie und vor allen mehr Zeit für sich selbst. Im Buddhismus bedeutet Disziplin *Konzentration auf das Wesentliche*! Also: Gehen Sie diszipliniert mit Ihrer Zeit um. Widmen Sie sich den Dingen, die Ihnen wirklich wichtig sind. Bleiben Sie auf der Erfolgsspur – mit voller Konzentration!

>Einfach ausschalten? Dann verpasse ich ja so viel!<

Wenn etwas wirklich wichtig ist, erfährt man es ohnehin.

Zeit-

Irrtum Nummer 4:
Internet und Co.
sind Zeitsparer!

Wir googeln, mailen, simsen und skypen durch den Alltag: Dank moderner Technik reißt der permanente Kommunikationsfluss nicht ab.

Das *Internet* ist eine wunderbare Informationsquelle. Computer, Handy und Co. helfen uns, schneller zu arbeiten und zu kommunizieren. Eigentlich ziemlich praktisch, Termine via Doodle zu koordinieren, dem Kollegen eine SMS »Liefertermin wurde bestätigt« hinterherzuschicken oder dank Blackberry ein Minibüro in der Jackentasche zu haben. Doch kein Vorteil ohne Nachteil.

Inzwischen führt das immense Informationsangebot im World Wide Web zu *Informationsstress*. Mobile Zeitgenossen stehen pausenlos unter Aktivitätsdruck, denn abwesend zu sein ist ein modernes Tabu. Und auch die neusten technischen Errungenschaften sind oft nicht ohne: Komplexe

---

simplify-Überblick

- **Kommunikation auf allen Kanälen**
- **Ohne Mail nichts los**
- **Digitaler Arbeitsalltag**
- **Lebensqualität statt Kommunikationsstress**

Anwendungen, knifflige Konfigurationseinstellungen und unverständliche Beschreibungen bringen uns an den Rand der Verzweiflung. Verständlich, dass der Wunsch nach einfachen Dingen, nach Reduzierung weiter zunimmt.

Kommunikation auf allen Kanälen

Der Vatikan hat ein Internetbüro; täglich aktualisierte Videobeiträge informieren bei YouTube über die Aktivitäten des Papstes. Angela Merkel regiert per Handy; etwa 50 SMS soll die Kanzlerin pro Tag verschicken. Und der Autohersteller Ford plant, bestimmte Modelle per WLAN und UMTS-Modems online zu schicken, sodass die Insassen twittern oder Musik aus dem Internet streamen können.

Tom Watson, Präsident von IBM, 1943
➤➤ Ich denke, es gibt einen Weltmarkt für vielleicht fünf Computer. ◀◀

Ohne Handy, Internet und Mail geht in unserem Alltag nichts mehr. Und eigentlich wollen wir das ja auch gar nicht – schließlich macht es Spaß, mit der Freundin am anderen Ende der Welt zu skypen oder den Freund, der uns nicht zum Fußball begleiten konnte, über Fotohandy live dabei sein zu lassen. Wir freuen uns über die Errungenschaften moderner Mobilität und Kommunikation, sie bereichern unser Leben. Aber sie stressen uns auch ganz gewaltig.

Ohne Mail nichts los

Laut einer Umfrage der amerikanischen Zeitschrift *Newsweek* meinten 70 Prozent der Befragten, nicht mehr ohne *E-Mail* leben zu können; 60 Prozent gaben zudem an, ihre Arbeit werde dadurch effizienter. Aber gleichzeitig klagten 94 Prozent darüber, dass sie pro Tag mindestens eine Stunde brauchen, um ihre Mails zu beantworten oder unwichtige Nachrichten zu löschen. Und es wird nicht besser: Dank Blackberry und Smartphone reißt der Nachrichtenstrom auch unterwegs nicht ab; Unabhängigkeit und Flexibilität stehen Wochenendarbeit und *Rund-um-die-Uhr-Erreichbarkeit* gegenüber. Es ist schon paradox: Manchmal stehlen uns genau die Dinge, die uns beim Zeitsparen helfen sollen, die meiste Zeit!

simplify-Tipp!

Entwickeln Sie doch einfach Ihre ganz persönliche »Mail-Zeitspartaste«:

- Nehmen Sie sich höchstens zwei- bis dreimal am Tag gezielt Zeit für die Beantwortung Ihrer Mails.
- Kommunizieren Sie nicht mit Ihrem Schreibtisch-Nachbarn via Mail. Sprechen Sie ihn lieber direkt an – das geht meist schneller und ist einfach netter!
- Starten Sie morgens nicht gleich den Computer und rufen Ihre Mails ab. Überlegen Sie zunächst kurz, was für den Tag ansteht. Machen Sie sich gegebenenfalls einige handschriftliche Notizen.

Digitaler Arbeitsalltag

Längst geht es nicht mehr allein um die E-Mail-Schwemme – die könnten wir vielleicht noch in den Griff bekommen. Problematisch sind die parallel hereinprasselnden Informationen via Internet, Instant Messaging, Handy, RSS-Feeds und Co.

Wir sind immer erreichbar und ständig auf der Suche nach mehr und schnelleren Informationen. Dabei läuft unser *Gehirn* ohnehin längst über. Wir sind in der Lage allen jederzeit etwas mitzuteilen, und leider machen wir es auch. Aber wie können wir diesem Dilemma entkommen? Die Vernetzung kappen? Besser nicht. Handy ausschalten? Bestimmt ein schöner Anfang, aber das reicht bei Weitem nicht aus. Gefragt ist ein verantwortungsvoller Umgang mit den technischen Möglichkeiten, die uns zur Verfügung stehen.

simplify-Tipp!

Lassen Sie Ihr stummgeschaltetes Handy oder Smartphone einfach zwischendurch in der Schreibtischschublade verschwinden – das macht selbst Angela Merkel hin und wieder.

Einfach reduzieren

Die Zeiten, als man niemanden anrief, während die Tagesschau lief, und nach 21 Uhr nur, wenn es wirklich wichtig war, sind passé. Weil wir selbst immer *erreichbar* sind, erwarten wir das auch von den anderen: Wir haben keine Hemmungen, bis in die Nacht SMS zu verschicken. Ohne Rücksicht aufs Wochenende mailen wir Projektskizzen und Präsentationen an die Kollegen – machen doch alle so! Zurückhaltung oder Beschränkung sind in modernen Kommunikationszeiten eben weniger gefragt. Da ist es auch bezeichnend, dass die Schweizerische Bundesbahn SBB ihre Ruheabteile mit Handyverbot wieder abgeschafft hat, weil sich immer mehr Fahrgäste beschweren oder sich nicht daran hielten. Wenn Sie also ab und zu den Off-Schalter drücken möchten, sollten Sie es Ihren Mitmenschen ebenso zugestehen.

Fünf *simplify*-Strategien für Ihr persönliches Off

1. Legen Sie nicht schon beim Frühstück Ihr Handy auf den Tisch. Schalten Sie es erst ein, wenn Sie im Büro sind.
2. Gehen Sie in der Mittagspause spazieren, aber lassen Sie Ihr Handy auf dem Schreibtisch zurück.
3. Legen Sie sich ein privates Handy zu – der Aufwand lohnt sich. Bleiben Sie mit Ihrem Dienstapparat nur während der üblichen Bürozeiten erreichbar, und geben Sie Ihre private Handynummer nur an Familie und Freunde weiter.
4. Erklären Sie mindestens einen Abend in der Woche handyfrei. Damit niemand aus der Familie in Versuchung gerät, sollten Sie die kleinen technischen Störenfriede irgendwo deponieren, wo niemand rankann.
5. Lassen Sie Ihr Handy wie in der guten alten Telefonzeit ruhig mal klingeln. Wenn man früher keine Lust hatte zu reagieren, war man eben nicht zu Hause.

Maßvoll auswählen

Espressomaschinen mit Internetanschluss, Laufschuhe mit Bewegungssensoren, Handys mit Videos in HD-Format und 12-Megapixel-Kamera: Brauchen wir das wirklich? Nein! Wählen Sie die neuen technischen Errungenschaften, mit denen Sie sich umgeben wollen, mit Bedacht aus. Fragen Sie sich immer: »*Wie viel ist nötig?*«, und nicht: »*Wie viel ist möglich?*« Denn Technik sollte Ihr Leben erleichtern und Sie nicht zusätzlich stressen.

Entdecken Sie den Charme von traditionellen Gerätschaften wieder neu: Einen Filterkaffee von Hand aufzubrühen, kann ein wunderbar sinnliches Ritual in einem durchtechnisierten Alltag sein. Das Wasser zum Kochen bringen, den Filter anfeuchten, das Kaffeepulver einfüllen – dafür müssen Sie keine komplizierten Bedienungsanleitungen lesen oder sich spezielles Wartungsequipment zulegen, Sie können ganz einfach genießen.

simplify-Tipp!

Vielleicht legen Sie sich für zu Hause ein altes Telefon mit Wählscheibe zu? Das hat weniger mit Nostalgie als mit Gedächtnistraining zu tun. Denn ganz ehrlich: Haben Sie die Telefonnummern Ihrer Freunde oder der Familie noch im Kopf? Oder wissen Sie vielleicht nicht mal mehr Ihre eigene Mobilnummer? – Ist doch alles gespeichert!

Lebensqualität statt Kommunikationsstress

Früher waren nur Diener und Sklaven *24 Stunden*, sieben Tage in der Woche erreichbar. Heute sind viele von uns durch unsere elektronischen Begleiter immer auf Stand-by. Die Zahl der Menschen, die die Informationen und mediale Reizüberflutung brauchen wie der Fixer die Spritze, wächst. »Crackberry-Junkies« nennt man die, die es keine zehn Minuten aushalten, ohne ihr Blackberry zu checken. Keine Nachricht zu bekommen, versetzt sie in Panik, in einem Funkloch leiden sie unter Entzugserscheinungen.

Klingt vielleicht lustig, ist es aber nicht. Viele riskieren dadurch reale soziale Kontakte: Nach einer Studie des King's College in London brechen etwa ein Fünftel der Befragten regelmäßig Gespräche ab, um ihre Mailbox zu kontrollieren. Überdies schadet das ständige Kontrollieren der Konzentration. Wer immerzu damit beschäftigt ist, eingehende Informationen zu verfolgen, kommt irgendwann überhaupt nicht mehr zum Nachdenken.

Moment mal!

Digitaler Stressabbau: In japanischen Büros ist das Tuttuko Bako ungemein beliebt. Die kleine Plastikbox mit der virtuellen Figur auf dem Display wird immer dann schikaniert, wenn man eigentlich dem Chef einen Karateschlag verpassen möchte.

Kein Wunder, dass die modernen Kommunikationsmittel auf der Liste der *Stressfaktoren* ganz weit oben stehen. Angesichts der Kommunikationslawinen durch klingelnde Handys und brummende Blackberrys müssen wir verstärkt Ruhe in unseren Alltag bringen. Und das geht nur, wenn wir regelmäßig innehalten und uns unerreichbar machen. *Peu á peu* sollten wir die Zeiten ohne digitale Vernetzung erhöhen und genießen – ohne Angst etwas Wichtiges zu verpassen.

Alles auf einmal – hilft das beim Zeitsparen?

Eins nach dem anderen – das spart wirklich Zeit!

Zeit-Irrtum Nummer 5: Multitasking bringt Zeitgewinn!

Multitasking gilt als Patentrezept gegen Zeitdruck und übervolle Terminkalender. Doch das ist ein echter Zeit-Irrtum.

Alles gleichzeitig – das ist für viele das Gebot der Stunde. Telefonieren, nebenbei eine Mail verschicken und parallel dazu auch noch das Papierchaos auf dem Schreibtisch sichten? Kein Problem?! Immer mehr Menschen versuchen, Zeit zu sparen, indem sie verschiedene Dinge auf einmal erledigen.

Ja keine Minute verschwenden. Hektische Leistungsbereitschaft rund um die Uhr. Sich benehmen wie der vielarmige indische Gott Shiva: Wer mehrere Aufgaben parallel erledigt, gilt als leistungsfähig und effektiv. Doch neuste wissenschaftliche Untersuchungen belegen eindrucksvoll: Wir können uns gar nicht auf mehrere Dinge gleichzeitig konzentrieren. Die Fehlerquote steigt, Auf-

> **simplify-Überblick**
>
> - **Von der Steinzeit ins Web-Zeitalter**
> - **Vorsicht: Multitasking-Junkies!**
> - **Multitasking stoppen**

: 63

merksamkeit und Reaktionsgeschwindigkeit nehmen ab. Wer immer alles auf einmal macht, fühlt sich irgendwann total *überfordert und gestresst.*

Von der Steinzeit ins Web-Zeitalter

Während der Besprechung Mails auf dem Handy checken oder beim Abendessen die Nachrichten im Fernsehen verfolgen: Mittlerweile ist *Multitasking* für viele nicht nur im Job, sondern auch in der Freizeit etwas völlig Normales. Wer sich nur auf eine einzelne Sache konzentriert, gilt als unflexibel und ineffektiv. Allerdings haben Tests mit Autofahrern ergeben, dass der Mensch gar nicht in der Lage ist, sich auf verschiedene Parallelaufgaben zu konzentrieren!

Aufmerksamkeit ist eine äußerst begrenzte Ressource. Wer beim Fahren telefoniert, hat die Reaktionsfähigkeit eines Angetrunkenen mit 0,8 Promille Alkohol im Blut! Das Unfallrisiko wird um das Vierfache erhöht – und an der hohen Unfallquote ändert sich auch dann nichts, wenn man eine Freisprechanlage benutzt. Das menschliche Gehirn ist der *Mehrfachbelastung* einfach nicht gewachsen.

Laotse
>> Gönne dir einen Augenblick der Ruhe, und du begreifst, wie närrisch du herumgehastet bist. <<

Warum ist das so? Genetisch gesehen werden wir mit einem ähnlichen Gehirn geboren wie die Steinzeitmenschen vor über 40.000 Jahren. Doch: Während es in der Steinzeit relativ beschaulich zuging, strömen heutzutage unendlich viele komplexe Informationen gleichzeitig auf uns ein. Es ist, als ob wir mit einem Denkapparat aus der Steinzeit plötzlich im Web-Zeitalter gelandet wären.

Wer im Büro arbeitet, kann sich im Schnitt nur drei Minuten voll auf eine Aufgabe konzentrieren. Und auf unseren Computerbildschirmen sind durchschnittlich acht Fenster geöffnet. Kein Wunder, dass wir da schnell überfordert sind: Je mehr Informationen wir verarbeiten müssen, desto deutlicher werden unsere beschränkten Denkkapazitäten. Mittlerweile setzt nicht die Technik die Grenzen, sondern unser *Gehirn*. Deshalb können wir nur sehr einfache, automatisierte Tätigkeiten ohne Probleme gleichzeitig erledigen: Sich auf dem Hometrainer abzustrampeln und nebenbei fernzusehen ist noch gut machbar. Aber schon beim Autofahren und Telefonieren scheitern wir.

simplify-Tipp!

Sie glauben nicht, dass Multitasking Sie überfordert? Dann probieren Sie es einfach aus. Verzichten Sie bei der nächsten schwierigen Aufgabe bewusst auf Multitasking. Sie werden staunen, wie gut und gelassen Sie vorankommen!

Vorsicht: Multitasking-Junkies!

Wie wenig wir Menschen dafür gemacht sind, mehrere Dinge parallel zu erledigen, zeigt auch eine viel beachtete Studie von Forschern des Londoner King's College. Die Wissenschaftler ließen zwei Versuchsgruppen dieselben Aufgaben erledigen: Die eine Gruppe sollte während der Arbeit

Moment mal!

Lange Zeit galten Frauen als Meisterinnen des Multitasking. Auch das ist ein Trugschluss. Frauen haben nur mehr Übung darin, mehrere Dinge gleichzeitig zu tun. Doch: Bei schwierigen Aufgaben stoßen auch sie bald an ihre Grenzen.

einige E-Mails lesen; die andere rauchte vor Arbeitsbeginn einen Joint. Das erstaunliche Ergebnis: Die Kiffer erzielten bessere Resultate als die Testpersonen, die gleichzeitig mit ihren Mails beschäftigt waren! Mit Multitasking kann man also keine Zeit sparen, im Gegenteil: *Multitasking kostet Zeit.* Denn das Ganze ist in Wahrheit nur ein rasanter Wechsel zwischen verschiedenen Aufgaben. Das überfordert unser Gehirn, sorgt für Pannen und mindert unsere Effektivität um bis zu 40 Prozent. Beschäftigt sein heißt eben nicht, dass man auch wirklich produktiv ist. Wer alles auf einmal tut, verzettelt sich schnell.

Gerade bei wichtigen Aufgaben, die viel Konzentration erfordern, sollten Sie auf Multitasking verzichten. Hier gilt: *Monotasking hat Vorfahrt.* Welche Vorteile das hat, zeigt die folgende Übersicht:

Vorteile von Monotasking	Nachteile von Multitasking
+ Volle Konzentration	– Geringe Konzentration
+ Niedrige Fehlerquote	– Hohe Fehlerquote
+ Wenig Stress	– Viel Stress
+ Gute Ergebnisse	– Mangelhafte Ergebnisse
+ Erfolgserlebnisse	– Frust pur

Machen Sie *lieber eine Sache* schnell und gründlich, statt mehrere Dinge nur halb und oberflächlich. Erledigen Sie komplexe Aufgaben immer schön der Reihe nach. Hier ein paar Tipps, die Ihnen das erleichtern:

Prioritäten statt Multitasking

Wer weiß, welche Aufgabe am wichtigsten ist, kann ihr auch in hektischen Situationen seine volle Aufmerksamkeit widmen. Deshalb ist es unerlässlich, *klare Prioritäten* zu setzen. Und das ist eigentlich ganz leicht. Versuchen Sie es doch einfach einmal mit Tagesprioritäten: Wählen Sie jeden Tag zwei oder drei Top-Aufgaben aus Ihrer To-Do-Liste, und räumen Sie diesen Tätigkeiten absolute Priorität ein. Konzentrieren Sie sich voll und ganz darauf. So hat Multitasking keine Chance, und Sie können sicher sein, dass Sie selbst an echten Stresstagen das Wichtigste schaffen.

simplify-Tipp!

Mit einem ganz normalen Wecker können Sie der Multitasking-Falle leicht entgehen:

- Unterteilen Sie größere Aufgaben in kleinere Blöcke, und reservieren Sie ausreichend Zeit für die jeweiligen Arbeitsblöcke.
- Lassen Sie sich von einem Wecker daran erinnern, wenn die Zeit um ist.
- Beginnen Sie erst mit einer neuen Aufgabe, wenn es klingelt. Bleiben Sie bis zum Weckton mit voller Konzentration an Ihrer jeweiligen Aufgabe.

Störungsfrei statt Multitasking

Oft tappen wir in die Multitasking-Falle, weil andere uns ablenken oder stören. Da hilft nur eins: cleveres Unterbrechungsmanagement. Schreiben Sie alle Unterbrechungen auf. Erstellen Sie eine Liste, um herauszufinden, warum und wie oft Sie unterbrochen werden. Gehen Sie Ihre Liste durch und überlegen Sie, was Sie tun können, um Unterbrechungen in Zukunft möglichst zu vermeiden: Anrufbeantworter einschalten, Home-Office-Tage einlegen oder störungsfreie Zeiten mit den Kollegen vereinbaren.

Entspannung statt Multitasking

Auch nach Feierabend oder am Wochenende bringt Multitasking nichts als Hektik und Überlastung. Erteilen Sie *Freizeitstress* deshalb eine klare Absage, und verzichten Sie hier konsequent auf Multitasking. Sicher ist das zunächst gar nicht so leicht. Auf Dauer hilft es Ihnen aber, sich Zeit für die Dinge zu nehmen, die Ihnen wirklich wichtig sind. Gönnen Sie sich das gute Gefühl, wenn die anfängliche Anspannung einer wunderbaren inneren Ruhe weicht. Lernen Sie, Ihre freie Zeit wieder ganz entspannt zu genießen.

simplify-Tipp!

Beginnen Sie Ihr Entspannungsprogramm mit ganz alltäglichen Dingen. Entscheiden Sie sich bewusst für eine Fernsehsendung, und legen Sie dann die Fernbedienung weit weg. Verzichten Sie eine Woche lang auf die Zeitungslektüre während des Frühstücks, und genießen Sie stattdessen die duftende Tasse Kaffee und die frischen Brötchen – ganz ohne Krisenmeldungen.

Multitasking stoppen

Manchmal mag es durchaus sinnvoll sein, einfache Aufgaben gleichzeitig zu erledigen. Doch wenn es kompliziert wird, sollten Sie Multitasking stoppen. Wir sind nun einmal keine Computer, die mehrere Programme parallel ausführen können. Multitasking beim Menschen bedeutet fast immer, keine der gleichzeitigen Aufgaben wirklich gut zu machen. Lassen Sie sich nicht von der angeblichen Leistungsfähigkeit von Menschen beeindrucken, die immer alles auf einmal tun. Unterm Strich zählt nicht Quantität, sondern Qualität. Und da haben Sie ohne Multitasking ganz bestimmt die Nase vorn!

simplify-Tipp!

Haben Sie schon mal überlegt, wie wunderbar entspannt ein Leben ohne Multitasking wäre? Nie mehr am Schreibtisch essen, nie mehr gleichzeitig mailen und telefonieren und beim Einschlafen nicht an den ganzen Stress von morgen denken …

»Pausen – was soll das bringen?«

Pausen sind ein echter Erfolgsturbo!

Zeit-
Irrtum Nummer 6:
Pausen sind
überflüssig!

Pausen?! Durcharbeiten! – und zwar mit vollem Tempo und höchster Leistung! Das ist die Devise unserer hektischen Arbeitswelt.

Die meisten haben so viel zu tun, dass einfach keine Zeit für Pausen bleibt. Ein schneller Schluck Kaffee, ein Biss ins Brötchen oder ein Stück Schokolade zwischen zwei Telefonaten muss reichen. Viele halten Pausen für reine Zeitverschwendung und sind überzeugt: Wer leistungsfähig ist, arbeitet öfter mal durch, macht Überstunden und malocht auch am Wochenende.

Ohne regelmäßige Auszeiten zeigt unsere Leistungskurve allerdings bald steil nach unten. *Pausen sind wertvolle Kraftquellen*, die uns leistungsfähiger und effektiver machen. Also: Gönnen Sie sich regelmäßig Ihre Auszeiten. *simplify your time* bedeutet nicht, immer noch schneller und härter zu arbeiten, sondern seine Kräfte sorgfältig einzuteilen.

> **simplify-Überblick**
>
> - **Pausenlos schuften?**
> - **Richtig Pause machen**
> - **Pause ganz persönlich**
> - **Pausen als Erfolgsrezept**

: **71**

Pausenlos schuften?

Die Krankenkassen schlagen Alarm: Mittlerweile gibt es Doping nicht mehr nur im Sport – um im Job besser mithalten zu können, greifen Millionen Deutsche zu Pillen. Schätzungen gehen davon aus, dass über 800.000 Menschen regelmäßig Medikamente einnehmen, damit sie pausenlos schuften können. Leistung um jeden Preis – dafür nehmen viele Nebenwirkungen und Suchtgefahren in Kauf. Auf Dauer kann aber niemand rund um die Uhr Höchstleistungen bringen. Das zeigt auch der sprunghafte Anstieg von psychischen Erkrankungen durch Stress im Job: Depressionen und *Burnout* gehören heute schon fast zum Alltag; jeder vierte Arbeitnehmer leidet im Laufe seines Lebens mindestens einmal an einer psychischen Erkrankung. Die Dunkelziffer ist noch höher, denn viele trauen sich nicht, offen über ihre Krankheit zu sprechen, weil sie Angst haben, ihrer Karriere zu schaden oder sogar ihren Job zu verlieren.

Maurice Ravel
>> Die größte Kraft auf der Welt ist das Pianissimo. <<

Doch jeder Mensch hat nur begrenzte Energien. Deshalb ist es so wichtig, dass wir uns regelmäßig Pausen gönnen, um neue Kraft zu sammeln und wieder aufzutanken. Wer sich diese Freiräume nimmt, kann Wohlbefinden, Kreativität und Belastbarkeit enorm steigern. Allerdings sollte man nicht nur aufhören zu arbeiten, sondern bewusst etwas ganz anderes tun. Im Internet surfen, eine SMS verschicken, ein paar Minuten mit den Kollegen über das neue Projekt plaudern: Das ist weder Arbeit noch Pause. Man ist nach wie vor konzentriert, Entspannung kann sich so nicht einstellen. Bewegung statt Schreibtisch, Abschalten statt Konzentration, Durchatmen statt Hektik, Ruhe statt Kommunikation – das zeichnet eine gute Pause aus.

Richtig Pause machen

Pausen macht man am besten dann, wenn man noch Reserven hat. Wer eine Auszeit braucht, hat den richtigen Zeitpunkt eigentlich schon verpasst. Das ist wie mit dem Trinken: Der Körper reagiert erst dann mit Durstgefühlen, wenn er dringend Flüssigkeit benötigt. Sein Auto tankt man ja auch nicht erst, wenn der Motor schon stottert.

Moment mal!

Etwa 60 Prozent der Beschäftigten machen nur unzureichend Pausen. Erholung wird auf den Feierabend und das Wochenende verschoben. Und: Mehr als die Hälfte glaubt nicht einmal, dass Pausen helfen, konzentrierter und effektiver zu arbeiten.

Gerade wenn wir stark unter Druck stehen und noch jede Menge Arbeit vor uns liegt, sollten wir nicht einfach weiterpowern. Normalerweise brauchen wir nach 90, spätestens nach 120 Minuten eine Pause. Warum? Ganz einfach: Jeder Mensch durchläuft im Zwei-Stunden-Rhythmus eine ganz bestimmte Energiekurve. Zunächst steigt die Leistung an. Nach etwa 90 Minuten erreichen wir unsere Hochphase. Dann folgt ein konstanter Leistungsabfall, der nach ungefähr 120 Minuten in einem Tief mündet. Jetzt ist es höchste *Zeit für eine Auszeit.* Das signalisiert uns der Körper durch

- innere Unruhe und Konzentrationsprobleme,
- abschweifende Gedanken und Tagräume,
- Müdigkeit und Gähnen,
- den Wunsch, sich zu recken und zu strecken,
- Appetit auf einen kleinen Imbiss,
- das Bedürfnis, aufzustehen und herumzulaufen,
- Kopf- und Nackenschmerzen,
- Muskelverspannungen,
- brennende oder gerötete Augen.

Der Mensch ist nicht auf Dauerbetrieb ausgerichtet. Wenn wir die *Pausensignale unseres Körpers* nicht beachten und einfach weiterarbeiten, geraten wir unter massiven Stress. Die Leistungsfähigkeit nimmt rapide ab, und wir fühlen uns völlig erschöpft. Da hilft nur eins – drücken Sie regelmäßig Ihren Pausenknopf!

Pause ganz persönlich

Trotz Zwei-Stunden-Rhythmus und Energiekurve hat es keinen Sinn, sich an starre Erholungszeiten zu halten. Denn wann genau wir eine Pause nötig haben, hängt auch von der jeweiligen Arbeitsbelastung ab. Generell gilt: Je anstrengender und anspruchsvoller eine Tätigkeit ist, desto öfter sollten Sie sich eine Auszeit gönnen. Am besten, Sie finden selbst heraus, wie oft Sie eine Pause brauchen. Achten Sie in den nächsten Tagen genau darauf, wann Körper und Geist sich eine kleine Rast wünschen. Sie werden sehen: Schon bald wissen Sie, was Ihnen gut tut.

Auch bei der Länge der Pausen hat jeder seinen ganz eigenen Rhythmus. Generell gilt: *Mehrere kurze Pausen* sind wirkungsvoller und erholsamer als eine längere Auszeit. Der größte Erholungseffekt setzt in den ersten Pausenminuten ein. Zudem findet man nach kürzeren Unterbrechungen viel leichter wieder zur Arbeit zurück. Gerade für kleine Auszeiten bietet unser Arbeitsalltag viele Gelegenheiten, die man einfach beim Schopf ergreifen muss. Hier ein paar Tipps:

- einen Apfel oder eine Banane essen,
- sich strecken, dehnen, lockern,
- Fenster öffnen, rausschauen und tief durchatmen,
- ein paar Schritte gehen,
- ein Glas Wasser trinken,
- Augenmassage,
- Füße hochlegen und Augen schließen.

Bis Sie Ihren *persönlichen Pausenrhythmus* gefunden haben, wird es ein bisschen dauern. Damit Sie Ihre Pausen nicht vergessen, können Sie sich Ihren Pausenapfel demonstrativ auf den Schreibtisch legen oder Ihre Auszeiten im Outlook-Tageskalender einblocken.

Fünf *simplify*-Strategien für clevere Pausen

1. Schalten Sie bewusst ab. Unterbrechen Sie die Arbeit komplett, nutzen Sie die Auszeit gezielt zur Erholung.
2. Finden Sie Ihren persönlichen Rhythmus. Wenn Sie Ihren Arbeits- und Erholungsrhythmus kennen, können Sie Ihre Pausen viel besser gestalten.
3. Gehen Sie auf Abstand zum Job. Verlassen Sie in der Pause Schreibtisch oder Arbeitsplatz.
4. Sorgen Sie in der Pause für Ausgleich zu Ihrer beruflichen Tätigkeit. Falls Sie den ganzen Tag vor dem PC sitzen, verschaffen Sie sich ein bisschen Bewegung.
5. Achten Sie auf gesunde Pausen-Snacks. Ein Pausenimbiss macht nur fit, wenn er außer Kalorien auch Vitamine und Mineralstoffe liefert.

Um produktiv und entspannt durch den Arbeitsalltag zu kommen, sind kleine und auch größere Pausen wichtig. Dabei sollten zwei Dinge voll und ganz im Mittelpunkt stehen – *abschalten und entspannen*. Die folgenden *Pausentipps* helfen Ihnen, Leistung und Leerlauf ins Gleichgewicht zu bringen:

Totalpause

Legen Sie öfter mal eine Totalpause ein: Machen Sie zwei Minuten lang absolut gar nichts! Stellen Sie sich ans geöffnete Fenster, und schauen Sie einfach in die Ferne. Oder schließen Sie die Augen, und zählen Sie ganz langsam bis 120. Das bringt Entspannung pur.

Mittagspause

Lassen Sie Ihre Mittagspause nicht ausfallen. Eine längere Auszeit pro Tag sollte sich jeder gönnen. Besonders wichtig: Nutzen Sie Ihre Mittagspause nicht nur zum Essen, sondern gehen Sie einige Schritte um den Block, oder drehen Sie eine kleine Runde auf Ihren Inlinern. Die Extraportion Bewegung macht den Kopf frei und sorgt dafür, dass Sie fit für den zweiten Teil des Tages sind.

Schlafpause

Lange Zeit wurde er belächelt: der Mittagsschlaf. Das sei doch nur was für kleine Kinder oder alte Leute. Inzwischen weiß man jedoch, dass ein kurzes mittägliches Nickerchen ungeheure Energie bringt. So verbessert sich die Leistungsfähigkeit um etwa 35 Prozent, die Fehlerquote sinkt, und auch das Unfallrisiko wird deutlich geringer.

Kein Wunder, dass der so genannte *Power-Nap* in vielen amerikanischen und japanischen Unternehmen ein echtes Muss ist. Probieren Sie aus, ob auch Ihnen ein kurzes mittägliches Schläfchen zu mehr Power verhilft.

Bildschirmpause

Unsere Augen liefern 80 Prozent des gesamten Inputs für unser Gehirn. Es lohnt sich also, auch den Augen hin und wieder eine Pause zu gönnen und Entspannungsübungen gegen *Augenstress* zu machen. Besonders entspannend für die Augen ist das so genannte *Palmieren*: Reiben Sie Ihre Handflächen kräftig aneinander, damit sie richtig warm werden. Bedecken Sie dann Ihre geschlossenen Augen mit den hohlen Handflächen. Stützen Sie Ihre Ellenbogen bequem auf dem Tisch ab. Bleiben Sie mindestens zwei Minuten in dieser Haltung – das ist Balsam für Ihre Augen und hilft wunderbar gegen Stress.

Bewegungspause

Wer den ganzen Tag am Schreibtisch sitzt, sollte unbedingt die eine oder andere Bewegungspause einlegen. Das ist sogar während der Arbeit möglich: Machen Sie es sich zur Gewohnheit, aufzustehen, sobald das Telefon klingelt, und führen Sie Ihre Telefongespräche immer im Stehen. Lesen Sie Ihre Post, während Sie im Büro auf- und abgehen. Quartieren Sie Drucker und Kopierer aus. Das sorgt für bessere Luft im Büro und verschafft Ihnen jede Menge Zusatzbewegung!

Freizeitpause

Sorgen Sie nicht nur während des Arbeitstags für ausreichende Pausen, nehmen Sie sich auch nach Feierabend und am Wochenende nicht zu viel vor. Je weniger Zeit Sie verplanen, desto mehr Freiraum bleibt Ihnen für Erholungspausen. Nur so können Sie genügend Kraft und Energie für den Alltag tanken.

Pausen als Erfolgsrezept

Wissen Sie noch, wie sehr Sie sich in Ihrer Schulzeit auf die Pause gefreut haben? Nichts wie raus aus dem miefigen Klassenzimmer, toben, quatschen, essen und frische Luft schnappen: Pausen waren echte Highlights zwischen Mathe, Latein und Schulaufgaben. Und heute? Auch heute sollten Sie öfter Pause machen. Kleine Auszeiten sind das *simplify*-Erfolgsrezept für erfolgreiches und entspanntes Arbeiten.

Wer glaubt, keine Zeit für Pausen zu haben, zahlt einen hohen Preis: Er macht mehr Fehler, leistet wesentlich weniger und braucht nach der Arbeit viel länger, um sich wieder zu erholen. Gönnen Sie sich also genügend Auszeiten, und gestalten Sie Ihre Arbeitstage so, dass Ihnen der Job möglichst wenig Stress und möglichst viel Spaß macht!

≫Darf man auch mal faul sein?≪

Klar, wer nichts tut, tut unheimlich viel!

Zeit-

Irrtum Nummer 7: Trödeln ist nur was für Faule!

Ab und zu einfach mal nichts tun und ganz entspannt die Zeit vertrödeln? Nein, das geht wirklich nicht! Oder vielleicht doch?

»Faul sein ist wunderschön!« Erinnern Sie sich noch an das Lied aus *Pippi Langstrumpf*? Eigentlich wollen wir doch alle so sein wie unsere kleine Heldin aus Kindertagen – stark, mutig, frech und manchmal auch ein bisschen faul. Aber irgendwie bleibt uns keine Zeit fürs Nichtstun. Im Job strampeln wir uns ab, und in der Freizeit geht der Stress dann weiter: Einkaufsmarathon fürs Wochenende, Powerwalking für die Traumfigur, Städtetrip für die Horizonterweiterung …

> ### simplify-Überblick
> - Poet bei der Arbeit!
> - Keine Zeit für Muße
> - Faultiere haben mehr vom Leben
> - Faul sein ist wunderschön

Dabei ist es so wichtig, dass wir hin und wieder auf unser kleines inneres Faultier hören und unsere Zeit nach Herzenslust vertrödeln!

Wir alle brauchen Auszeiten vom permanenten Getriebensein. Wer für die richtige Dosis Faulheit in seinem Leben sorgt, gewinnt Ab-

79

stand von den Anforderungen des Alltags und entdeckt ein völlig neues Zeit- und Lebensgefühl.

Poet bei der Arbeit!

Ein Schild mit dieser Aufschrift prangte an der Tür des französischen Dichters Saint-Pol-Roux, wenn er sich zum Nachdenken und Nichtstun zurückzog. Er wusste: Wirklich kreativ ist man immer dann, wenn man das hektische Treiben des Alltags hinter sich lässt. Von dieser Erkenntnis konnte auch der Chemiker Friedrich Kekulé profitieren, dem sich die Struktur des Benzolrings im Traum offenbarte. Und auch Albert Einstein wusste: »In der Ruhe liegt die Kraft!« – er gönnte sich täglich zwölf Stunden Schlaf.

Cicero
>> Niemals bin ich weniger müßig als in meinen Mußestunden. <<

Die Tatsache, dass so viele begnadete Dichter, Denker und Musiker *legendäre Müßiggänger* sind, ist bestimmt kein Zufall. Im Gegenteil: Für Aristoteles ist die Faulheit »die Schwester der Freiheit«, für Dostojewskij »eine verführerische Geliebte der Fantasie« und für Salomon »die einzig wahre Begleiterin auf dem Weg zur Weisheit«. Doch heute ist alles ganz anders. Müßiggang, das völlig zweckfreie Nichtstun, wird als unproduktiv und öde abgestempelt. Im Web-Zeitalter würden Aristoteles und Kollegen wahrscheinlich schon frühmorgens aus dem Bett hechten, ihre Laptops hochfahren, E-Mails checken und gleichzeitig die Handy-Mailbox abhören …

Vom Schüler bis zum Manager: Überall macht sich das Gefühl breit, permanent unter *Hochspannung* zu stehen und sich keine Atempause gönnen zu dürfen. Trotz aller Versprechen der modernen Gesellschaft, uns Selbstbestimmung, Freiheit und Freizeit zu schenken, sind wir nach wie vor Sklaven eines Stundenplans, den wir uns nicht ausgesucht haben. Selbst Ferien, Wochenende und Feiertage stehen unter Erfolgsdruck – da soll alles nachgeholt werden, was im Alltag zu kurz kommt: Endlich mal wieder mit der Familie etwas unternehmen, Freunde treffen, ins Kino gehen, Sport treiben … Am Ende haben wir in der Freizeit genauso viel Stress wie im Job und wundern uns, warum sich die ersehnte innere Ruhe einfach nicht einstellen will.

Moment mal!

Der Mensch ist ein echtes Arbeitstier. Mehr noch: Wir verbringen mindestens doppelt so viel Zeit mit Arbeit wie die Tiere. Selbst die fleißigen Bienen und Ameisen nutzen nur etwa 20 Prozent ihrer Lebenszeit zum Arbeiten. Und, wie viel Prozent sind es bei Ihnen?

Keine Zeit für Muße

Das Wort *Muße* ist wie eine seltene Pflanze oder Spezies im aktiven Sprachgebrauch fast ausgestorben. Stattdessen breiten sich Begriffe wie *Stress*, *Performance* und *Highspeed* immer weiter aus. Wirklich ausspannen, wirklich die Seele baumeln lassen, das ist heutzutage gar nicht so leicht. Denn bei allem Klagen über die fehlende Muße genießen wir die Beschleunigung unseres Lebens auch bis zu einem gewissen Grad. Das hohe Tempo vermittelt uns ein ganz besonderes Glücksgefühl. Ein wenig benehmen wir uns wie Suchtkranke – wir sind immer auf der Suche nach dem nächsten Kick. Wir haben unendlich viele Möglichkeiten, können unendlich viel erleben. Deshalb glauben wir, dass unsere Zeit viel zu kostbar sei, um einfach einmal innezuhalten und auszuruhen. Und wenn wir dann doch einmal nichts tun, bekommen wir richtige Entzugserscheinungen. Wer ständig unter Strom steht, kann sich eben nur schwer dem Müßiggang hingeben.

Dabei sind Faulsein und Nichtstun alles andere als verschwenderischer Luxus: In neurobiologischen Experimenten haben Hirnforscher herausgefunden, dass wir dringend Mußeeinheiten benötigen, um die Informationen, die permanent auf uns einstürmen, zu verarbeiten. Diese Ruhepausen nutzt das Hirn, um seine Netzwerke aus Nervenzellen neu zu organisieren, das Erlebte zu ordnen und zu verarbeiten. Einfach mal die Seele baumeln lassen und *Tagträumen*: Das ist es, was sich unser Gehirn wünscht! Zum Glück gibt es unser inneres kleines Faultier, das uns immer wieder daran erinnert, wie wichtig es ist, zwischendurch mal abzuschalten und ganz entspannt in den Tag hinein zu leben. Es zeigt uns, dass Nichtstun nicht verwerflich ist, sondern das beste Mittel, um nicht völlig vom Alltag aufgefressen zu werden.

simplify-Tipp!

Eigentlich ist es gar nicht schwer, kurz innezuhalten und für einige Minuten zur Ruhe zu kommen: Malen Sie etwas, einen Baum, eine Blume oder eine Biene. Denken Sie dabei an nichts anderes. Das macht Spaß und ist unglaublich entspannend.

Faultiere haben mehr vom Leben

Wenn wir von morgens bis abends schuften, ohne wirklich weiterzukommen, ist es höchste Zeit für Faulsein und *Müßiggang*. Dann heißt es, ab aufs Sofa – Gedanken schweifen lassen – Kraft tanken – neue Perspektiven entdecken. *Faultiere* haben einfach mehr vom Leben: mehr Kreativität, mehr Power, mehr Glück. Sie wissen längst, dass es kompletter Wahnsinn ist, ständig unter Hochspannung zu stehen – nicht nur, weil Stress auf Dauer ungesund ist, sondern weil so unser ganzes Leben an uns vorbeirast.

Wer hin und wieder nichts tut, tut unheimlich viel. Er nimmt sich Zeit für Dinge, die man nicht schnell mal zwischendurch erledigen kann: Nachdenken, Tagträumen, Ausruhen, Lesen. Der Müßiggänger genießt und sieht, wie schön die Welt ist. Er denkt kreuz und quer – nicht nur in To-Do-Listen, die abgehakt werden müssen. Er hat Ideen und ist viel entspannter und fröhlicher. Kurzum: *Wer sich ab und zu eine Auszeit gönnt, ist ein glücklicherer Mensch.*

Klaus Havenstein
>> Am schönsten ist es, nichts zu tun, und dann vom Nichtstun auszuruh'n. <<

Leider ist es gar nicht so einfach, der Hektik des Alltags und dem eigenen Getriebensein zu entkommen. Die anderen, das eigene schlechte Gewissen und die Angst, etwas zu verpassen, drängen uns zum Tun. »Nichtstun ist harte Arbeit!« hat schon Oscar Wilde bemerkt. Hören Sie also auf Ihr inneres Faultier, und schaffen Sie als Erstes Ihre Schuldgefühle ab. Der Mensch ist nicht dazu geboren, rund um die Uhr zu arbeiten! Selbst der liebe Gott hat nur sechs Tage gearbeitet und dann geruht.

Machen Sie sich klar, was *Freizeit* wirklich bedeutet: freie Zeit für sich. Zeit, in der Sie tun können, wozu Sie wirklich Lust haben – ohne ständig auf die Uhr zu schauen, ganz ohne Ziel, Zweck und Zwang zum Erfolg. Probieren Sie einfach aus, wie viel produktiver Sie sind, wenn Sie zwischendrin ausspannen, statt wie üblich durchzupushen. Falls auch Sie bei der Vorstellung, Ihr Pflichtgefühl zu ignorieren und einfach faul zu sein, Gewissensbisse beschleichen, sollten Sie es mit sanftem Entzug versuchen. Wie wäre es zum Beispiel mit den folgenden *simplify*-Strategien für mehr Müßiggang und Lebensfreude?

Moment mal!

Die einfachste Formel für Glück, Einfallsreichtum und Gesundheit heißt – Faulsein. Man darf das Leben genießen, genau das will Ihnen Ihr inneres Faultier sagen. Es ist ein wunderbarer Erlaubnisgeber für ganz entspannte Mußestunden!

Vier *simplify*-Strategien
für mehr Müßiggang und Lebensfreude

1. Nehmen Sie sich immer wieder Zeit, um einfach aus dem Fenster zu schauen und zu träumen. Denn: Tagträume sind keinesfalls reine Zeitverschwendung, sie tun uns gut. Beim Tagträumen kommt das Unbewusste an die Oberfläche – das ist Balsam für die Seele und die Kreativität.
2. Gönnen Sie sich nach einer anstrengenden Projektphase einen freien Nachmittag – ganz ohne Grund, nur für sich. Gehen Sie spazieren, stöbern Sie im Buchladen, oder sehen Sie sich einen Film an. Tun Sie etwas, das nichts, aber auch gar nichts mit Ihrem Job zu tun hat und kein bisschen zu Ihrer weiteren Karriere beitragen wird.
3. Lassen Sie einen Abend in der Woche unverplant. Genießen Sie nach der Arbeit einen heißen Tee. Schauen Sie gemütlich zu, wie der Dampf ganz langsam aus der Tasse emporsteigt, und fragen Sie sich: Wozu hätte ich jetzt Lust? Musik hören? Alte Fotos anschauen? Oder einen alten Freund anrufen und ein bisschen schwatzen?
4. Tun Sie einen Sonntagvormittag lang rein gar nichts: Ausschlafen, endlos frühstücken, in Zeitschriften stöbern, alte Liebesbriefe lesen, den Wolken nachgucken … das ist Entspannung pur.

Faul sein ist wunderschön

Wie herrlich sind *Mußezeiten* – und wie wichtig! Wir lassen den Alltagsstress los, tanken wieder auf, schaffen Platz für Überraschungen im Leben und Freiräume für neue Ideen. Wer ab und zu mal faul ist und genussvoll trödelt, findet innere Ruhe, Zufriedenheit, Kreativität und Glück. Pippi Langstrumpf hat Recht: »Faul sein ist wunderschön!«

simplify-Tipp!
Planen Sie Pausen fest in Ihren Arbeitstag ein. Scheuen Sie sich nicht, Ihre Pausen in Ihren Terminkalender einzutragen.

simplify your time möchte Sie einladen, wiederzuentdecken, wie unglaublich gut Nichtstun sein kann. Auch Sie können für eine kleine Weile aus dem gestressten Alltag aussteigen und sich Ruheinseln gönnen, in denen Sie der Muße frönen und dem Müssen entfliehen!

Einfach persönlich:
Die *simplify*-TIME-Typen

simplify-Kapitelüberblick

Reine Typsache: Der simplify-TIME-Test	90
Echt flott: Der Turbo-Typ	97
Kreativität pur: Der Ideen-Typ	109
Alles im Blick: Der Manager-Typ	121
Immer ganz genau: Der Exakt-Typ	133
Stärken sammeln: Besser im Team	147

Oscar Wilde

>> Persönlichkeiten, nicht Prinzipien bringen die Zeit in Bewegung. <<

Einfach persönlich

Die einen wollen alles perfekt durchorganisieren, die anderen lieben es spontan: Wir alle sind ganz verschieden – auch in Sachen Zeitmanagement.

Wussten Sie, dass das Reisen eine Menge darüber verrät, welcher TIME-Typ Sie sind? Ob im wirklichen Leben oder bei unserer *simplify your time*-Reise: Jeder TIME-Typ hat seine ganz eigenen Vorlieben. Der *Turbo-Typ* steht nicht nur im Job, sondern auch in den Ferien auf Action: egal, ob Speedboot oder Crossbiken, Hauptsache schnell und herausfordernd. Der *Ideen-Typ* dagegen liebt spontane Fahrten ins Blaue. Er lässt die Dinge einfach auf sich zukommen und genießt seine Freiheit. Vom Golftrip nach Miami bis zum Opernbesuch in Verona: Der *Manager-Typ* schätzt das Weekend-Feeling der Luxusklasse. Klar, wer rund um die Uhr Höchstleitungen bringt, erwartet auch, dass der Urlaub außergewöhnlich gut ist. Und der *Exakt-Typ* überlässt im Urlaub höchstens das Wetter dem Zufall. Der Rest wird bis ins kleinste Detail geplant – sicher ist sicher!

Nutzen Sie dieses Kapitel als Ihren persönlichen *simplify your time*-Reiseführer. Entdecken Sie Ihre Vorzüge im Umgang mit der Zeit. Aber seien Sie auch neugierig auf die Stärken der anderen TIME-Typen. Denn letztlich verbindet Sie alle ein großes gemeinsames Ziel: *Einfach mehr Zeit haben!*

... und welcher TIME-Typ sind Sie?

Sie finden nicht, dass man Sie einfach so in irgendeine Zeit-Schublade stecken sollte? Da haben Sie natürlich Recht! Es stimmt ja auch nicht, dass alle Blondinen dumm sind und die Rheinländer immer nur feiern. Trotzdem ist etwas dran an der Geschichte mit den Schubladen.

Es gibt so etwas wie einen roten Faden, der sich durch unser Verhalten zieht: wie wir unseren Job organisieren, wie wir in alltäglichen Situationen reagieren, was uns Freude macht und was uns wichtig ist – das alles ist zum großen Teil *Typsache*. Natürlich zeigt sich dieser rote Faden auch bei unserem *Umgang mit der Zeit*.

Rechnet Ihr Chef damit, dass Sie seine Präsentation noch schnell auf Vordermann bringen? Erwartet die Freundin, dass Sie mal wieder die besten Ideen für die Geburtstagsfete liefern? Denken die Kollegen, dass Sie die Probleme beim neuen Projekt zielstrebig anpacken? Freuen sich die Kumpels im Verein schon jetzt, dass Sie das Kassenbuch fehlerfrei und absolut korrekt vorlegen werden?

Sie wollen wissen, warum das so ist? Ganz einfach: Die anderen haben Ihre besonderen Stärken längst erkannt. Vielleicht sollten Sie dieser Sache einmal nachgehen und herausfinden, welcher TIME-Typ Sie sind? Das wird Ihnen helfen, Ihre Stärken noch genauer kennenzulernen und besser mit kleinen Schwachstellen in Sachen Zeitmanagement umzugehen.

Reine Typsache: Der *simplify*-TIME-Test

Bitte lesen Sie die folgenden Aussagen in Ruhe durch. Entscheiden Sie jeweils *spontan*, was auf Sie zutrifft. Es gibt keine »falschen oder »richtigen« Antworten. Denn mit unseren *simplify*-TIME-Typen befinden Sie sich immer in bester Gesellschaft. Jeder von ihnen verfügt über wunderbare Stärken, eignet sich für bestimmte Aufgaben und hat seine ganz persönliche Einstellung zu Ordnung oder Freizeitgestaltung. Es sind Menschen, mit denen wir tagtäglich zu tun haben. Kurzum: Es sind Menschen wie du und ich.

 Teamarbeit

Ich liebe es, in der Gruppe Ideen zu entwickeln – je mehr, desto besser. **B**

Teamarbeit ist okay, wenn dadurch ein Projekt schneller vorankommt. **A**

Wenn im Team Unentschlossenheit herrscht, übernehme ich gerne die Pole-Position. **C**

Bei komplizierten Projekten arbeite ich lieber ganz in Ruhe – ohne Teamtrubel. **D**

 Pünktlichkeit

Eigentlich möchte ich pünktlich sein, aber oft kommt im letzten Moment noch etwas dazwischen. **A**

Sicher ist sicher! Ich bin lieber immer ein bisschen früher da. **D**

Meine Termine habe ich im Griff. Ich bin immer pünktlich. **C**

Ich erscheine bei Verabredungen oft auf den letzten Drücker – aber ich bin pünktlich. **B**

Prioritäten

Ich mag mich nicht gerne festlegen – für mich sind viele
Aufgaben gleich wichtig. **(B)**

Ich arbeite gerne an mehreren wichtigen Projekten gleichzeitig, da ist das mit den Prioritäten dann so eine Sache. **(C)**

Ich halte mich nicht lange damit auf, Prioritäten zu setzen –
ich starte lieber gleich voll durch. **(A)**

Prioritäten sind wichtig für mich. Sie sind das beste Mittel,
um meine Zeit richtig zu planen. **(D)**

Delegieren

Aufgaben abgeben – damit habe ich kein Problem. Dann
kann ich mich um das Wesentliche kümmern. **(C)**

Ich liebe Action und arbeite gerne schnell. Da brauche ich
keine Unterstützung. **(A)**

Delegieren geht nicht: Ich habe die besten Ideen, wenn ich
an mehreren Projekten gleichzeitig arbeite. **(B)**

Aufgaben abgeben? Ich bin mir nicht sicher, ob sie dann
auch wirklich gut erledigt werden. **(D)**

Planung

Terminpläne engen mich ein. Ich brauche Freiräume, um
meine Kreativität ausleben zu können. **(B)**

Ich plane meinen Tag sehr genau und mag es nicht, wenn
etwas meine Pläne durcheinanderwirbelt. **(D)**

Natürlich plane ich meinen Tag. Aber manchmal nehme ich mir ein bisschen zu viel vor. **C**

Ich bevorzuge eine grobe Terminplanung, so kann ich bei neuen Herausforderungen schnell reagieren. **A**

Neinsagen

Ich will niemanden verärgern, deshalb sage ich lieber Ja als Nein. **D**

Ich helfe anderen gerne, sodass ich es oft nicht fertig bringe, eine Bitte abzuschlagen. **B**

Mich reizen neue Aufgaben, darum stimme ich zu, ohne lange zu überlegen. **A**

Wenn mir etwas nicht wichtig ist, sage ich ganz klar Nein. Damit habe ich kein Problem. **C**

Ordnung

Kreatives Chaos inspiriert mich – penibel Ordnung zu halten, ist mir zu fad. **B**

Ordnung ist mir wichtig. Wenn ich im Chaos versinke, kann ich nicht richtig arbeiten. **D**

Über Ordnung mache ich mir keine großen Gedanken. Wenn es sein muss, räume ich schnell auf. **A**

Wenn es hoch hergeht, hab ich schon mal einen chaotischen Schreibtisch. Sonst bin ich recht ordentlich. **C**

A, B, C oder D?

Addieren Sie nun, wie oft Sie A, B, C oder D zugestimmt haben. Die Kategorie mit den meisten Treffern verrät Ihnen Ihren ganz persönlichen TIME-Typ:

A = **A**lles muss schnell gehen: Das kennzeichnet den rasanten *Turbo-Typ*.

B = **B**rainstormen statt planen. Als kreativer *Ideen-Typ* setzen Sie auf spontane Entscheidungen.

C = **C**hancen nutzen und die Dinge voranbringen: Der *Manager-Typ* ist ein echter Macher.

D = **D**etails sind wichtig, das hat der *Exakt-Typ* längst erkannt. Denn: Oft machen Kleinigkeiten den großen Unterschied.

... was sagt der Test?

Sind Sie überrascht? Oder ist alles wie erwartet? Natürlich gibt der *simplify*-TIME-Test nur eine grobe Einschätzung. Wir haben von allen Typen etwas; kaum einer ist ein *Ideen-* oder *Manager-Typ* in Reinkultur. Wer jedoch mehr über sich weiß, kann dieses Wissen nutzen, um seine Zeit in Zukunft besser zu planen und viel gelassener an die Dinge heranzugehen. Und wer mehr über die anderen TIME-Typen weiß, hat die Chance, sich mit ihnen zusammenzutun und echte Erfolgsteams zu bilden. Am besten, Sie lesen gleich mal nach, wo die Stärken Ihres persönlichen *simplify*-TIME-Typs liegen und holen sich speziell auf Ihre Zeitpersönlichkeit zugeschnittene Tipps, mit denen Sie Ihren Alltag ganz einfach in den Griff bekommen.

Die *simplify*-TIME-Typen im Überblick

Echt flott:
Der Turbo-Typ

- Schneller Denker
- Direkter Durchstarter
- Engagiertes Multitalent
- Flexibler Zeitjongleur
- Wertvoller Helfer
- Informierter Laptop-Nomade
- Aktiver Teamplayer

Kreativität pur:
Der Ideen-Typ

- Engagierter Ideenfinder
- Einfühlsamer Gesprächspartner
- Kreativer Zeitoptimist
- Brillanter Brainstormer
- Unkonventioneller Aufräumer
- Überzeugter Netzdenker
- Schlagkräftiger Last-Minute-Joker

Alles im Blick:
Der Manager-Typ

- Energischer Macher
- Effizienter Zeitoptimierer
- Ehrgeiziger Zielerreicher
- Echtes Energiebündel
- Beherzter Problemlöser
- Geschickter Delegierer
- Konsequenter Neinsager

Immer ganz genau:
Der Exakt-Typ

- Begeisterter Bessermacher
- Cleverer Spezialist
- Vorausschauender Organisator
- Umsichtiger Risikomanager
- Klarer Analyst
- Gewissenhafter Zeitplaner
- Qualitätsbewusster Detailarbeiter

»Schnell und viel!«

Echt flott:
Der Turbo-Typ

Engagiert, kommunikativ, clever, abenteuerlustig, kompetent, selbstbewusst, unterstützend, flexibel, teamorientiert, direkt, fix, technikbegeistert ...

Er liebt nichts so sehr wie die *Geschwindigkeit*: schneller, höher, weiter – in der Welt der Superlative fühlt sich der *Turbo-Typ* zu Hause. Er packt die Dinge tatkräftig und voller Schwung an. *Zeitdruck* ist kein Problem für ihn, im Gegenteil: Wenn die Zeit knapp wird, blüht er erst richtig auf, arbeitet auf vollen Touren und bringt Höchstleistungen! Kein Wunder, dass er nichts von Langsamkeit hält und Geduld nicht gerade zu seinen Stärken zählt. Er will nicht warten und macht alles sofort. Und dabei kann es schon mal vorkommen, dass er vergisst, klare Prioritäten zu setzen, und sich verzettelt. Er lebt einfach gerne auf der Überholspur, ist dauernd aktiv und gönnt sich kaum Zeit zum Abschalten und Entspannen.

---

simplify-Überblick

- **Der Tempomacher**
- **Stärken unter der Lupe**
- **So klappt es mit dem Turbo-Typ**
- **Starke Kombination: Gemeinsam besser**

Der Tempomacher

Er steht schon morgens unter Strom und kommt meist auf den letzten Drücker ins Büro. *Schnell und viel:* Getreu diesem Motto setzt der Turbo-Typ auf alles, was Zeit spart. Und seine Mobilität lässt er sich einiges kosten. Sein Arbeitsplatz beeindruckt mit dem modernsten technischen Equipment: Hochleistungsrechner, topaktuelle Applikationen sowie Blackberry und Co. sorgen für optimalen Datenfluss. Klar, dass auch in der Wohnung High Tech Trumpf ist: Die Kaffeemaschine steuert er über USB-Port, die Rollläden über eine automatische Zeitschaltuhr, und die Mikrowelle signalisiert dem DVD-Player, dass die Pizza fertig ist.

Und was macht der Mensch, wenn er einmal frei hat? Natürlich eine ganze Menge. Denn einfach nichts tun, liegt ihm nicht. Er braucht Action und pflegt schnelle Hobbys wie Bungeejumping, Crossbiken oder Tiefschneefahren. Tempo machen, bis ans Limit gehen, das reizt ihn. Und wenn er von Termin zu Termin rast, können Geschwindigkeitsbeschränkungen ihn nicht immer stoppen. Dieser Typ liebt einfach Herausforderungen – privat und im Job.

Sir Stirling Moss, britische Rennfahrerlegende
≫ Wenn du alles unter Kontrolle hast, fährst du einfach nicht schnell genug. ≪

Stärken unter der Lupe

Keine Frage, der *Turbo-Typ* hat eine Menge Stärken. Ob er diese im Umgang mit der Zeit richtig einzusetzen weiß und wo vielleicht noch etwas Verbesserungsbedarf besteht, erfahren Sie jetzt.

Ganz schön flott: Der Turbo-Typ

Schneller Denker: Der Turbo-Typ kann Zusammenhänge blitzschnell erfassen und Probleme erkennen.

Direkter Durchstarter: Wenn ihn eine Aufgabe reizt, legt der Turbo-Typ sofort los.

Engagiertes Multitalent: Der Turbo-Typ liebt, was er tut, und setzt sich mit ganzer Energie dafür ein.

Flexibler Zeitjongleur: Der Turbo-Typ reagiert schnell auf veränderte Situationen.

Wertvoller Helfer: Vor allem bei technischen Problemen gibt der Turbo-Typ kompetente Unterstürzung.

Informierter Laptop-Nomade: Der Turbo-Typ weiß die Vorteile moderner Kommunikationsmittel gekonnt zu nutzen.

Aktiver Teamplayer: Der Turbo-Typ arbeitet gerne mit Menschen und kann andere motivieren.

Schneller Denker: Probleme rasch erkennen

Wenn es irgendwo hakt, läuft der Turbo-Typ zur Höchstform auf. Er verfügt über eine schnelle Auffassungsgabe und hat für jedes Problem eine Lösung im Kopf. Besonders in festgefahrenen Situationen ist dieses Talent einfach ideal.

Leider hapert es beim Turbo-Typ an der *Umsetzung*. Er nimmt sich meist nicht die Zeit, um Konzepte zu entwickeln und Pläne reifen zu lassen. Es interessiert ihn weniger, ob sein Vorschlag auch funktioniert – er rast lieber zur nächsten Baustelle weiter.
Fazit: Der Turbo-Typ ist ein hervorragender Sprinter, seine Steherqualitäten lassen allerdings zu wünschen übrig.

simplify-Tipp für Turbo-Typen

Wenn Sie nicht wollen, dass Ihre Familie, Ihre Freunde und Kollegen Sie möglicherweise für einen Schwätzer halten oder sich vielleicht mit Ihren Lösungsideen schmücken, gibt es nur eins: Farbe bekennen. Problem erkannt – Problem gelöst – das klappt nur, wenn Sie sich ausreichend Zeit für ein Projekt nehmen. Eigentlich sind es nur drei Dinge, die Sie beachten müssen:

1. Situation analysieren
2. Möglichkeiten aufzeigen
3. Lösungsschritte festlegen

Natürlich wird man nicht von heute auf morgen ein perfekter Problemlöser. Aber Sie lernen doch gerne neue Dinge kennen – also, probieren Sie es einfach aus.

Direkter Durchstarter: Nicht lange fackeln

Aufschieberitis ist nicht sein Ding. Er braucht keinen Adrenalinschub kurz vor dem letzten Termin, um wirklich gut zu sein. Er handelt nach dem Prinzip: Wer anfängt, hat die erste Hürde schon überwunden. Nein, des Teufels liebstes Möbelstück, die lange Bank, ist wirklich nicht sein Problem – im Gegenteil: Es ist sein Temporausch.

Klar, schnelle Aktionen sind heutzutage gefragt. Doch wer immer glaubt, alles müsse sofort passieren, verliert irgendwann den Überblick. Er verzettelt sich und kann sich nicht mehr auf die wirklich wichtigen Dinge konzentrieren. Und leider setzt der Turbo-Typ mit seinem Aktionismus nicht nur sich selbst, sondern auch seine Mitmenschen unter Druck.
Fazit: Wenn Sie sich immer nur beeilen, vergeuden Sie eine ganze Menge Zeit.

simplify-Tipp für Turbo-Typen

Keiner kann alles erledigen. Wer nicht im To-Do-Chaos versinken möchte, muss seine Aktivitäten gezielt auswählen. Und hier gilt – *Wichtigkeit hat Vorfahrt!* Wenn Sie keine »Strafpunkte« einfahren wollen, sollten Sie folgendermaßen vorgehen:

1. Überblick verschaffen
2. To-Do-Liste mit klaren Prioritäten erstellen
3. das Wichtigste zuerst erledigen

Denken Sie immer daran: Wer seine Aufgaben nur im Kopf hat, hat seine Zeit nicht im Griff.

Engagiertes Multitalent: Vieles bewegen

Der Turbo-Typ hat gerne viel um die Ohren, Herausforderungen sind die Würze seines Alltags. Ständig bemüht er sich, sein Bestes zu geben: Termine von früh bis spät, Überstunden? – Kein Problem. Bevor er sich geschlagen gibt, arbeitet er lieber die Nächte durch.

»Erfolg hat nur, wer etwas tut, während er auf den Erfolg wartet«, diese Erkenntnis von Thomas Alva Edison legt der Turbo-Typ etwas zu extrem aus. Denn er tut des Guten zu viel. Kein Wunder, dass er dabei öfter aus der Puste kommt.

Fazit: Wer auf großer Flamme brennt, kann schnell ausbrennen.

simplify-Tipp für Turbo-Typen

Schalten Sie zwischendurch in den *Energiesparmodus*. Auch Turbo-Power-Typen müssen ihre Akkus wieder aufladen. Freiraum gewinnen durch Delegation, lautet Ihr Zauberwort für einen entspannten Umgang mit Zeit und Kraft. Engagieren Sie sich nicht auf Nebenschauplätzen, geben Sie Aufgaben ab. Haben Sie keine Scheu, andere um Hilfe zu bitten. Ganz wichtig: Statt immer nur von einer Aktivität zur nächsten zu rasen, verbringen Sie öfters einen gemütlichen Abend zu Hause. Beim »Seele-baumeln-lassen« reift manche gute Idee heran. Und wenn Sie dann eine Nacht darüber schlafen, können Sie am nächsten Tag die Dinge wie gewohnt zügig in Angriff nehmen.

Flexibler Zeitjongleur: Möglichkeiten nutzen

Der Turbo-Typ ist spontan und trifft seine Entscheidungen meist aus dem Bauch heraus. Er verliert keine Zeit damit, alle Eventualitäten abzuschätzen und jedes mögliche Ergebnis im Geiste durchzurechnen. Blitzschnell entscheidet sein sechster Sinn. – Und das zahlt sich häufig auch aus: Mit dem Gespür für gute Gelegenheiten zieht er manches lukrative Projekt an Land. Ganz flexibler Zeitjongleur, findet er in seinem Kalender immer noch ein Plätzchen für einen interessanten Termin. Doch genau hier liegt auch sein Problem. Terminfreie Lücken füllt er, ohne groß nachzudenken, und auch Doppelbelegungen nimmt er in Kauf: »Ich schau mal schnell vorbei.« Klar, dass das auf Dauer nicht gut gehen kann.

Fazit: Wer zu flexibel ist, läuft Gefahr, sich zu verbiegen.

simplify-Tipp für Turbo-Typen

Bevor Sie wieder mal »ganz schnell« etwas tun, sollten Sie immer erst überlegen, wie lange es tatsächlich dauern wird. Nutzen Sie die mobilen Möglichkeiten digitaler Zeitplanung: Aufgaben und ihren Zeitbedarf definieren, Termine koordinieren, Pläne kontrollieren – hierfür sind Outlook, Mind-Manager und Co. wunderbare Hilfsmittel. Achten Sie aber darauf, sich nicht im elektronischen Schnickschnack zu verlieren.

Wertvoller Helfer: Technik im Griff

Outlook lässt sich nicht starten, der Rechner hat gerade die fertige Präsentation gefressen, die Festplatte ist gecrasht: was nun? Tasten malträtieren, Schreikrampf kriegen? Wie gut, wenn man in solchen Situationen einen Turbo-Typ als Kollegen hat. Denn alles, was mit Technik zu tun hat, ist sein Metier. Als *Tempomacher* in Sachen technische Innovation kennt er die neuesten Programme und Anwendungen, seine animierten Projektpräsentationen haben Kultstatus. Selbstverständlich, dass er seinen computergestressten Mitmenschen gerne und kompetent unter die Arme greift. Doch manchmal schießt er dabei übers Ziel hinaus. Er bringt nicht nur Outlook zum Laufen, sondern installiert gleich ungefragt noch einige zusätzliche

Applikationen. Und damit provoziert er sofort den nächsten Technikstress herauf – für sich, weil es ihn zusätzliche Zeit kostet, für die anderen, weil sie diese Anwendungen möglicherweise gar nicht brauchen.

Fazit: Nicht alles, was möglich ist, ist auch nötig.

 simplify-Tipp **für Turbo-Typen**

Lassen Sie Ihr Leben nicht von immer komplexer werdenden elektronischen Hilfsmitteln bestimmen. Je mehr Funktionen Sie abdecken wollen, desto mehr Zeit müssen Sie auch aufwenden, bis Sie alles optimal bedienen und nutzen können. Und desto größer ist die Gefahr, sich zu verzetteln – ganz nach dem Motto: »Still confused, but on a higher technological level.« Also ruhig mal das eine oder andere Update überspringen.

Informierter Laptop-Nomade: Clever kommunizieren

Immer mobil, auf allen Kanälen unterwegs und vor allem – ständig erreichbar: Virtuos beherrscht der Turbo-Typ die modernsten Kommunikationsmittel. Er gehört zur Spezies der modernen Nomaden, die ihren Alltag durch Handy-Netze und Internet steuern. Dank Notebook und Smartphone kann er auch von unterwegs auf E-Mails oder wichtige Unternehmensdaten zugreifen – rund um die Uhr an jedem Tag der Woche. Doch wer schneller arbeitet, ist nicht unbedingt produktiver. Zudem laden diese wunderbaren Möglichkeiten geradezu zur Selbstausbeutung ein: Die moderne Arbeitswelt lässt die Trennung von Job und Privatleben verschwinden. Letztlich kann man sich auf nichts mehr wirklich konzentrieren.

Fazit: Einfach öfter mal technisch ausschalten, um gedanklich abzuschalten.

simplify-Tipp für Turbo-Typen

Moderne Kommunikationsmittel erfordern Selbstdisziplin. Versuchen Sie, Informationen zu bündeln und Unterbrechungen durch E-Mails oder Anrufe möglichst einzugrenzen. Sie allein bestimmen über Ihre Erreichbarkeit! Machen Sie sich bewusst, dass Sie nicht umgehend auf jede Mail oder SMS reagieren müssen. Trennen Sie private und dienstliche Kommunikation – am besten durch unterschiedliche Geräte. Und achten Sie auf regelmäßige Pausen und Auszeiten.

Aktiver Teamplayer: Kontakt halten

Er ist kein einsamer Macher. Der Turbo-Typ engagiert sich gerne in zahlreichen Arbeitsgruppen. Klar, dass Online-Meetings, Webcastings und virtuelle Teams seine ganz besonderen Favoriten sind. Damit liegt er voll im Trend: Immer mehr Unternehmen setzen auf »chatten statt jetten«, um Zeit und Geld zu sparen. Dass diese Rechnung oft nicht aufgeht, bekommt der Turbo-Typ massiv zu spüren – jede Menge zusätzliche E-Mails, viele unproduktive Talkrunden und überflüssige Telefonate. Inzwischen rangieren die modernen Besprechungsvarianten auf der Liste der Zeitdiebe ganz oben. Die meisten sind überflüssig – vor allem aber uneffektiv.

Fazit: *simplify* your Meetings!

So klappt es mit dem Turbo-Typ

Wenn Ihr Chef, Mitarbeiter, Kollege oder Partner ein Turbo-Typ ist, machen Sie sich bewusst: Für ihn zählt alles, was *schnell* ist. Ungeduld ist sein Markenzeichen. Bevor er sich mit Kleinigkeiten und Detailarbeit beschäftigt, stürzt er sich lieber voller Elan auf das nächste Projekt. Und natürlich möchte er, dass die anderen mitziehen.

simplify-Tipp für Turbo-Typen

Viel besprochen, wenig gelöst: Eine Umfrage zum Stichwort *Meeting-Gedanken* – sinnigerweise via Twitter – zeigt dieses Dilemma sehr deutlich. Aus laufenden Konferenzen kamen Beiträge, wie »Erst denken, dann meeten« oder »Für den nebensächlichen Kram hätte auch eine Mail gereicht.« Klingt witzig, ist es aber nicht: Wenn Sie die Kontrolle über Ihre Zeit behalten wollen, sollten Sie die Teams, in denen Sie sich engagieren, mit Bedacht auswählen. Sie müssen nicht überall den virtuellen Beisitzer mimen. Gönnen Sie sich mindestens zwei Tage pro Woche ohne Telefonkonferenz und Co.

Sicher ist es nicht einfach, mit dem umtriebigen Zeitgenossen Schritt zu halten, ohne selbst aus der Puste zu kommen. Aber das müssen Sie auch gar nicht. Denn jeder sollte sein eigenes Tempo, seinen eigenen Rhythmus leben. Die wichtigste und einfachste Regel im Umgang mit einem Turbo-Typ lautet: *Ruhe bewahren*. Lassen Sie sich von seinem Tempo nicht überrollen, sondern helfen Sie ihm, klare Prioritäten zu setzen, und vereinbaren Sie konkrete Termine für gemeinsame Projekte. Überlegen Sie, bei welchen Aufgaben der Turbo-Kollege mit seiner flinken Denkart eine Bereicherung ist und wo Sie ihn besser fernhalten. Wenn Sie ihm auf humorvolle Art klarmachen, dass er sich auf seinem Schnellkurs auch ab und zu nach den Nachzüglern umschauen sollte, ist er ein sympathischer und überaus interessanter Zeitgenosse!

Starke Kombination: Gemeinsam besser

Niemand ist eine Zeitinsel. Was das heißt? Ganz einfach: Wir sind nicht nur für unser eigenes Zeitbudget verantwortlich, wir sollten auch die Zeit der anderen achten und beachten. Für den Turbo-Typ bedeutet das: Immer mal wieder das Tempo rausnehmen. Ideal ist es, wenn es gelingt, die eigenen *Stärken* mit denen anderer zu *kombinieren*. Und hier bieten sich alle drei anderen TIME-Typen an.

Das perfekte Pendant zum schnellen Allesmacher ist der *Exakt-Typ*. Er arbeitet eher langsam, aber sehr beständig und zuverlässig. Routine- und Detailarbeiten schrecken ihn nicht – im Gegenteil. In der Regel ist er gut organisiert und geht eine Sache nach der anderen an.

Wenn der Turbo-Typ den exakten Kollegen mit seinem Schwung etwas aus seinen eingefahren Gleisen befreit und ihm eine ehrliche Wertschätzung entgegenbringt, kann dieses ungleiche Gespann Erstaunliches bewirken.

Um sich den Rücken von zusätzlichen Aufgaben frei zu halten, sollte sich der Turbo-Typ mit dem *Manager-Typ* zusammentun. Denn von ihm kann er lernen, Aufgaben zu delegieren oder Nein zu sagen. Zudem ist dieser Typ sehr schick darin, möglichen Zeitfressern den Garaus zu machen. Aber Vorsicht: Beide TIME-Typ lieben die Geschwindigkeit, und da könnte es schnell passieren, dass dieses dynamische Duo andere mit seinem Schwung überrennt.

In Sachen Neues ausprobieren, »spinnen« und ungewöhnliche Wege beschreiten sind sich Turbo- und *Ideen-Typ* sehr ähnlich. Wenn sie in einem Brainstorming aufeinander treffen, prasselt ein wahres kreatives Ideenfeuerwerk mit vielen überraschenden Aspekten auf die anderen nieder. Ideal wäre es, wenn beide danach auch gemeinsam die Kunst des Müßiggangs entdecken würden.

Warum eigentlich nicht?

Kreativität pur:
Der Ideen-Typ

Spontan, begeisterungsfähig, einfallsreich, emotional, mitreißend, optimistisch, hilfsbereit, kreativ, lebhaft, neugierig, inspirierend, offen …

»Das Leben ist wie eine Schachtel Pralinen, man weiß nie, was man bekommt.« Dieses Zitat aus dem oscarprämierten Spielfilm *Forrest Gump* könnte auch sein Lebensmotto sein. Der *Ideen-Typ* lässt sich gerne von den großen und kleinen Herausforderungen des Alltags überraschen, das macht sein Leben prickelnder. Feste Routinen, klare Strukturen und langfristige Planungen empfindet er als Gängelei. Er geht die Dinge intuitiv an und hat immer mehrere Projekte gleichzeitig in Arbeit. Klar, dass er nur ungern Prioritäten setzt, denn er liebt es, spontan Neues auszuprobieren. Schlimm? Nicht wirklich.

Kreativität wird für Firmen immer wichtiger. So lädt ein Kaffeeröster regelmäßig Studenten zu Think-Tank-Workshops ein und prä-

---

simplify-Überblick

- **Der Ideenfinder**
- **Stärken unter der Lupe**
- **So klappt es mit dem Ideen-Typ**
- **Starke Kombination: Gemeinsam besser**

: 109

miert Lösungsvorschläge seiner Kunden für Alltagsprobleme. Der Ideen-Typ ist eben nicht unbedingt der schräge Kerl aus der Design-Abteilung. Eigentlich ist er ganz normal – nur mit einem etwas anderen Zeitverständnis.

Der Ideenfinder

Von seinem Schreibtisch fühlt sich so manches angezogen: Post-its mit Arztterminen oder Telefonnummern für dringende Rückrufe buhlen um den Platz auf Arbeitslampe oder Monitor. Auch zerknitterte Zettel mit Notizen, Kaffeetassen und eine wilde Stiftesammlung fühlen sich hier gut aufgehoben. Lässig lehnen Bilder gegen die Wand – warum aufhängen, so kann man sie doch viel leichter auswechseln. Auf dem Fußboden schaffen Zeitschriftenstapel ein fröhliches Stillleben.

Der Ideen-Typ mag dieses kreative Durcheinander und arbeitet am liebsten bei offener Tür. Stimmen und Geräusche aus dem Hintergrund stören ihn nicht, oftmals kann er sich dabei sogar besser konzentrieren. Und wenn er auf der Suche nach einer wichtigen Projektskizze die lang verschollenen Autopapiere findet, freut ihn das einfach – nie aber käme er auf den Gedanken, deshalb sein Ordnungssystem infrage zu stellen.

Minimalismus ist nicht sein Ding. Der Ideen-Typ schöpft gerne aus dem Vollen – auch in seiner Freizeit. Hobbys wie Kochen, Schreiben oder Tanzen geben ihm das großartige Gefühl, etwas in seinem eigenen Rhythmus tun zu können. Und das braucht er auch. Denn er kämpft häufig gegen Zeitstress und das Gefühl, fremdbestimmt zu sein.

Ralf Zacherl, TV-Küchenkünstler
>> Der Topf ist rund, damit das Kochen die Richtung ändern kann. <<

Stärken unter der Lupe

Mit Kreativität ist es so wie mit den meisten Dingen: Sie kann unser Leben sehr bereichern – vorausgesetzt, die Dosis stimmt.

Ganz schön kreativ: Der Ideen-Typ

Engagierter Querdenker: Der Ideen-Typ liebt es, Dinge weiterzuentwickeln.

Einfühlsamer Gesprächspartner: Der Ideen-Typ zeigt im Umgang mit anderen viel Fingerspitzengefühl.

Kreativer Zeit-Optimist: Der Ideen-Typ geht Zeitvorgaben ohne Zwang an.

Brillanter Brainstromer: Der Ideen-Typ schätzt den offenen Ideenaustausch.

Unkonventioneller Aufräumer: Der Ideen-Typ sieht Ordnung hinter den Dingen, wo andere nur Chaos sehen.

Überzeugter Netzdenker: Der Ideen-Typ versteht es, erfolgreich Kontakte zu knüpfen.

Schlagkräftiger Last-Minute-Joker: Der Ideen-Typ kann sich schnell in neue Situationen einpassen.

Engagierter Querdenker: Bedarf erkennen

Ohne diesen Typ würden wir vielleicht immer noch auf Bäumen hocken und vom wärmenden Feuer in der Höhle träumen. Der Ideen-Typ verharrt nicht in eingefahrenen Bahnen; Fantasie und die Lust, Neues auszuprobieren, machen sein Leben aus. Damals wie heute ist sein findiges Köpfchen ein echter Gewinn. Unser kreativer Zeitgenosse schaut gerne über den Tellerrand hinaus. Selbst wenn etwas auf den ersten Blick komisch anmutet, kann ihn das nicht davon abbringen, eine Sache weiterzuverfolgen.

»Man muss viele Frösche küssen, um auf einen Prinzen zu stoßen«: Es dauerte Jahre, bis der amerikanische Produktentwickler Arthur Fry seine Idee von Lesezeichen, die im Buch haften, ohne die Seiten zu beschädigen, erfolgreich umsetzen konnte. Heute sind die bunten Post-its aus unserem Alltag nicht mehr wegzudenken.
Fazit: Eine gewisse Hartnäckigkeit ist unabdingbar, um erfolgreich zu sein. Doch wenn Sie sich zu sehr in eine Aufgabe verbeißen, laufen Sie Gefahr, alles um sich herum zu vergessen – vor allem die Zeit.

simplify-Tipp für Ideen-Typen

Wenn Kreativität zum Zwang wird, kann das ganz schnell zu Stress führen. Die Folge: Man ist komplett blockiert. Deshalb ist es wichtig, dass Sie Ihre Gedanken immer mal wieder bewusst in eine andere Richtung lenken, wenn Sie an einem wichtigen Projekt arbeiten. Oder anders gesagt: Aufhören zur rechten Zeit spart jede Menge Energie. Erledigen Sie zum Beispiel *en bloc* einige Routinearbeiten oder Aufgaben, die Ihnen schnell von der Hand gehen. Das macht den Kopf frei und gibt Ihnen das schöne Gefühl, etwas geschafft zu haben.

Einfühlsamer Gesprächspartner: Aktiv zuhören

Er ist ein lebensfroher und liebenswerter Zeitgenosse – so gar nicht der Typ des leidenden kreativen Genies. Der Ideen-Typ interessiert sich dafür, wie seine Mitmenschen denken und fühlen. Beziehungen sind ihm wichtiger als Pünktlichkeit, ein Schwätzchen mit Kollegen zieht er jederzeit der längst überfälligen Statistik vor. Und oft kommen ihm bei solchen Gesprächen im Türrahmen die besten Ideen.

Besonders in Teams ist sein Einfühlungsvermögen gefragt, weil er Spannungen sofort spürt und ein besseres Verständnis füreinander erreichen kann. Leider bringt ihn diese wichtige soziale Kompetenz auch häufig in die Bredouille: Es fällt ihm schwer, eine Bitte um Unterstützung abzuschlagen. Und obwohl sein Zeitplan ohnehin immer auf Messers Schneide steht, übernimmt er bereitwillig noch zusätzliche Aufgaben. Wenn die anderen dann längst im Feierabend sind, hechelt der Ideen-Typ hektisch seinen Terminen hinterher.
Fazit: Unseren Mitmenschen Aufmerksamkeit zu schenken, heißt nicht, sich selbst hinten anstellen zu müssen.

Kreativer Zeitoptimist: Offen planen

Er mag den Charme von Vergangenheit genauso wie den Reiz neuester Technologien. Er möchte den Blick ins Grüne nicht missen und braucht gleichzeitig die Energie der Stadt. Er interessiert sich für alles Mögliche und will sich nicht entscheiden müssen. Der Ideen-Typ hat einen offenen Geist und liebt die Freiheit. Er lässt sich nicht gerne in ein starres Selbstmanagement-System pressen. Allein die Vorstellung, einen Terminplan zu führen, schnürt ihm die Luft ab. Sollte es allerdings nicht, denn Untersuchungen belegen ganz klar: Wer nicht plant, hat keine Orientierung und verliert sich in unwichtigen Details. Zeitplanung muss sein, so viel steht fest. Doch die gute Nachricht für alle, die bislang damit gar nichts am Hut haben, lautet: *Zeitplanung kann auch anders sein.*
Fazit: Bleiben Sie kreativ – auch im Umgang mit der Zeit!

simplify-Tipp für Ideen-Typen

Gute Ideen sind meist einfach, man muss nur darauf kommen. Das gilt auch für Ihre Zeitplanung. Prioritäten setzen ist nicht Ihr Ding? Die Alternative: *clever aufschieben!* Picken Sie sich jeden Tag zwei oder drei Aufgaben heraus, die Sie dann konzentriert angehen – der Rest muss warten. Oft stellt sich später heraus, dass einiges sich in der Zwischenzeit bereits erledigt hat.

Halbe Sachen machen – für Sie undenkbar? Dennoch liegt genau hier der Schlüssel für Ihre Freiräume: Blocken Sie 50 Prozent des Tages als belegt. Die sind tabu. So werden Sie automatisch weniger zusätzliche Arbeiten annehmen und haben noch genügend Zeit, um Chancen spontan wahrzunehmen.

Spickzettel erlaubt! Halten Sie immer eine Liste mit den Terminen, die Sie nicht versäumen dürfen, griffbereit. Werfen Sie regelmäßig einen Blick auf Ihre Liste und ergänzen Sie diese sorgfältig.

Brillanter Brainstormer: Erfolgreich spinnen

»Wenn zwei Männer einen Apfel tauschen, hat am Ende wieder jeder einen. Tauschen sie aber eine Idee, hat am Ende jeder zwei davon.« Diese brillante Erkenntnis stammt vom griechischen Philosophen Platon. Auch der Ideen-Typ teilt seine Einfälle gerne mit anderen. Im stillen Kämmerlein vor sich hin zu brüten, ist nicht sein Ding. Ideen entwickeln ist für ihn Spaß – und noch mehr Spaß macht ihm das in einer Gruppe. Mit seinem Optimismus und seiner Begeisterung ist er ein echter Gewinn für jedes Brainstorming. Losgelöst von Zwängen wie Kosten oder Aufwand sprudeln die Vorschläge nur so aus ihm heraus. Denn die oberste Regel beim Ideenfinden lautet: Quantität geht vor Qualität. Je mehr, desto besser. Die Umsetzung, die ja häufig das große Problem des Ideen-Typs ist, spielt hier zunächst keine Rolle, dafür ist später ein Projektteam zuständig. Doch mehr als maximal 30 Minuten täglich sollte sich der Ideen-Typ fürs Brainstormen nicht genehmigen, sonst mündet das Ganze schnell in negativer Produktivität.

Fazit: Brainstorming ist kein Selbstzweck, sondern sollte letztlich dazu beitragen, eine Aufgabe zu lösen.

simplify-Tipp für Ideen-Typen

Ideen sind gefragt. Aber es muss nicht immer die große Grübelgruppe sein. Die simpelste Kreativtechnik ist: *Ideen aufschreiben.* Oft kommen die besten Einfälle, wenn man sich gar nicht mit einem Problem beschäftigt – beim Staubsaugen, unter der Dusche oder bei einem Spaziergang. Sammeln Sie alles, was Ihnen auf- und einfällt in einem speziellen Notizbuch. So geht keine Idee verloren, und Sie haben den Kopf frei, um sich auf das zu konzentrieren, was Sie unbedingt erledigen müssen.

Unkonventioneller Aufräumer: Individuell Ordnung schaffen

Kreatives Chaos oder chaotisches Durcheinander? Die Ansichten darüber sind sehr individuell. Der Ideen-Typ lebt gerne *unkonventionell.* Ordnung setzt er mit Stillstand gleich. Für ihn ist es unvorstellbar, die Dinge, die ihn inspirieren, hinter verschlossenen Türen oder in Schubladen aufzubewahren. Und die Wissenschaft gibt ihm recht. Chaosforscher bestätigten: Unordnung auf dem Schreibtisch bedeutet nicht automatisch Chaos im Kopf – im Gegenteil. Ebenso wenig ist ordentlich weggeräumt ein Zeichen dafür, dass eine Aufgabe auch erledigt wurde. Und ein altmodisches Adressbuch kann manchmal wesentlich aktueller sein als seine modernen elektronischen Kollegen.

Fazit: Ziehen Sie die Notbremse, wenn das Chaos zu wild wird.

simplify-Tipp für Ideen-Typen

Aufräumen war gestern, kreative Gestaltung ist heute. Ein Büro muss nicht perfekt sein, um gut zu funktionieren. Schaffen Sie Ordnung, die zu Ihnen passt: Verhelfen Sie ungewöhnlichen Aufbewahrungsorten oder überraschenden Ablagesystemen zu neuer Anerkennung. Denn alles Nützliche gibt es auch in einer attraktiven Verpackung – die 50iger-Jahre-Blechdose für Notizen, der große Überseekoffer für Aktenordner. Was Spaß macht, gelingt leicht. Das gilt auch für das Thema Ordnung.

Überzeugter Netzdenker: Gegen den Strom schwimmen

Auch wenn ihm der Ruf eines Chaoten anhängt, im Kommunizieren von Ideen ist er äußerst effektiv. Er denkt in Netzen und setzt auf Verbündete, um Projekte erfolgreich durchzuziehen. Er mischt sich gerne unters Volk, um Anregungen zu erhalten, neue Chancen zu sehen und andere Wege zu gehen. Gestalten statt mitlaufen ist seine Devise. Er orientiert sich an Best-Practice-Querdenkern wie IKEA-Gründer Ingvar Kamprad. Der brachte vor 50 Jahren erstmals seine Kunden dazu, ihre Möbel selbst abzuholen und in Eigenregie zusammenzuschrauben.

Geld steht beim Engagement des Ideen-Typs nicht im Vordergrund – er will etwas bewegen. Was er tut, soll eine Wirkung bei den Menschen haben, egal, worum es geht. Doch um erfolgreich gegen den Strom zu schwimmen, genügen kühne Geistesblitze und Mut allein nicht. Eine realistische Einschätzung hilft, Zeit und Energieaufwand im Auge zu behalten.

Fazit: Wer seiner Zeit voraus ist, darf den Bezug zur Gegenwart nicht verlieren.

Schlagkräftiger Last-Minute-Joker: Gekonnt einwechseln

Ole Gunnar Solksjaer war der meistbejubelte Warmläufer des Profifußballs. Der ehemalige norwegische Nationalspieler machte eine Nebenrolle zur Kunst: spät eingewechselt werden und ein verloren geglaubtes Spiel noch umdrehen. »Seine beste Position ist die Ersatzbank«, erkannte Manchester Uniteds Erfolgstrainer Alex Ferguson.

Auch der Ideen-Typ wird gerne als Last-Minute-Joker eingesetzt. Denn einer seiner besonderen Stärken ist es, sich dem Rhythmus eines Projekts übergangslos anzupassen. Er kann sich umsichtig in bestehende Strukturen einfügen und dennoch frischen Wind in die Gruppe bringen. Seinem Engagement tut es keinen Abbruch, dass er als Ideen-Feuerwehr eingesetzt wird – im Gegenteil: Er liebt es, kurz vor Abpfiff durchzustarten.

Übrigens: Zahlreiche Vereine boten Solksjaer einen Stammplatz in der ersten Mannschaft an. Er lehnte ab, es war ihm wichtiger, Teil der erfolgreichen United-Elf zu sein.

Fazit: Ob Sie sich auf Dauer mit der Rolle des Ersatzspielers zufrieden geben möchten, müssen Sie selbst herausfinden.

simplify-Tipp für Ideen-Typen

Investieren Sie Ihre Zeit und Energie nicht, nur weil jemand anderes meint, Sie könnten etwas besonders gut. Finden Sie heraus, was *Ihnen* wichtig ist. Alles, was Sie dazu tun müssen, ist sich anzusehen, was im Moment Ihre Zeit und Energie bindet. Wie fühlt sich das für Sie an? Nicht gut? Dann sollten Sie sich damit beschäftigen, welchen neuen Weg Sie einschlagen möchten. Ob Stammplatz oder Ersatzbank: Das Richtige zu tun, ist immer eine Sache der Selbstwertschätzung.

: **117**

So klappt es mit dem Ideen-Typ

Bücher, in denen es seitenlang keine Überraschung gibt, legen wir bald gelangweilt zur Seite, Partys mit ermüdenden Gesprächen kehren wir möglichst schnell den Rücken. Die meisten von uns finden *Spontaneität* und eine kleine Portion Chaos ganz spannend. Wir bewundern spontane Menschen, schätzen sie für ihre offene und unkonventionelle Art – solange, bis wir ein Projekt gemeinsam durchziehen müssen ... Was tun, wenn Ihr Chef, Mitarbeiter, Kollege oder Partner ein Ideen-Typ ist?

Nichts ist unmöglich – nutzen Sie das Motto des Ideen-Typs. Machen Sie ihm klar, dass terminorientiertes Arbeiten und Kreativität sich nicht ausschließen. Profitieren Sie von seinen Ideen und seinem Elan, und revanchieren Sie sich dafür mit einer realistischen Detailplanung sowie der Kontrolle der einzelnen Umsetzungsschritte. Und wenn das Chaos Sie nervt, denken Sie an Albert Einstein. Der große Physiker wusste: »Wenn man gar nicht gegen die Vernunft sündigt, kommt man zu überhaupt nichts.«

Starke Kombination: Gemeinsam besser

Apple-Chef Steve Jobs, so heißt es, war in seiner Jugend äußerst unstet und abenteuerlustig. Sein Studium schmiss er nach dem ersten Semester, lieber lungerte er bei den Garagenbastlern im Silicon Valley herum und eignete sich schnell ein umfangreiches Computerwissen an. Vermutlich wäre er nie so erfolgreich geworden, wenn er nicht Steven Wozniak getroffen hätte. Denn der setzte die verrückten Ideen von Jobs um. Ein geniales Team! Grund genug also nachzuspüren, was unsere TIME-Typen gemeinsam stark macht.

Ideen- und *Exakt-Typ* können ein ebensolches Dream-Team abgeben wie Jobs und Wozniak. Denn wer könnte eine unausgereifte Idee wohl besser auf ihre Umsetzungsmöglichkeiten überprüfen als der realistische, detailorientierte Exakt-Typ? Und wer könnte einen eher risikoscheuen Kollegen besser motivieren als der Ideen-Typ?

Wenn es um Ergebnisse und minimalen Aufwand geht, ist der *Manager-Typ* ein interessanter Gefährte. Er segelt auf Erfolgskurs, irgendwelche Zweifel können ihn nicht aufhalten. Seine Ziele hat er immer vor Augen – für den Ideen-Typ, der sich gerne in Kreativität verliert, eine gute Ergänzung. Der wiederum kann die mangelnde Sensibilität, die der Manager-Typ anderen gegenüber an den Tag legt, wunderbar ausgleichen.

Gleich und Gleich gesellt sich gern: Zumindest für längere Paarbeziehungen stimmen Forscher diesem Sprichwort zu. Und bei unseren TIME-Typen? In puncto Neugierde, Offenheit und Risikobereitschaft sind sich Ideen- und *Turbo-Typ* sehr ähnlich. Kreativität hat bei diesem Team absolute Priorität. Und beide brauchen Unterstützung, damit es ihnen gelingt, ihre Pläne in die Tat umzusetzen.

Geht nicht – gibt's nicht!

Alles im Blick:
Der Manager-Typ

Selbstsicher, ergebnisorientiert, durchsetzungsstark, direkt, offen, bestimmend, risikofreudig, entschlossen, energisch, dynamisch, ehrgeizig …

Viel zu tun? Ja – einfach herrlich! Der *Manager-Typ* ist voller Energie und Tatendrang. Er ist der geborene Macher. Sein Motto lautet: »Es gibt nichts Gutes, außer man tut es!« Höchstleistungen bringen, Erfolge einfahren, weiterkommen – genau das treibt ihn an. Er hat Spaß daran, seine Pläne ohne Umschweife umzusetzen.

Wer will schon seine Zeit mit Peanuts verplempern? Der Manager-Typ bestimmt nicht. Sein Zauberwort heißt – *delegieren*. Er gibt gerne die Richtung vor und sagt den anderen, wo es langgeht. Ganz wichtig ist dem Manager-Typ, dass er jede einzelne Minute optimal nutzen kann. Deshalb beschäftigt er sich mit großem Vergnügen mit Zeitmanagement und freut sich über neue Tipps, um seinen übervollen Terminkalender besser in den Griff zu bekommen.

---

simplify-Überblick

- **Der energische Macher**
- **Stärken unter der Lupe**
- **So klappt es mit dem Manager-Typ**
- **Starke Kombination: Gemeinsam besser**

: 121

Der energische Macher

Zeig mir deinen Schreibtisch, und ich sage dir, wer du bist! Das trifft ganz besonders auf den Manager-Typ zu. Seinen Arbeitsplatz erkennt man auf den ersten Blick. Der Schreibtisch ist mindestens genauso durchgestylt wie der Tagesablauf; überflüssigen Schnickschnack wie alte Urlaubspostkarten, Schokoriegel oder kaputte Kugelschreiber sucht man hier vergeblich. Dafür gibt es jede Menge High-Tech-Accessoires: Das brandneue Handy passt perfekt zum XXL-Flachbildschirm und zum digitalen Bilderrahmen mit den Familienfotos. Moderne Technik wird gezielt eingesetzt, um noch erfolgreicher zu arbeiten. Terminkalender und Designuhr geben ganz klar den Ton an. Alles ist funktional, sehr edel und ordentlich. Nur wenn es besonders turbulent zugeht und der Manager-Typ wieder mal an unzähligen Projekten gleichzeitig arbeitet, kann es sein, dass sich auf dem sonst so aufgeräumten Arbeitsplatz das Chaos breitmacht.

Dante Alighieri
>> Der eine wartet, dass die Zeit sich wandelt, der andere packt sie kräftig an und handelt. «

Auch im Privatleben liebt der Manager-Typ das Besondere: Seine Wohnung ist repräsentativ, reduziert und genau auf die eigenen Bedürfnisse abgestimmt. Hier trifft man auf die perfekte Mischung aus Minimalismus, Stil und High Tech. Der Manager-Typ arbeitet viel und gerne, deshalb ist seine Freizeit äußerst spärlich bemessen. Doch er weiß sie zu nutzen. Ob in der Theaterpause oder auf dem Golfplatz: Der Manager-Typ ist immer auf der Suche nach guten Kontakten, die seine Karriere voranbringen. Bei seinen sportlichen Aktivitäten legt er jede Menge Ehrgeiz an den Tag. Er ist einfach ein Wettkampftyp, der den Vergleich mit anderen sucht und keinesfalls als Verlierer vom Platz gehen will. Alles Neue und Unbekannte reizt ihn. Da seine Neugier groß ist, probiert er gerne ungewöhnliche und auch gefährliche Hobbys aus – Langeweile und Routine sind absolut nicht sein Ding.

Stärken unter der Lupe

Geht nicht – gibt's nicht! Der Manager-Typ erweckt seine Ideen auch unter widrigen Umständen zum Leben. Wenn andere längst entnervt die Flinte ins Korn geworfen haben, ist er noch immer aktiv.

Ganz schön konsequent: Der Manager-Typ

Tatkräftiger Umsetzer: Pläne konsequent in die Tat umsetzen – das ist die liebste Herausforderung des Manager-Typs.

Effizienter Zeitoptimierer: *Carpe diem?* Was sonst! Der Manager-Typ macht immer das Beste aus seiner Zeit.

Zupackender Zielerreicher: Er weiß genau, was er will – Erfolg! Der Manager-Typ hat seine Ziele fest im Blick.

Echtes Energiebündel: Er ist gerne in Aktion. Wenn es viel zu tun gibt, ist der Manager-Typ in seinem Element.

Beherzter Problemlöser: Der Manager-Typ packt Probleme entschlossen an und findet immer eine Lösung.

Geschickter Delegierer: Alles selbst machen? Bloß nicht! Der Manager-Typ ist ein Meister im Delegieren.

Konsequenter Neinsager: Beim Manager-Typ haben Zeitfresser keine Chance. Sie stoppt er mit einem klaren Nein.

Tatkräftiger Umsetzer: Pläne konsequent verwirklichen

Der Manager-Typ weiß: Auch der beste Einfall ist nichts wert, wenn man ihn nicht verwirklicht. Deshalb fackelt er nicht lange und setzt seine Ideen konsequent um. Von Bedenkenträgern, Zweiflern oder Schwarzsehern lässt er sich nicht einschüchtern: *No risk, no fun!* Manchmal verwechselt er allerdings Tatendrang mit Leichtsinn und stürzt sich unbedacht in ziemlich abenteuerliche Vorhaben.

Da der Manager-Typ gerne an mehreren Projekten *gleichzeitig* arbeitet, kann es schon mal vorkommen, dass er kräftig Überstunden machen muss, um alles hinzubekommen. Aber davon lässt er sich nicht abschrecken. Im Gegenteil: Es motiviert ihn, auch das Unmögliche möglich zu machen. Und wenn er das dann wieder Mal geschafft hat, verleiht ihm der Erfolg frischen Schwung, um gleich die nächsten Projektideen anzupacken.
Fazit: Wer die Dinge beherzt angeht, kann das Beste aus seiner Zeit machen.

simplify-Tipp für Manager-Typen

Sie finden es toll, auf Hochtouren an mehreren Projekten gleichzeitig zu arbeiten – aber ganz ehrlich: Manchmal ist das schon ziemlich stressig! Stürzen Sie sich nicht immer gleich auf jede neue Idee. Und besinnen Sie sich auf Ihre beiden großen Stärken: Neinsagen und Delegieren.

Effizienter Zeitoptimierer: Termine im Griff

Der Manager-Typ will vor allem eins: *möglichst effizient arbeiten*. Da ist gute Organisation natürlich ein Muss. Timer, Pocket-PC oder Smartphone gehören zu seinen wichtigsten Arbeitsutensilien. Sämtliche Termine werden genau festgehalten, jede noch so kleine Lücke im Zeitplan wird genutzt. Wenn ein Termin kurzfristig abgesagt wird, dann hat der Manager-Typ ganz bestimmt eine wichtige Ersatzaufgabe parat. Auch Wartezeiten überbrückt er spielend: Für den Fall der Fälle hat er einen dicken Stapel Akten und Berichte zum Durcharbeiten dabei. Ungenutzte Leerlaufzeiten machen ihn nervös; er möchte seine Zeit stets produktiv nutzen.

Der Manager-Typ hat die Dinge auch in hektischen Zeiten unter Kontrolle. Zahlreiche Check- und To-Do-Listen helfen ihm, den Durchblick nicht zu verlieren. Ohne seine Listen ist er nur ein halber Mensch. Spontaneität und Freizeit kommen dabei allerdings oft zu kurz.
Fazit: Gute Planung erkennt man daran, dass sie auch Freiräume für Kreativität und Pausen lässt.

simplify-Tipp für Manager-Typen

Es macht Ihnen großen Spaß, viel zu arbeiten und viel zu leisten. Aber: Sie müssen nicht jede Minute Ihres Tages sinnvoll nutzen! Manchmal tut es gut, für einen kurzen Moment loszulassen, den Job zu vergessen und in aller Ruhe über dieses und jenes nachzudenken. Genau dazu sind Warte- und Leerlaufzeiten die ideale Gelegenheit.

Ehrgeiziger Zielerreicher: Von nix kommt nix

Der Manager-Typ hat ehrgeizige Ziele – und er verwirklicht sie auch. Er weiß: Von nix kommt nix! Jede Woche drei neue Kunden gewinnen, das innovative Produkt in nur sechs Monaten auf den Markt bringen, den Umsatz um 10 Prozent steigern: Je unerreichbarer ein Vorhaben scheint, desto mehr legt sich der Manager-Typ ins

Zeug. Er verschreibt sich seinen Zielen mit Haut und Haaren und versteht es meisterhaft, auch andere für seine Pläne zu begeistern.

Widerstände auf dem Weg zum Ziel schafft der Manager-Typ mit großem Kampfgeist beiseite. Resigniert die Segel streichen? Das kommt für ihn absolut nicht in Frage! Er gibt niemals vorschnell auf und lässt erst locker, wenn sich der gewünschte Erfolg eingestellt hat. Manchmal verrennt er sich jedoch. Dann hält er verbissen an Zielen fest, die einfach nicht zu erreichen sind.

Fazit: Setzen Sie sich ehrgeizige Ziele, aber übertreiben Sie es nicht.

simplify-Tipp für Manager-Typen

Die aussichtslosen Fälle sind die, für die es sich am meisten zu kämpfen lohnt? Achtung: Wer gegen Windmühlen anrennt, kann nur verlieren. Deshalb sollten Sie *rechtzeitig loslassen* und unrealistische Ziele aufgeben. Keine Sorge, damit verlieren Sie nicht Ihr Gesicht. Im Gegenteil: Wenn Sie sich von unerreichbaren Zielen verabschieden, können Sie sich auf lohnenswertere Projekte konzentrieren.

Echtes Energiebündel: Immer in Aktion

Morgens ist er meist der Erste im Büro, und abends bleibt er gerne mal ein bisschen länger. Endlose To-Do-Listen, E-Mail-Flut und Aufgabenberge – was andere an den Rand des Wahnsinns treibt, lässt den Manager-Typ ziemlich kalt. Er ist extrem belastbar und fest überzeugt: Ein gesundes Maß an Stress ist die beste Motivation!

Übers Wochenende schnell mal nach New York? Warum eigentlich nicht?! Für den Manager-Typ gibt es nichts Schlimmeres als Langeweile. Auch in seiner knappen freien Zeit hat er nur ein Motto – *Action!* Auf dem Tennisplatz, beim Joggen oder Golfspielen beweist er gerne, wie viel Power in ihm steckt. Wenn er sich so richtig verausgabt, kann er herrlich abschalten und den stressigen Job hinter sich lassen. Ob Kollegen, Familie oder Freunde: Für die anderen ist es wirklich nicht leicht, mit diesem Energiebündel mitzuhalten. Aber das stört den Manager-Typ nicht.

Fazit: Auch echte Power-Typen sollten sich hin und wieder eine kleine Auszeit gönnen.

simplify-Tipp für Manager-Typen

Einfach so auf dem Sofa liegen? Das ist ganz und gar nicht Ihr Ding. Aber ab und zu braucht jeder ganz entspannte Auszeiten. Nutzen Sie Ihr Organisationstalent, und planen Sie ganz bewusst *Zeiten zum Nichtstun* ein. Sie werden sehen: Sie verlieren keine Zeit, sondern gewinnen frische Energie für neue Herausforderungen!

Beherzter Problemlöser: Es gibt immer einen Weg

Egal, ob das Budget für das neue Projekt knapp wird oder die Lieferung für einen wichtigen Kunden verschwunden ist: Der Manager-Typ lässt sich von den kleineren und größeren Tücken des Alltags nicht so leicht aus der Bahn werfen. Er will nicht lange über Probleme diskutieren, sondern rasch gute Lösungen finden.

Wenn es Schwierigkeiten gibt, weiß der Manager-Typ meist sofort, wo es hakt. Er hat einen scharfen Blick für Fehler und analysiert alles blitzschnell. In der Regel hat er schon nach kurzer Zeit eine ebenso einfache wie geniale Lösung parat. Wenn er jedoch den Erfolg eines Projekts durch Mitarbeiter oder Kollegen gefährdet sieht, kann er gnadenlos kritisieren. Dass er die anderen dabei vor den Kopf stößt, interessiert ihn dann herzlich wenig.

Fazit: Jammern gilt nicht! Probleme sind dazu da, um gelöst zu werden.

simplify-Tipp für Manager-Typen

Am liebsten lösen Sie Probleme schnell und im Alleingang. Und meist haben Sie auch Erfolg damit. Wenn es jedoch um komplizierte Dinge und langfristige Entscheidungen geht, sollten Sie nicht auf den Rat anderer verzichten. Je mehr kluge Köpfe sich einklinken, desto besser. Im Team ist es viel einfacher, auch einmal querzudenken und Herausforderungen mit viel Einfallsreichtum zu meistern.

Geschickter Delegierer: Nicht alles selbst machen

Fußball-Torhüter, die auch zum Elfmeterschießen antreten? Sicher, das ist unheimlich spektakulär. Doch über so etwas kann der Manager-Typ nur verwundert den Kopf schütteln. Was man richtig gut und gerne tut, selbst erledigen, den Rest getrost den anderen überlassen – das ist sein Erfolgsgeheimnis. Im Gegensatz zu den meisten Menschen fällt es ihm kein bisschen schwer, Aufgaben abzugeben. Ein Dirigent würde ja auch nicht auf die Idee kommen, alle Instrumente in seinem Orchester selbst zu spielen …

Wer kann mir etwas abnehmen? Der Manager-Typ hat seine *Delegationsliste* immer griffbereit. Sie hilft ihm, sich nebensächliche Dinge vom Hals zu schaffen und so Zeit für seine Kernaufgaben zu gewinnen. Manchmal übertreibt er es allerdings mit dem Delegieren und überfrachtet andere mit Aufgaben und Projekten.

Fazit: Nur wer die Kunst des Delegierens beherrscht, kommt ganz nach oben.

simplify-Tipp für Manager-Typen

Aufgaben abgeben – das ist kein Problem für Sie. Aber wirklich loslassen, das fällt Ihnen bei wichtigen Projekten doch nicht ganz so leicht. Hier werden Sie zum Kontroll-Freak und schauen den anderen ständig über die Schulter. Aber das demotiviert. Erteilen Sie klare Aufträge und setzen Sie eindeutige Fristen. Und dann lassen Sie den anderen bei der Erledigung so viel Freiraum wie möglich.

Konsequenter Neinsager: Keine faulen Kompromisse

Schlechtes Gewissen? Helfersyndrom? Harmoniefalle? Der Manager-Typ versucht erst gar nicht, *everybody's darling* zu sein. Wozu auch? Er ist Realist und hat längst erkannt: Jasager zahlen einen hohen Preis. Sie stecken ihre ganze Energie in die Wünsche anderer, vernachlässigen ihre eigenen Bedürfnisse und werden ganz schnell ausgenutzt. Das kann dem Manager-Typ nicht passieren. Er ist selbstbewusst genug, um klipp und klar Nein zu sagen.

Der Manager-Typ weiß ganz genau, was er will. Er hat keine Scheu, seinen eigenen Zielen und Prioritäten Vorfahrt zu geben. Ein halbherziges, zähneknirschendes Ja wird man von ihm nicht hören. Wenn er eine Aufgabe übernimmt, dann ist er mit vollem Herzen und höchstem Einsatz dabei: Ja oder nein, ganz oder gar nicht – da kennt der Manager-Typ keine Kompromisse!
Fazit: Neinsager haben einfach mehr vom Leben!

So klappt es mit dem Manager-Typ

Selbstsicher, unabhängig, energisch: Der Manager-Typ gibt gerne den Ton an und sagt, wie etwas gemacht wird – Schluss, aus, Ende der Diskussion! Wenn etwas nicht nach seinem Kopf geht, kann er ganz schön stur werden. Effiziente Arbeit und außergewöhnlicher Erfolg, dafür gibt er alles. Im Eifer des Gefechts neigt er allerdings dazu, andere zu überfordern und mit Aufgaben zu überladen.

Wenn Ihr Kollege, Vorgesetzter oder Lebensgefährte ein Manager-Typ ist, dürfen Sie sich nicht von ihm überrollen lassen: Setzen Sie klare Grenzen. Reden Sie nicht lange um den heißen Brei herum. Sagen Sie ganz offen, was machbar ist und was nicht. Für ein gut begründetes Nein und sachliche Argumente hat der Manager-Typ immer ein offenes Ohr. Handeln Sie realistische To-Do-Listen und Terminvorgaben aus. Akzeptieren Sie nicht, dass er Sie ständig bei der Arbeit unterbricht. Treten Sie ihm selbstbewusst entgegen. Lassen Sie nicht zu, dass er einfach über Ihre Zeit bestimmt, sondern verteidigen Sie konsequent Ihre Tagesplanung. Das beeindruckt den Manager-Typ und macht Ihnen die Zusammenarbeit mit ihm viel leichter.

Starke Kombination: Gemeinsam besser

Der klassische Manager-Typ würde am liebsten alles Wichtige im Alleingang erledigen. Doch bei den vielen Projekten, die er am Laufen hat, ist das wirklich nicht zu schaffen. Deshalb sollte er sich auch bei Topaufgaben öfter die Unterstützung der anderen TIME-Typen sichern. Das bedeutet nicht, dass er den anderen einfach nur unliebsame Aufgaben abtreten soll. Teamwork ist die bessere Lösung. Denn wenn jeder das macht, was er am besten kann, dann profitieren alle.

Pläne erfolgreich umsetzen, Probleme rasch lösen, Widerstände überwinden, in Rekordgeschwindigkeit Ergebnisse erzielen – das zeichnet den Manager-Typ aus. Risiken schrecken ihn nicht ab, und Warnungen schlägt er gerne in den Wind. Doch vorschnelle Entscheidungen können zu herben Enttäuschungen führen. Damit ihm das nicht passiert, sollte er sich bei wichtigen Projekten unbedingt mit dem *Exakt-Typ* zusammentun.

Er liebt es, Fakten zu prüfen, auf Details zu achten und alles ganz genau zu durchdenken. Der Tatendrang des Manager-Typs und das akribisches Vorgehen des Exakten sind die ideale Kombination, um Ideen zügig, aber überlegt zu verwirklichen.

Der Manager-Typ hat ehrgeizige Ziele, die er auf dem schnellsten Weg realisieren will. Aber ist der kürzeste Weg wirklich immer auch der beste? Um das herauszufinden, sollte er sich öfter mal mit dem *Ideen-Typ* austauschen. Die zupackende Art des Managers und die Kreativität des Ideen-Typs machen die beiden zu einem unschlagbaren Team, wenn es darum geht, ganz neue Perspektiven zu entdecken und wahrhaft geniale Pläne zu entwickeln und umzusetzen.

Wie schafft man es, riesige Aufgabenstapel in kurzer Zeit wegzuarbeiten? Was kann man tun, um Aufträge ohne große Verzögerung abzuwickeln? Bei manchen Aufgaben und Projekten geht es in erster Linie darum, schnell zu sein. Wenn der Manager-Typ sich bei solchen Aufgaben auch noch die Unterstützung des *Turbo-Typs* sichert, dann stechen die beiden die Konkurrenz in Sachen Tempo garantiert aus.

: **131**

Besser geht's nicht!

Immer ganz genau:
Der Exakt-Typ

Genau, logisch, sorgfältig, zuverlässig, qualitätsbewusst, geplant, ordnungsliebend, gründlich, analytisch, diszipliniert, fleißig, anspruchsvoll, beharrlich ...

100 Prozent? Das kann ja jeder! Beim *Exakt-Typ* darf es schon ein bisschen mehr sein. Er liebt es, immer sein Bestes zu geben und die Messlatte jedes Mal noch ein bisschen höher zu legen. Es macht ihm richtig Spaß, besser zu sein als andere und ganz neue Qualitätsmaßstäbe zu setzen. Dabei kann er sich so sehr in eine Sache vertiefen, dass er völlig darin aufgeht und alles um sich herum vergisst.

Eine Nacht auf einer Party versacken und am nächsten Morgen verkatert und zu spät zur Arbeit kommen? Das ist für den Exakt-Typ völlig undenkbar. Er ist die *Zuverlässigkeit* in Person. Wenn man jemanden sucht, der eine Aufgabe absolut verlässlich und genau erledigt, dann ist er der Richtige. Der Exakt-Typ hat einen scharfen Blick für De-

> ## *simplify*-Überblick
>
> - Der Typ mit dem Bessermacher-Gen
> - Stärken unter der Lupe
> - So klappt es mit dem Exakt-Typ
> - Starke Kombination: Gemeinsam besser

tails und geht systematisch an die Dinge heran. Er überlässt nichts dem Zufall und ist ein wahres Genie, wenn es um Planung und Organisation geht.

Der Typ mit dem Bessermacher-Gen

Der *Schreibtisch* des Exakt-Typs verrät sofort, wer hier sitzt: Kugelschreiber, Briefumschläge, Notizzettel, Radiergummi und Co. – hier hat alles seinen Platz. Die Bleistifte sind penibel gespitzt, die Papiere geordnet. Alles ist picobello aufgeräumt, super durchorganisiert und hochfunktional aufgebaut, und natürlich ist auch der virtuelle Arbeitsplatz des Exakt-Typs perfekt durchorganisiert. Die Festplatte ist tiptop aufgeräumt, der Mail-Account mustergültig. Datenmüll und Spam-Mails rückt der Exakt-Typ konsequent zu Leibe. Bei ihm verschwinden keine wichtigen Dateien, Geschäftsbriefe oder Mails in irgendwelchen ominösen Verzeichnissen. Jedes Schriftstück wird sofort in den entsprechenden Ordner verfrachtet: Ein Mausklick genügt, und schon öffnet sich das gewünschte Dokument.

Manche Menschen behaupten, dass Unordnung einen gewissen Charme haben soll. Doch da ist der Exakt-Typ ganz anderer Meinung. Deshalb mag er es nicht nur im Job, sondern auch zu Hause *aufgeräumt*. Wenn er seinen Lieblingspulli sucht, muss er nicht erst seinen kompletten Kleiderschrank auf den Kopf stellen. Und wenn unerwarteter Besuch kommt, dann kann er ganz beruhigt die Tür aufmachen. Dennoch sind spontane Verabredungen und Unternehmungen nicht sein Fall. Bevor er zum Städtetrip aufbricht, möchte er erst mal in aller Ruhe in diversen Reiseführern schmökern und ein aus-

geklügeltes Besichtigungsprogramm zusammenstellen. Und wenn es zum Wandern geht, hat er immer ein Paar Zweitsocken und etwas Notproviant im Rucksack. Um übermäßig riskante Freizeitaktivitäten macht der Exakt-Typ einen großen Bogen: Fallschirmspringen, Motorradrennen oder Tiefseetauchen sind nichts für ihn. Er liebt Hobbys, bei denen man nicht schnell, sondern genau sein muss. Ob beim Schach, beim Modellbau oder der Mathematik-Olympiade: Hier entwickelt er enormen Ehrgeiz und sammelt fleißig Pokale und Meistertitel.

Johann Wolfgang von Goethe
» Mittelmäßigkeit ist von allen Gegnern der Schlimmste! «

Stärken unter der Lupe

Der Exakt-Typ überlässt nichts dem Zufall! Das hat auch Vorteile für die anderen: Es ist immer jemand da, der an Lösungen tüftelt, Fehler korrigiert und darauf achtet, dass Deadlines eingehalten werden.

Ganz schön gut: Der Exakt-Typ

Begeisterter Bessermacher: Der Exakt-Typ ist ein toller Tüftler. Wenn es irgendwo hakt und klemmt, findet er immer eine Lösung.

Cleverer Spezialist: Was er macht, macht er außergewöhnlich gut. Denn der Exakt-Typ weiß: Spitze wird man nur durch Spezialisierung.

Vorausschauender Organisator: Der Exakt-Typ ist auch auf das Unmögliche vorbereitet. Er hat immer einen guten Plan B in der Tasche.

Umsichtiger Risikomanager: Leichtsinn und Abenteuerlust? Bitte nicht! Der Exakt-Typ geht lieber auf Nummer sicher.

Klarer Analyst: Der Exakt-Typ lässt sich kein X für ein U vormachen. Er ist ein wahrer Zahlenkünstler, der alles genau unter die Lupe nimmt.

Gewissenhafter Zeitplaner: Zu spät kommen? Termine verpassen? Deadlines überschreiten? All das passiert dem Exakt-Typ ganz bestimmt nicht.

Qualitätsbewusster Detailarbeiter: Oft machen Kleinigkeiten den großen Unterschied. Und hier hat der Exakt-Typ die Nase vorn.

Begeisterter Bessermacher: Da geht noch was

Noch nützlicher, noch praktischer, noch effizienter: Der Exakt-Typ trägt das Bessermacher-Gen in sich. Er will nichts so lassen, wie es ist. Ihn juckt es in den Fingern, immer weiter zu feilen und zu schrauben. Er ist der Daniel Düsentrieb unter den TIME-Typen – ein Tüftler, der wissen will, warum es hakt und wie man das Ganze verbessern kann. Und das zahlt sich aus. Denn ohne den Exakt-Typ gäbe es kein Telefon, keine Flugzeuge und auch kein Internet.

Mega-effiziente Ordnungssysteme, genial-einfache Tabellenkalkulationen oder vollautomatische Haushaltsroboter: Mit seinem Sinn fürs Praktische findet er immer eine Verbesserungsmöglichkeit. Doch manchmal schießt er dabei übers Ziel hinaus und entwickelt Dinge, die Otto Normalverbraucher gar nicht braucht.
Fazit: Achten Sie nicht nur auf das, was noch besser werden muss. Freuen Sie sich auch über die Dinge, die schon gut sind.

simplify-Tipp für Exakt-Typen

Wenn sich andere schon längst damit abgefunden haben, dass irgendetwas nicht richtig funktioniert, dann geben Sie nicht auf und arbeiten an Verbesserungen. Aber manchmal bringt es nichts, an Bestehendem herumzudoktern – hier muss man ganz neue Wege beschreiten. Also, nur Mut! Probieren Sie öfter etwas Neues.

Cleverer Spezialist: Ausnahmekönner statt Allrounder

Durchschnittlich und austauschbar sein? Das ist ein wahrer Albtraum für den Exakt-Typ. Er möchte nicht im Mittelmaß versinken. Also versucht er erst gar nicht, auf allen Hochzeiten zu tanzen. Für ihn gilt: Spitze wird man nur durch Spezialisierung. Deshalb macht er es wie ein Profi-Sportler und konzentriert sich voll und ganz auf seine Paradedisziplin. Manche werfen dem Exakt-Typ vor, er sei unflexibel und engstirnig. Doch er ist lieber auf einem Gebiet erstklassig, als in vielen Bereichen »nur« gut.

Ob Experte für Internet-Marketing, Fachmann für Wärmepumpen oder Spezialist für Solarenergie: Sein brillantes Fachwissen ist der Trumpf im Ärmel des Exakt-Typs. Er sammelt mit großer Begeisterung immer neues Know-how, um auch die kniffligsten Aufgaben und Probleme zu lösen. Und wenn in seinem Spezialgebiet hohe Ansprüche an ihn gestellt werden, wächst der Exakt-Typ förmlich über sich hinaus.

Fazit: Wer nicht im Mittelmaß versinken will, sollte sich unbedingt spezialisieren.

simplify-Tipp für Exakt-Typen

Am liebsten tüfteln Sie an schwierigen Aufgaben, bei denen Sie Ihr Expertenwissen voll ausspielen können. Doch auch Routinearbeiten und einfachere Jobs sind eine tolle Sache. Nutzen Sie weniger anspruchsvolle Tätigkeiten, um zwischendurch ein bisschen abzuschalten. Achten Sie bei Ihrer Zeitplanung darauf, dass schwierige Aufgaben und Routinen sich abwechseln. Und: Halten Sie sich bei einfacheren Arbeiten immer an die bewährte KISS-Formel: *Keep It Short and Simple!*

Vorausschauender Organisator: Erfolg mit Planung

Hochzeit, Urlaub oder wichtige Projekte im Job – der Exakt-Typ ist ein hervorragender Organisator. Er weiß: Das Geheimnis des Erfolgs liegt in cleverer Planung. Ohne einen detaillierten Aktionsplan läuft bei ihm gar nichts. Von der ersten Idee bis zur termingenauen Umsetzung – vom Exakt-Typ kann man sich in Sachen Projektmanagement einiges abschauen.

Einzelne Schritte, klare Prioritäten, großzügige Zeitfenster: Das liebste Planungstool des Exakt-Typs sind Checklisten, die systematisch verbessert, sorgfältig abgehakt und täglich aktualisiert werden. Planung heißt für ihn, ja nichts dem Zufall zu überlassen. Deshalb hat er meistens nicht nur einen Plan A, sondern gleich noch einen Plan B in der Schublade. Improvisation, kurzfristiges Umdisponieren und Last-Minute-Hektik sind einfach nichts für ihn.

Fazit: Überlegte Planung rechnet auch mit dem Zufall und dem Unvorhersehbaren.

simplify-Tipp für Exakt-Typen

Ihr Projektmanagement ist hervorragend! Deshalb sollten Sie nicht nervös werden, wenn etwas Unvorhergesehenes Ihre Pläne durchkreuzt. Sie sind so gut vorbereitet, dass Sie das bestimmt nicht aus der Bahn werfen wird. Niemand kann alles planen. Denken Sie immer an den berühmten Ausspruch von John Lennon: »Leben ist das, was passiert, während du eifrig dabei bist, andere Pläne zu machen.«

Umsichtiger Risikomanager: Pleiten, Pech und Pannen vermeiden

Unkalkulierbare Risiken, Pleiten, Pech und Pannen – das wird man mit dem Exakt-Typ nicht so schnell erleben. Er stürzt sich nicht Hals über Kopf in waghalsige Vorhaben und Projekte. Bevor es losgeht, werden erst einmal alle Fakten gesammelt, dann wird alles genau aufgelistet und auf Herz und Nieren geprüft. Für und Wider, Pro und Contra: Jedes noch so kleine Detail nimmt er ganz genau unter die Lupe.

»Bremsklotz«, »Bedenkenträger« – solche Vorwürfe stören den Exakt-Typ nicht im Geringsten. Auch wenn ein Projekt auf den ersten Blick unheimlich interessant scheint – er lässt sich nicht zu vorschnellen Entscheidungen hinreißen. Erst wenn alle Fakten auf dem Tisch liegen und alle Unwägbarkeiten geklärt sind, gibt er sein Okay. Sicherheit statt Risiko: So hat der Exakt-Typ schon manches übereifrige Projektteam vor schlimmen Bauchlandungen bewahrt.

Fazit: Wer mögliche Risiken rechtzeitig erkennt, ist sicher vor bösen Überraschungen.

simplify-Tipp für Exakt-Typen

Gerade im Job geraten wir immer wieder in Situationen, in denen wir blitzschnell entscheiden müssen, ohne vorher alle Fakten genau prüfen zu können. Lernen Sie, Entscheidungen zu treffen – auch wenn Ihnen weniger Informationen zur Verfügung stehen, als Ihnen lieb ist. Alles ist besser, als gar keine Entscheidung zu treffen. Denn dann überlassen Sie die weitere Entwicklung dem Zufall.

Klarer Analyst: Den Dingen auf den Grund gehen

Zahlen, Daten, Fakten, Tabellen und Statistiken: Viele finden das eher trocken und langweilig. Nicht so der Exakt-Typ – er liebt es, mit Zahlen zu jonglieren, Statistiken auszuwerten und den Dingen mit großer Ausdauer auf den Grund zu gehen. Auch schwierige Zusammenhänge erfasst er auf einen Blick. Und wenn sich ein Zahlendreher in eine Tabelle eingeschlichen hat, dann findet er ihn ganz bestimmt.

Von der einfachen Kostenaufstellung bis zum ausgeklügelten Projektplan: Das Aufspüren von Schwachstellen und Fehlern zählt zu den herausragenden Stärken des Exakt-Typs. Er packt die Dinge systematisch an, prüft, kontrolliert und setzt klare Stopp-Signale, wenn etwas in die falsche Richtung läuft. Dass er sich damit bei anderen nicht immer beliebt macht, stört den Exakt-Typ nicht sonderlich. Ihm geht es um die Sache und nicht um persönliche Befindlichkeiten.

Fazit: Vertrauen ist gut, Kontrolle ist besser – das gilt immer, wenn es um wichtige Zahlen und Fakten geht.

simplify-Tipp für Exakt-Typen

Wenn etwas falsch oder unlogisch ist, dann erkennen Sie das sofort. Allerdings sind Sie nicht gerade zimperlich, wenn Sie den anderen ihre Fehler unter die Nase reiben. Hier sollten Sie ein bisschen mehr Fingerspitzengefühl an den Tag legen. Achten Sie darauf, kein Porzellan zu zerschlagen und die anderen nicht zu verletzen – dann werden Ihre Ratschläge noch viel besser ankommen.

Gewissenhafter Zeitplaner: Immer ganz pünktlich

Bei wichtigen Terminen ist er immer eine Viertelstunde früher da, und seine Projekte sind meist schon vor dem offiziellen Abgabetermin fertig. Der Exakt-Typ hat die *Zeit immer fest im Visier.* Wenn es um Pünktlichkeit und die fristgerechte Erledigung von Aufgaben geht, kann man sich voll und ganz auf ihn verlassen. Eine wichtige Deadline verpassen? Einfach undenkbar! Wenn er einen Termin fest zusagt, dann hält er ihn auch ein.

Der Exakt-Typ ist unglaublich *diszipliniert,* wenn es darum geht, sich an Terminvorgaben zu halten. Allerdings mag er es nicht, wenn er dabei unter Druck gerät. Er braucht ausreichend Zeit, um sich gründlich und intensiv mit seinen Aufgaben zu beschäftigen. Deshalb sind Uhren, Terminkalender und To-Do-Listen etwas Wunderbares für ihn: Sie helfen ihm, unnötige Hektik zu vermeiden und die

Dinge, die in seiner Verantwortung liegen, Schritt für Schritt abzuwickeln.

Fazit: Terminkalender und To-Do-Listen sind das beste Mittel gegen Zeitstress.

simplify-Tipp für Exakt-Typen

Für Sie ist es unglaublich wichtig, Ihre Zeit genau zu planen, das gibt Ihrem Tag Struktur und Ihnen Sicherheit. Damit Sie immer alles pünktlich und der Reihe nach erledigen können, reservieren Sie für die einzelnen Aufgaben sehr viel Zeit. Hier sollten Sie an das berühmte Parkinson-Gesetz denken: Jede Aufgabe dauert genau so lange, wie man dafür einplant! Vielleicht geht manches ja doch ein bisschen schneller? Probieren Sie in den nächsten Tagen aus, ob und wo Sie sehr gut mit etwas weniger Zeit auskommen.

Qualitätsbewusster Detailarbeiter: Kleinigkeiten machen den Unterschied

Warum sind Produkte aus Deutschland auf der ganzen Welt begehrt? Ganz klar: Weil das Label »Made in Germany« für erstklassige Qualität steht. Spitzenqualität ist eine wichtige Voraussetzung für Erfolg – diese Erkenntnis hat der Exakt-Typ verinnerlicht wie kein anderer. Er scheut keinen Aufwand, um den Dingen den letzten Schliff zu geben und sich so den entscheidenden Qualitätsvorsprung zu sichern.

Oft sind es winzige Einzelheiten, die das Bessere vom Guten unterscheiden. Hier ist der Exakt-Typ in seinem Element. Sein Motto lautet: *Erfolg im Ganzen liegt im Detail!* Er ist ein Detailarbeiter, der auch bei scheinbar unwichtigen Feinheiten mit voller Aufmerksamkeit bei der Sache ist. Hin und wieder wird er wegen seiner Detailverliebtheit kritisiert. Doch: Seine Motivation ist es, allerbeste Qualität zu liefern – ohne Wenn und Aber!

Fazit: Je höher der Qualitätsanspruch, desto größer der Zeitaufwand.

simplify-Tipp für Exakt-Typen

Bisweilen führt Ihre Liebe zum Detail dazu, dass Sie das große Ganze aus dem Blick verlieren. Deshalb sollten Sie bei jeder Aufgabe schon im Vorfeld klare Qualitätsstandards festlegen. Stellen Sie sicher, dass Sie sich nicht verzetteln und fragen Sie sich: Reicht es, wenn Sie die Anfrage Ihres Kollegen schnell beantworten, oder muss alles perfekt formuliert sein? Genügt dem Kunden ein kurzes Exposé, oder braucht er einen mehrseitigen, bebilderten Angebotskatalog?

So klappt es mit dem Exakt-Typ

Sie sind immer pünktlich, überziehen keine Deadline und füllen ganz bestimmt auch ihre Steuererklärung korrekt aus. Exakt-Typen sind ohne Fehl und Tadel – und das erwarten sie auch von anderen. Da man ihre Ansprüche nur schwer erfüllen kann, ist die Zusammenarbeit mit einem exakten Chef, Mitarbeiter oder Kollegen oder das Zusammenleben mit einem exakten Partner nicht einfach. Deshalb müssen Sie bei gemeinsamen Projekten immer Ihre Hausaufgaben machen und vollen Einsatz bringen. Da man nicht alles in höchster Perfektion erledigen kann, sollten Sie zudem klare Bearbeitungsziele mit dem Exakt-Typ vereinbaren. So weiß jeder, welche Qualitätsstandards zu erfüllen sind.

Wenn Sie eine Aufgabe an den Exakt-Typ delegieren, dann sagen Sie ihm ganz genau, was Sie erwarten, um sicherzustellen, dass er nicht übers Ziel hinausschießt. Übertragen Sie ihm vor allem Jobs, bei denen ein hohes Maß an Genauigkeit gefragt ist: Hier wird er brillante Ergebnisse liefern. Ganz wichtig ist, den Exakt-Typ nicht allzu sehr unter Zeitdruck zu setzen. Vereinbaren Sie realistische Zeitlimits, bei denen das Verhältnis von Aufwand und Ergebnis stimmt. Hausaufgaben machen, Bearbeitungsziele vereinbaren und Zeitlimits setzen – das ist der Schlüssel für eine richtig gute Zusammenarbeit mit dem Exakt-Typ.

Starke Kombination: Gemeinsam besser

Teamarbeit ist eigentlich nichts für den Exakt-Typ. Er mag es lieber, wenn er sich abseits des Team-Trubels auf seine Aufgaben konzentrieren kann. Aber viele Dinge kann man gemeinsam nicht nur schneller, sondern auch besser erledigen. Wenn alle ihre Stärken einbringen, kann man ganz neue Maßstäbe setzen.

Mit Zahlen jonglieren, Projekte organisieren und erstklassige Qualität liefern – das ist die Welt des Exakten. Manchmal konzentriert er sich allerdings so sehr auf Details, dass ihm die Zeit davonläuft. Hier sollte er sich die Unterstützung des *Manager-Typs* holen. Er erkennt sofort, was wichtig ist und was nicht. Gemeinsam können die beiden festlegen, welche Arbeiten ganz genau gemacht werden sollen und welche »nur« gut werden müssen. Dann springt auch der Exakte über seinen Schatten und erledigt Nebensächliches nicht überperfekt.

Wenn es darum geht, Dinge zu verbessern, ist der Exakt-Typ eine Klasse für sich, an völlig neue Ideen traut er sich aber nicht so richtig ran. Warum eigentlich nicht? Vielleicht braucht er ja einfach nur einen kreativen Schubs? Dann sollte er unbedingt den *Ideen-Typ* ins Boot holen. Er hat richtig Spaß daran, auch ziemlich verrückte Pläne auszuhecken. Gemeinsam können die beiden wunderbare neue Ideen auf den Weg bringen.

Manche Aufgaben möchte der Exakt-Typ gar nicht anpacken, weil er genau weiß, dass es schwierig wird, das Ganze in kurzer Zeit abzuarbeiten. Aber dafür gibt es einen Spezialisten – den *Turbo-Typ*. Auch wenn der Exakte ungern delegiert, bei Blitzaufgaben sollte er sich unbedingt mit dem Turbo-Typ zusammentun: Dieser kann die schnellen Vorarbeiten erledigen, danach prüft der Exakte dann nur noch die allerwichtigsten Details. Gemeinsam schafft dieses Team es, ziemlich schnell und ziemlich genau zu sein.

Vier gewinnt!

Stärken sammeln: Besser im Team

Die Mischung macht's: Wenn Sie die Stärken und Talente der vier TIME-Typen richtig kombinieren, werden Sie ein unschlagbares Zeit-Team.

Nicht Schwächen, sondern Stärken führen weiter – das gilt auch in Sachen Zeitmanagement. Deshalb sollten Sie sich nicht allzu sehr darauf konzentrieren, Ihre Schwächen im Umgang mit der Zeit auszubügeln – so bekommen Sie Ihre Zeitprobleme nie richtig in den Griff. Richten Sie Ihren Blick lieber auf Ihre ganz persönlichen »Zeit-Stärken« und gleichen Sie kleinere Schwächen mit Hilfe der anderen TIME-Typen aus.

> **simplify-Überblick**
> - **Gemeinsam mehr Zeit**
> - **simplify-Stärken-Checkliste**

Gemeinsam geht alles viel besser, viel leichter und viel schneller. Also, kombinieren Sie Ihre »Zeit-Stärken« mit denen der anderen TIME-Typen, um mit Spaß und Leichtigkeit Zeit zu gewinnen. Wenn Sie die Schnelligkeit des Turbos, den Einfallsreichtum des Ideen-Typs, den Tatendrang des Managers und die Genauigkeit des Exakt-Typs unter einen Hut bringen, dann stehen die Zeichen auf Erfolg.

Gemeinsam mehr Zeit

Nachdem Sie nun wissen, welcher TIME-Typ Sie sind, kennen Sie auch Ihre ganz persönlichen Stärken im Umgang mit der Zeit. Wenn Sie diese Stärken mit den besonderen Talenten der anderen TIME-Typen kombinieren, können Sie Ihre Zeitprobleme in Zukunft ganz einfach vergessen. Die *simplify*-Stärken-Checkliste hilft Ihnen dabei, echte Erfolgsteams mit den anderen TIME-Typen zu bilden.

simplify-Stärken-Checkliste

Die kleine Checkliste zeigt Ihnen die besonderen Talente der einzelnen TIME-Typen noch einmal auf einen Blick. In drei Schritten können Sie herausfinden, wie Sie optimal von den Stärken der anderen TIME-Typen profitieren:

Schritt 1
Turbo, Ideen-Typ, Manager oder Exakt-Typ? Gehen Sie zu der Zeile mit Ihrem TIME-Typ und ergänzen Sie in der ersten Spalte die aufgeführten Zeit-Stärken mit Ihren ganz persönlichen Pluspunkten in Sachen Zeitmanagement.

Schritt 2
Überlegen Sie, wo Sie Ihr Zeitmanagement in Zukunft verbessern wollen, und tragen Sie diese Punkte in die zweite Spalte ein.

Schritt 3
Welcher TIME-Typ könnte Sie dabei unterstützen, Ihre Zeit in Zukunft noch besser in den Griff zu bekommen? Lesen Sie dazu ruhig noch einmal die Stärken der anderen Typen nach. Notieren Sie dann in Spalte 3 möglichst konkret, wer Ihnen weiterhelfen kann: »Exakt-Typ: Simon, Kollege«, »Turbo-Typ: Olivia, Chefin«.

148

	Hier bin ich schon stark	Hier möchte ich noch stärker werden	Dabei kann mich dieser Typ unterstützen
Echt flott: Der Turbo-Typ	engagiert clever flexibel direkt technikbegeistert ……… ………		
Kreativität pur: Der Ideen-Typ	spontan emotional optimistisch hilfsbereit kreativ ……… ………		
Alles im Blick: Der Manager-Typ	ergebnisorientiert entschlossen lösungsorientiert risikofreudig dynamisch ……… ………		
Immer ganz genau: Der Exakt-Typ	genau logisch zuverlässig geplant qualitätsbewusst ……… ………		

Einfach mit Methode:
Die *simplify*-TIME-Tools!

simplify-Kapitelüberblick

simplify-Tool 1: Prioritäten bestimmen	159
simplify-Tool 2: Richtig planen	173
simplify-Tool 3: Aufgaben abgeben	191
simplify-Tool 4: Info-Stress abschalten	205
simplify-Tool 5: Ordnung schaffen	223

Lin Yutang

>> Die Weisheit des Lebens besteht im Weglassen des Unwesentlichen. <<

Einfach mit Methode

Mit den *simplify*-Time-Tools arbeiten Sie viel effektiver. Sie legen die Grundlage, um Ihre Wünsche endlich wahr werden zu lassen.

Auf der dritten Etappe Ihrer *simplify your time*-Reise lernen Sie die *simplify*-Time-Tools kennen. Sie helfen Ihnen, überflüssigen Zeitballast abzuwerfen und sich von ungeliebten oder sinnlosen Aufgaben und Verpflichtungen zu befreien, die Sie daran hindern, Ihre Ziele und Wünsche in die Tat umzusetzen. Mit den *simplify*-Time-Tools gewinnen Sie die nötige Leichtigkeit, um Ihren Ballon höher aufsteigen zu lassen und zu erkennen, welche Reiseroute Sie einschlagen möchten.

Prioritäten setzen, planen, delegieren, sich einen Weg durch den modernen Informationsdschungel bahnen und Ordnung schaffen: Schritt für Schritt erobern Sie sich mit Hilfe der *simplify*-Time-Tools Ihre Zeit zurück. Wenn Sie die verschiedenen Tipps und Methoden konsequent umsetzen, werden Sie schon bald viel effektiver und entspannter leben und arbeiten. Dann lassen Sie sich nicht mehr vom Tagesgeschehen mitreißen, sondern haben die Dinge im Blick, die Ihnen wirklich wichtig sind.

Einfach ist nicht eintönig!

Einfache, aber wirksame Strategien, viel Kreativität und ruhig mal querdenken – das zeichnet die *simplify-Time-Tools* aus. Sie werden sehen: Mit diesen Werkzeugen macht Zeitmanagement richtig Spaß, immer nach dem *simplify*-Motto: Weniger, aber besser! Denn oft genügt es schon, etwas wegzulassen, um Zeit zu gewinnen. Wie wäre es zum Beispiel, wenn Sie ab heute jeden Tag den unwichtigsten Punkt von Ihrer To-Do-Liste streichen? Sie werden staunen, wie viel Freiraum Ihnen das bringt. Manchmal lohnt es sich auch, Bewährtes, Neues und Unkonventionelles zu mischen. Kombinieren Sie zum Beispiel das bekannte Plus-Minus-Prinzip mit etwas Lebensfreude: Geben Sie immer eine alte Verpflichtung ab, wenn Sie eine neue Aufgabe übernehmen – achten Sie in Zukunft aber auch darauf, dass Ihnen die neue Aufgabe mehr Freude macht als die alte!

Entdecken Sie Prioritäten, Planung und Co. ganz neu, und freuen Sie sich, wie einfach und wirkungsvoll Zeitmanagement sein kann! *Befreien Sie sich mit den fünf simplify-Time-Tools von überflüssigem Ballast* und schaffen Sie so die Grundlage, um Ihre Ziele und Wünsche wahr werden zu lassen.

simplify-Tool 1: Prioritäten bestimmen

Das Wichtigste zuerst! Das ist das Geheimnis, wenn man seine Zeitprobleme in den Griff bekommen will. Deshalb sind Prioritäten das *simplify*-Time-Tool Nummer eins. Wenn Aktionen, Verpflichtungen und Aufgaben miteinander konkurrieren, müssen wir uns entscheiden: Was ist wichtig, worauf kann ich verzichten?

154

Allzu oft überlassen wir die Entscheidung, was zu tun ist, anderen oder sogar dem Zufall. Für den Fall, dass Sie das in Zukunft nicht mehr einfach so hinnehmen wollen, sollten Sie sich intensiver mit dem Thema Prioritäten beschäftigen. Wie das geht? Dazu reichen schon ein einfaches Blatt Papier und ein paar überraschend simple Tricks. Also, beginnen Sie mit dem Wichtigsten, setzen Sie Prioritäten. Machen Sie »*Weniger, aber besser!*« zu Ihrer persönlichen To-Do-Formel, nehmen Sie sich Zeit für die Dinge, die Ihnen wirklich am Herzen liegen, und verzichten Sie auf überflüssige Aktivitäten – ganz ohne schlechtes Gewissen.

simplify-Tool 2: Richtig planen

Die Zeit rennt, das Leben rennt, wir rennen – deshalb sollten Sie sich mit *Zeitplanung* befassen, lange bevor der erste Termin in Ihrem Kalender steht. Denn eine vorausschauende Planung passt sich den Wechselfällen des Alltags an. Die wichtigste Regel lautet: *Einfach, offen und intelligent planen.* Das schafft nicht nur Raum und Zeit für Aufgaben und Termine, sondern auch für spontane Aktivitäten und wunderbare Momente voller Lebensfreude.

Sophokles
>> Wer große Pläne hat, nehme sich Zeit. <<

Und noch einen Tipp sollten Sie beherzigen: *Einfacher ist besser!* Je unkomplizierter eine Planungsmethode, desto größer ist die Chance, dass Sie am Ball bleiben. Ganz wichtig: Geben Sie Ihrer Planung eine persönliche Note; tun Sie das, was gut und richtig für *Sie* ist. Fragen Sie sich nicht dauernd, was die anderen möglicherweise davon halten. Richten Sie Ihren Blick auf Ihre Zukunft, planen Sie nicht nur von heute auf morgen, sondern auch langfristig. Sie wissen doch: Wer nicht plant, der wird verplant.

simplify-Tool 3: Aufgaben abgeben

Dabei sein ist alles!? Sofern es hier nicht um Olympia oder DSDS geht, sollten Sie diesen Spruch ganz schnell vergessen. Natürlich ist es ein netter Zug von Ihnen, wenn Sie immer wieder kleine Extra-Jobs für den Kollegen oder die beste Freundin übernehmen, doch das kann schnell in Stress ausarten. Wenn Sie immer auf allen Hochzeiten tanzen wollen, geht Ihnen irgendwann die Puste aus. Oder anders gesagt: Wer keine Aufgaben *ab*gibt, muss irgendwann *aufgeben* – nämlich seine Lebensqualität. Vereinfachen Sie Ihr Leben. Dazu gehört auch, andere in seine Aktivitäten einzubeziehen und ihnen Dinge zu übertragen. *Was? Wer? Warum? Wie? Wann?* Wenn Sie sich an diese fünf Fragen halten, ist Delegieren ganz leicht. Egal, ob im Job oder zu Hause: Holen Sie sich Unterstützung. Aber vor allem – lassen Sie sich keine zusätzlichen Aufgaben aufhalsen. Denken Sie ruhig an sich selbst, und achten Sie auf Ihr persönliches Wohlbefinden. So gewinnen Sie Zeit und Schwung für die Menschen und Aktivitäten, die wirklich Priorität haben.

simplify-Tool 4: Info-Stress abschalten

WLAN, Handy, SMS, ICQ und Skype oder E-Mail und Blackberry haben uns fest im Griff. Tag für Tag stürzen immer mehr Informationen auf uns ein. Wir sind *permanent auf Stand-by* und werden ständig bei dem gestört, was wir gerade tun. Auch die letzten Bastionen der Unerreichbarkeit schwinden: Die Funknetze weisen immer weniger weiße Flecken auf, und einige Fluglinien erlauben nun auch den Handybetrieb hoch über den Wolken. Manchmal fühlen wir uns den Errungenschaften der modernen Technik ziemlich ausgeliefert. Dabei ist es gar nicht schwer, sich der Infoflut und der Immer-Erreichbarkeit zu entziehen – Sie müssen *einfach nur abschalten!* Niemand muss 24 Stunden am Tag für Chefs, Kollegen oder Kunden erreichbar sein. Wir alle können zu einem großen Teil selbst bestimmen, wann wir erreichbar sein und auf Nachrichten reagieren wollen. Und diese Freiheit sollten wir nutzen: Nehmen Sie sich Ihre ganz persönliche *stille Stunde*, reservieren Sie E-Mail- und telefonfreie Zeiten. Schon das vereinfacht Ihr Leben und steigert Ihre Lebensqualität!

Chris Higgins, Projekt-Guru
>> Ich habe E-Mail, aber bin kein Sklave des Mediums, das ich selbst erwählt habe. <<

simplify-Tool 5: Ordnung schaffen

Wenn Sie den Ballon für Ihre *simplify your time*-Reise noch höher in den Himmel steigen lassen wollen, haben Sie zwei Möglichkeiten: mehr heizen oder Ballast abwerfen. Wählen Sie den einfachen Weg und werfen Sie Ballast ab! Genau dazu möchte Sie *simplify your time* ermutigen. »Krempel hält beschäftigt«, sagt ein altes Sprichwort. Und zwar so sehr, dass wir häufig keine Zeit für unsere wichtigsten Projekte und Ziele finden. Wir haben keine Energie, um über uns selbst, unsere Bedürfnisse, Wünsche und Träume nachzudenken. *Werfen Sie Ballast ab*, steigen Sie höher und höher und nehmen Sie völlig unbeschwert Kurs auf die großen und kleinen Ziele und Visionen in Ihrem Leben. Gewinnen Sie Raum für Neues. »Was will und brauche ich wirklich?«, lautet die *simplify*-Kernfrage – und diese Frage bezieht sich nicht nur auf Rumpelecken, überfüllte Schreibtische und überquellende Schubladen. Auch unser Terminplan und die Kontakte zu anderen stehen auf dem Prüfstand. Genießen Sie das wunderbare Gefühl,

sich nur mit Menschen und Dingen zu umgeben, die Ihnen wirklich etwas bedeuten – nicht nur im Moment, sondern auch langfristig.

Was ist zuerst dran?

Super-Aufgaben haben immer Prio 1!

simplify-Tool 1: Prioritäten bestimmen

Der Schreibtisch ist voll, die E-Mail-Liste lang, im Kopf schwirrt alles durcheinander. Ein Berg an Arbeit türmt sich auf. Und die Frage lautet: Was ist zuerst dran?

Zu viele Jobs für einen Tag, zu viel Arbeit für eine Woche, zu viele Projekte für einen Monat ... Da hilft nur eins: *Prioritäten setzen*. Doch oft haben wir dermaßen viel zu tun, dass wir gar nicht wissen, wo wir anfangen sollen. Und so stürzen wir uns meist hektisch auf die Aufgaben, die am lautesten »Hier!«, »Jetzt sofort!« oder »Ich zuerst!« rufen.

Wie bringt man die offenen Posten in die richtige Reihenfolge? *simplify your time* hilft Ihnen, Ihre Prioritäten in den Griff zu bekommen. Dazu brauchen Sie weder eine komplizierte Prioritäten-Matrix noch Dutzende von To-Do-Listen. Ein einfaches Blatt Papier genügt – und schon bekommen die wichtigen Dinge ganz klar Vorfahrt!

---

simplify-Überblick

- **Prioritäten – das zahlt sich aus!**
- **Was kommt an erster Stelle?**
- **Prioritäten à la *simplify***
- **Wissen, was wichtig ist**

Prioritäten – das zahlt sich aus!

Kennen Sie einen Tipp, der 25.000 Dollar wert ist? Charles M. Schwab, US-amerikanischer Industrieller und Stahlmagnat, stellte seinem Unternehmensberater eine knifflige Aufgabe: »Zeigen Sie mir eine Möglichkeit, meine Zeit besser zu nutzen! Wenn es klappt, zahle ich Ihnen 25.000 Dollar!« Die Antwort: »Schreiben Sie alle Dinge auf, die Sie morgen erledigen müssen. Nummerieren Sie dann alles nach Wichtigkeit. Fangen Sie morgens mit Aufgabe 1 an, arbeiten Sie solange an Nummer 1, bis Sie diese Aufgabe bewältigt haben. Dann erledigen Sie Aufgabe 2, Aufgabe 3 und immer so weiter. So haben Sie am Ende des Tages ganz sicher das Allerwichtigste geschafft. Setzen Sie jeden Tag klare Prioritäten und arbeiten Sie diese konsequent ab.«

Das Resultat: Der Tipp funktionierte, und der Unternehmensberater bekam einen Scheck über 25.000 Dollar. Prioritäten sind also bares Geld wert!

Prioritäten mit dem Pareto-Prinzip

Wie wichtig es ist, Prioritäten zu setzen, belegen auch die Erkenntnisse des Italieners Vilfredo Pareto. Der Volkswirtschaftler fand schon im 19. Jahrhundert Erstaunliches heraus: 20 Prozent der Menschen nennen 80 Prozent des Besitzes ihr Eigen.

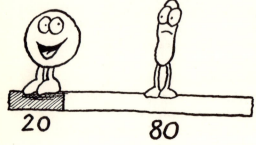

Aber was hat das mit Zeitmanagement zu tun? Ganz einfach: Das Pareto-Prinzip kann auf viele andere Lebensbereiche übertragen werden:

- 20 Prozent der Zeitung enthalten etwa 80 Prozent der wirklich wichtigen Nachrichten.
- 20 Prozent der Kunden bringen etwa 80 Prozent des Umsatzes.
- 20 Prozent der Schreibtischarbeit ermöglichen etwa 80 Prozent des Arbeitserfolgs.

Für unseren Umgang mit der Zeit bedeutet das: In 20 Prozent der aufgewendeten Zeit erzielen wir etwa 80 Prozent der Ergebnisse. Natürlich muss das Verhältnis von Arbeitseinsatz und Nutzen nicht immer genau 80 zu 20 sein. Dennoch gilt: Wenn Sie die *richtigen Prioritäten* setzen, können Sie mit viel weniger Aufwand viel mehr Erfolg haben!

simplify-Tipp für Exakt-Typen

Viele Dinge tragen nicht wesentlich zum Ergebnis bei, rauben uns jedoch unglaublich viel Zeit. Bei solchen Aufgaben sollten Sie näher hinsehen und überlegen, ob sich der Aufwand wirklich lohnt.

Was kommt an erster Stelle?

»Das Wichtigste zuerst erledigen und unwichtige Dinge einfach links liegen lassen!« – eigentlich ist es ganz einfach, Prioritäten zu setzen. Aber Moment mal – *was ist eigentlich wichtig?* Die dringende Bitte des Kollegen um Unterstützung beim Zahlensammeln für die neueste Statistik? Die Unterlagen, die bis heute Nachmittag auf dem Schreibtisch des Chefs liegen müssen? Oder die Internetrecherche für den nächsten Vortrag? Genau das ist der Haken beim Prioritätensetzen: Oft wissen wir nicht, was das »Wichtigste« für uns ist. Deshalb überlassen wir die Auswahl unserer Prioritäten immer wieder der Hektik des Alltags, dem Willen der anderen oder sogar dem Zufall. Kein Wunder, dass sich so viele belanglose Kleinigkeiten an die Spitze unserer To-Do-Liste schummeln und uns die Zeit für Wichtigeres stehlen. Bevor Sie also wild drauflosziehen, sollten Sie erst einmal herausfinden, was bei Ihnen an erster Stelle kommt: Der *simplify*-Prioritäten-Check hilft Ihnen dabei.

Helmar Nahr
>> Prioritäten setzen heißt auswählen, was liegen bleiben soll. <<

simplify-Prioritäten-Check – 1 –
Super oder sinnlos?

Von E-Mails lesen über Meetings bis zum Fernsehschauen – schreiben Sie zehn Dinge auf, die Sie Tag für Tag tun:

1.
2.
3.
4.
5.
6.
7.
8.
9.
10.

– 2 –

Beantworten Sie jetzt zu jeder dieser Tätigkeiten die folgenden fünf Fragen:

- Bringt mich das meinen Zielen näher – beruflich oder privat?
- Hätte es negative Konsequenzen, wenn ich es nicht tue?
- Ist diese Sache wirklich wichtig und nicht nur eilig?
- Würde ich das auch machen, wenn ich nur noch die Hälfte meiner Zeit zur Verfügung hätte?
- Lässt mich das glücklicher, kreativer oder zufriedener werden?

Fazit: Je mehr Fragen Sie mit Ja beantwortet haben, desto wichtiger ist eine Tätigkeit für Sie.

simplify-Tipp für Manager-Typen

Setzen Sie nicht immer nur den Job ganz oben auf Ihre Prioritätenliste. Ausruhen, Entspannen und Nachdenken, gemeinsame Stunden mit Freunden und Familie, Sport oder gesundes Essen: Nehmen Sie sich auch Zeit für Dinge, die Ihnen einfach gut tun. Wenn Sie sich nicht richtig wohlfühlen, können Sie Ihre Aufgaben nicht erfolgreich anpacken.

Prioritäten à la *simplify*

Wenn man weiß, was einem wichtig ist, hat man in Sachen Prioritäten schon einen großen Schritt gemacht. Und trotzdem laufen viele Tage ziemlich chaotisch ab. Sicher kennen Sie das auch: Eigentlich wollten Sie gleich in der Früh mit der Präsentation für das Meeting beginnen, doch kaum sind Sie am Schreibtisch, buhlen E-Mail, Telefon, Kunden und Kollegen um Ihre Aufmerksamkeit. Bevor Sie mit der Präsentation durchstarten, beantworten Sie noch kurz einige Mails, telefonieren mit einem Kunden und diskutieren mit den Kollegen über das neue Projekt. So geht es dann immer weiter – und am Abend sind Sie mit der Präsentation kein bisschen weitergekommen. Selbstbestimmtes Arbeiten sieht anders aus.

simplify-Tipp für Ideen-Typen

Prioritäten sind nicht Ihr Ding? Dann testen Sie doch mal die 1 bis 10-Methode: Geben Sie all Ihren Aufgaben und Zielen eine Note. 10 steht für absolut wichtig – 1 für total überflüssig. Achten Sie darauf, nicht alles im Mittelmaß mit 4, 5 oder 6 zu bewerten. Machen Sie klare Unterschiede: So kommen Sie Ihren Prioritäten ganz schnell auf die Spur!

Mit den *simplify*-Prioritäten werden Ihre Topaufgaben nicht mehr einfach so im Alltagstrubel untergehen. Sie gehen auf das Eisenhower-Prinzip zurück, eine Einteilung der anstehenden Aufgaben in unterschiedliche Kategorien, die der US-Präsident Dwight D. Eisenhower entwickelt und mit großem Erfolg praktiziert hat.

Unterteilen Sie dazu einfach alle anstehenden Tätigkeiten in vier Kategorien:

- Super-Aufgaben (wichtig und dringend)
- Später-Aufgaben (wichtig, aber nicht dringend)
- Sofort-Aufgaben (dringend, aber nicht wichtig)
- Sinnlos-Aufgaben (weder wichtig noch dringend)

Super-Aufgaben

Das sind die Tätigkeiten, auf die es wirklich ankommt! Diese Dinge bringen Sie Ihren Zielen näher, und genau deshalb bekommen sie »*Prio A 1*«. Hier geht es um Ihre Karriere, große berufliche Projekte, aber auch um private Wünsche und Träume.

simplify-Tipp!

Achten Sie bei Ihrer Tagesplanung darauf, dass Sie den größten Teil Ihrer Zeit für Super-Aufgaben reservieren. Lassen Sie nicht zu, dass unwichtige Sofort-Aufgaben sich in den Vordergrund drängen!

Sofort-Aufgaben

Wie der Name schon sagt: Diese Aufgaben sollten sofort erledigt werden. Doch aufgepasst – auf den ersten Blick erkennt man oft nicht, ob eine Sache zwar eilig, aber völlig unwichtig ist. Deshalb sollten Sie sich nicht blindlings auf Sofort-Aufgaben stürzen. Überlegen Sie erst einmal, ob es sich wirklich lohnt, das Ganze tatsächlich anzugehen.

simplify-Tipp für Turbo-Typen

Alles schnell wegarbeiten, das liegt Ihnen. Doch das verführt zu blindem Aktionismus. Also: Machen Sie bei Sofort-Aufgaben erst einmal den *simplify*-Prioritäten-Check. Dann verlieren Sie keine Zeit mit eiligen, aber überflüssigen Dingen.

Später-Aufgaben

Diese Aufgaben sind nicht unwichtig, haben aber noch Zeit. Dazu gehören Routinejobs, der übliche »Papierkram« und andere Verwaltungsarbeiten. Achtung: Oft verstecken sich in dieser Kategorie auch Super-Aufgaben, die wir deshalb nicht angehen, weil es ja nicht eilt. Doch wenn Sie wichtige Später-Aufgaben auf die lange Bank schieben, ist Hektik vorprogrammiert!

simplify-Tipp!

Geben Sie wichtigen Später-Aufgaben immer gleich einen festen Termin. Sonst werden sie bald zu brandeiligen Sofort-Aufgaben und müssen unter hohem Zeitdruck erledigt werden. Versuchen Sie, möglichst viele unwichtige Später-Aufgaben zu delegieren. Wie das geht, erfahren Sie im nächsten Kapitel.

Sinnlos-Aufgaben

Über diese Aufgaben muss man sich nicht lange den Kopf zerbrechen – einfach links liegen lassen und rigoros von der To-Do-Liste streichen! Achten Sie darauf, so wenig Zeit wie möglich mit Sinnlos-Aufgaben zu vergeuden.

simplify-Tipp!

Aufgaben, die wir nicht erledigen, spuken uns oft im Kopf herum. Obwohl sie absolut belanglos sind, machen sie uns Gewissensbisse. Deshalb sollten Sie Sinnlos-Aufgaben nicht nur von Ihrer To-Do-Liste, sondern auch aus Ihren Gedanken verbannen.

simplify-Aufgaben-Check   – 1 –

Super oder sinnlos?

Der kleine *simplify*-Aufgaben-Check hilft Ihnen, den Unterschied auf den ersten Blick zu erkennen.

Ein wichtiger Kunde will abspringen:

Super-Aufgabe, die Sie umgehend anpacken müssen, denn hier geht es um die Zukunft Ihrer Firma!

In 14 Tagen ist die Umsatzstatistik fällig:

Später-Aufgabe, der Sie unbedingt gleich einen festen Termin geben sollten – sonst wird das Ganze bald brandeilig. Überlegen Sie auch, ob Mitarbeiter oder Kollegen Ihnen in der Vorbereitung Arbeit abnehmen können.

Sie haben Freunde zum Abendessen eingeladen, doch Ihr Kühlschrank ist leer:

Sofort-Aufgabe. Wenn Sie Ihre Freunde nicht enttäuschen wollen, sollten Sie gleich zum Einkaufen gehen oder bei einem guten Lieferservice ein komplettes Menü für alle bestellen. Und beim nächsten Mal sollten Sie besser planen und alles rechtzeitig vorbereiten.

Sie bekommen eine Einladung zu einem Meeting, das nicht direkt mit Ihrem Aufgabenbereich zu tun hat:

Sinnlos-Aufgabe. Das Meeting bringt Sie nicht weiter. Also, gehen Sie nicht hin.

– 2 –

In Ihrem Büro herrscht Chaos – eigentlich wollten Sie schon längst einmal aufräumen:

Später-Aufgabe, die Sie aber nicht mehr lange aufschieben sollten. Denn Chaos auf dem Schreibtisch kostet viel Zeit. Kleinere Aufräumaktionen sind übrigens ideal, um Energielöcher wie das Mittagstief oder die Zeit kurz vor Feierabend zu überbrücken. So schlagen Sie gleich zwei Fliegen mit einer Klappe: Sie können ein bisschen durchatmen und haben zudem einen ordentlichen Schreibtisch, an dem das Arbeiten gleich viel mehr Spaß macht.

Tabellenkalkulationen sind nicht Ihre Stärke. Trotzdem haben Sie sich vorgenommen, eine ausgeklügelte Umsatzstatistik zu erstellen:

Sinnlos-Aufgabe. Da Sie nicht über die entsprechenden Kenntnisse verfügen, wird Sie das Ganze viel Zeit kosten, aber keine wirklich guten Ergebnisse bringen. Also: Überlassen Sie diese Aufgabe jemandem, der es besser kann! Oder: Eignen Sie sich das entsprechende Know-how an, bevor Sie loslegen.

Der TÜV Ihres Autos ist abgelaufen:

Sofort-Aufgabe. Wenn Sie Ihr Auto nicht umgehend beim TÜV vorstellen, drohen Bußgelder und Punkte in Flensburg.

Ihr großer Traum ist es, sich selbstständig zu machen:

Super-Aufgabe. Reservieren Sie Zeit für große Pläne und Träume. Das hat immer Vorrang.

simplify-Aufgabenblatt

Jetzt kennen Sie den Unterschied zwischen Super- und Sinnlos-Aufgaben. Sie wissen, was zu tun ist, damit sich unwichtige Sofort-Aufgaben nicht in den Vordergrund drängen. Und Ihnen ist klar, dass man darauf achten muss, dass Später-Aufgaben nicht brandeilig werden.

> **Moment mal!**
> Denken Sie auch, dass Sie keine Zeit für Ihre Top-Prioritäten haben? Das gilt nicht, auch Sie haben Zeit. Viele Menschen beteuern, sie hätten keine Zeit, ihre Ziele zu verwirklichen, sitzen dann aber stundenlang vor dem Fernseher. Doch was wir tun, nicht, was wir sagen, zeigt unsere wahren Prioritäten.

Wie aber setzt man das Ganze in die Praxis um? Dabei hilft Ihnen das *simplify*-Aufgabenblatt: Ein einfaches Stück Papier genügt, und in wenigen Minuten haben Sie eine hilfreiche und durchdachte Prioritätenliste zur Hand. Also, los geht's:

Schritt 1
Nehmen Sie ein ganz normales DIN-A4-Blatt. Knicken Sie es zweimal, sodass sich vier große Felder ergeben. Ordnen Sie jedem Feld einen Aufgaben-Typ zu:

Schritt 2
Tragen Sie nun die entsprechenden Aufgaben in die verschiedenen Felder ein. Am besten, Sie nehmen einen Bleistift oder arbeiten mit Post-its, dann können Sie noch Änderungen vornehmen. Achtung: Überlegen Sie bei jeder Aufgabe ganz genau, in welches Feld sie tatsächlich gehört. Versuchen Sie, möglichst viele Sinnlos-Aufgaben zu enttarnen. Und lassen Sie sich auch von eiligen, aber unwichtigen Sofort-Aufgaben nicht täuschen.

Schritt 3

Haben Sie alle Aufgaben in den entsprechenden Felder unterge-
bracht? Dann sollten Sie Ihre Aufgabenverteilung noch einmal kritisch prüfen. Passt wirklich alles? Wenn nicht, dann können Sie die
Aufgaben ruhig noch einmal verschieben.

Schritt 4

Jetzt geht es an die Feinarbeit: Streichen Sie alle Sinnlos-Aufgaben
genüsslich durch. Dann nehmen Sie sich die Später-Aufgaben vor,
überlegen, was Sie delegieren können, und geben den verbleibenden
Später-Aufgaben einen festen Termin.

Schritt 5

Nehmen Sie sich nun die Super- und die Sofort-Aufgaben vor.
Nummerieren Sie alle Aufgaben durch. Vergeben Sie eine klare
Reihenfolge. Und denken Sie dabei immer daran: Das Wichtigste
hat Vorfahrt!

Schritt 6

Fangen Sie an: Arbeiten Sie Ihre Aufgaben in der festgesetzten Reihenfolge ab. Widmen Sie sich mit voller Energie dem wichtigsten
Punkt auf Ihrem Aufgabenblatt. Lassen Sie sich von nichts und nie-
mandem stören. Sie werden staunen, wie produktiv Sie sein können,
wenn Sie Ihre Energie voll und ganz auf Ihre Prioritäten richten.

Wissen, was wichtig ist

Wenn Sie Prioritäten setzen und sich auch daran halten, dann verzetteln Sie sich nicht mehr mit völlig überflüssigen Sinnlos-Aufgaben oder brandeiligen, aber unwichtigen Sofort-Aufgaben. Sie steuern Ihren Tagesablauf aktiv und kümmern sich um die *wirklich wichtigen Dinge in Ihrem Leben.* Der Lohn des Ganzen: Sie bestimmen
Ihre Prioritäten selbst und überlassen das nicht länger den anderen
oder gar dem Zufall. So kommen Sie Ihren Zielen näher und können
abends zufrieden auf einen guten, erfolgreichen Tag zurückblicken.

>Warum planen, das kostet doch nur Zeit?<

Wer nicht plant, der wird verplant!

simplify-Tool 2: Richtig planen

»So kann das nicht weitergehen!« Denken Sie das auch oft, wenn in allen Büros schon längst die Lichter aus sind und Sie noch immer am Schreibtisch sitzen?

Mal ganz ehrlich – schaffen Sie es tatsächlich, immer alle Punkte von Ihrer To-Do-Liste abzuarbeiten? Hut ab! Damit sind Sie eine absolute Ausnahme. Die meisten sind schon froh, wenn sie die Hälfte ihres Aufgabenbergs abtragen können. Der Rest bleibt liegen und muss wohl oder übel in den neuen Tag mitgenommen werden. Die Folge: Die To-Do-Liste wird nicht kürzer, sondern immer länger – und irgendwann überrollen einen die offenen Posten.

> ### *simplify*-Überblick
>
> - **Zeitplanung – schnell und einfach**
> - **Clever planen und viel Zeit gewinnen**
> - **Mit AUA zum Zeit-Erfolg**
> - **Weniger planen – mehr erreichen**

Was tun? *simplify your time* empfiehlt Ihnen eine einfache Lösung: *Weniger planen, mehr erreichen!* Ja, Sie haben richtig gelesen: Wenn Sie Ihren Tag nicht bis auf die letzte Sekunde verplanen, werden Sie deutlich mehr schaffen. Finden Sie heraus, wie viel Planung Ihnen gut tut, werfen Sie Ballast ab, und befreien

Sie sich konsequent von unsinnigen Beschäftigungen! Sie werden sehen – ohne Stress geht vieles auf einmal wesentlich leichter und besser.

Zeitplanung – schnell und einfach

Montag: Die neue Arbeitswoche beginnt. Treiben Ihnen längst überschrittene Abgabetermine, uninteressante Meetings, lästige Routineaufgaben und unbearbeitete Mails schon am frühen Morgen die Schweißperlen auf die Stirn? Dann sollten Sie Ihre Zeitplanung überdenken. Denn irgendwas läuft hier schief. Der *simplify*-Aufgaben-Check hilft Ihnen herauszufinden, wo es klemmt:

simplify-Aufgaben-Check – 1 –

Planen Sie, schaffen es aber oft nicht, Ihre Pläne
auch umzusetzen? ❏ Ja ❏ Nein

Denken Sie, dass Planung im Grunde genommen
Zeitverschwendung ist? ❏ Ja ❏ Nein

Verplanen Sie Ihren Tag immer bis auf die letzte
Minute? ❏ Ja ❏ Nein

Lassen Sie die Dinge lieber einfach auf sich
zukommen, statt alles zu planen? ❏ Ja ❏ Nein

Gelingt es Ihnen so gut wie nie, alle Punkte auf
Ihrer To-Do-Liste abzuhaken? ❏ Ja ❏ Nein

Sind feste Zeitpläne nichts für Sie, weil Sie lieber
spontan sein wollen? ❏ Ja ❏ Nein

– 2 –

Planen Sie nicht schriftlich, weil Sie ohnehin alle
Termine im Kopf haben?   ❏ Ja ❏ Nein

Wirbeln Kollegen, Anrufe, Mails und Co. Ihre Pläne
immer wieder kräftig durcheinander?   ❏ Ja ❏ Nein

Fällt es Ihnen schwer, den Zeitbedarf für Ihre
Aufgaben richtig abzuschätzen?   ❏ Ja ❏ Nein

Haben Sie das Ja-Kästchen öfter als dreimal angekreuzt?
Kein Problem – Ihre Zeitplanung ist zwar noch nicht optimal, aber mit *simplify your time* werden Sie es in Zukunft ganz bestimmt besser machen.

Eigentlich weiß es jeder: Zeitmanagement steht und fällt mit der richtigen Planung. Dennoch halten viele nichts davon, ihren Tag, ihre Woche oder den Monat im Voraus zu planen, weil sie denken, dass sich der Aufwand nicht lohnt. Zugegeben, die Planung eines Tages kostet einige Minuten. Aber die Zeit kann man sich leicht zurückholen. Die Kosten-Nutzen-Rechnung ist einfach: Jede Minute, die Sie in Ihre Planung investieren, bekommen Sie als Vielfaches in Form von Zeitersparnis und Arbeitsentlastung zurück.

Planung hilft Ihnen, Ihre Ziele zu erreichen und Zeitinseln für die schönen Dinge des Lebens zu schaffen. Allerdings gibt es in Sachen Zeitplanung

Moment mal!

Die Erfahrung zeigt:
Wenn Sie jeden Tag
acht Minuten in Ihre Planung
investieren, können Sie bis
zu einer Stunde
sparen!

riesige Unterschiede: Manche Experten empfehlen, gleich mit mehreren To-Do-Listen zu arbeiten und die verschiedenen Aufgaben dann in ein kompliziertes Planungssystem zu übertragen. Das schreckt viele ab. Denn so sind Pläne und To-Do-Listen keine Entlastung, sondern echte Zeitschlucker. Bei *simplify your time* stehen einfache Planungsmethoden und praktische Sofort-Tipps im Mittelpunkt, die wenig Aufwand erfordern und viel bringen!

Emil Oesch
>> Ein Mensch ohne Plan ist wie ein Schiff ohne Steuer. <<

Clever planen und viel Zeit gewinnen

Erinnern Sie sich noch an den Kinofilm *Und dann kam Polly*? Jennifer Aniston alias Polly Prince ist so chaotisch, dass sie ihre Schlüssel im Kühlfach liegen lässt oder ständig zur falschen Zeit am noch falscheren Treffpunkt auftaucht ... Keine Sorge, mit den *simplify*-Planungstools wird Ihnen so etwas nicht passieren. Die folgenden Tipps helfen Ihnen, den hektischen Büroalltag ohne allzu großen Planungsaufwand zu überleben und auch wichtige private Termine nicht zu verpassen:

Die 1-2-3-Methode

Wenn Sie ein echter Planungsmuffel sind, sollten Sie die 1-2-3-Methode ausprobieren – schneller und einfacher geht Planung wirklich nicht: Schreiben Sie gleich am Morgen die ersten drei Aufgaben, die unbedingt erledigt werden müssen, auf einen Zettel. Arbeiten Sie ein To-Do nach dem anderen ab. Streichen Sie die

Punkte durch, die Sie geschafft haben. Keine offenen Posten mehr auf dem Zettel? Wunderbar! Dann notieren Sie die nächsten drei Aufgaben und packen Sie die an!

Die *1-2-3 Methode* ist der ideale Einstieg in die Zeitplanung und eine hervorragende erste Hilfe an echten Stresstagen. Allerdings rückt sie Sofort-Aufgaben in den Mittelpunkt – Super-Aufgaben kommen dabei meist zu kurz. Deshalb ist es wichtig, hier nicht stehen zu bleiben, sondern auch Planungstools wie die AUA-Methode zu nutzen, die eine echte Zukunftsplanung ermöglichen.

simplify-Tipp für Turbo-Typen

Die 1-2-3-Methode ist das ideale Planungstool für Sie, weil Sie so keine Zeit bei der Tagesplanung verlieren. Trotzdem sollten Sie auch die anderen Methoden einmal ausprobieren. Denn: Mit der 1-2-3-Methode schaffen Sie zwar im hektischen Alltag einiges weg – Ihre langfristigen Ziele können Sie damit aber nicht erreichen.

Die To-Do-Strategie

Ganz einfach können Sie sich die Tagesplanung auch mit der To-Do-Strategie machen. Wie das geht? Schreiben Sie alle Aufgaben, die Sie erledigen müssen, auf To-Do-Kärtchen.

Wenn Sie alles notiert haben, dann sortieren Sie Ihre To-Dos in der Reihenfolge, die optimal für Sie ist. Falls sich Änderungen ergeben, mischen Sie Ihre Karteikarten einfach neu – fertig. Und: Sobald eine Aufgabe erledigt ist, entsorgen Sie das entsprechende To-Do-Kärtchen im Papierkorb, das ist ein herrlich befreiendes Gefühl!

simplify-Tipp für Ideen-Typen

Die To-Do-Strategie ist optimal, um im Tagesgeschehen flexibel zu bleiben. Doch: Werden Sie nicht zum To-Do-Hopper und mischen Ihre Kärtchen ständig neu. Arbeiten Sie mit farbigen Kärtchen und notieren Sie wichtige Aufgaben zum Beispiel auf knallroten Karten. So sehen Sie sofort, was unbedingt erledigt werden muss!

Das Frosch-Prinzip

Mit der Tagesplanung ist es wie in der bekannten Redewendung vom Froschküssen: Erst muss man den Frosch küssen, dann wird man reich belohnt und bekommt einen wunderbaren Prinzen. Küssen Sie also gleich zu Beginn Ihres Arbeitstags einen Frosch!

Starten Sie am Morgen mit den Aufgaben, die wichtig sind, Ihnen aber nicht besonders viel Spaß machen. Bringen Sie Unangenehmes sofort hinter sich, dann können Sie den Rest des Tages ganz befreit genießen. Morgens hat man in der Regel den meisten Schwung und kann sich am besten konzentrieren – ideale Voraussetzungen, um schwierige Dinge mit geringem Aufwand zu schaffen. Also, schieben Sie unliebsame Aufgaben nicht auf die lange Bank, sondern packen Sie sie gleich an!

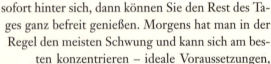

178

simplify-Tipp!

Meist sind es nur Kleinigkeiten, die wir ewig vor uns herschieben. Doch je mehr kleine Aufgaben Sie in der Warteschleife haben, desto größer wird der Zeitdruck! Mit den *simplify*-Prioritäten schaffen Sie Abhilfe! Nehmen Sie sich alle offenen Posten vor und überlegen Sie: Sinnlos, daher streichen? Sofort erledigen? Später machen? Nicht vergessen: Geben Sie allen Dingen, die Sie auf später verschieben, einen konkreten Erledigungstermin!

Mit AUA zum Zeit-Erfolg

Ob 1-2-3-Methode, To-Do-Strategie oder Frosch-Prinzip: Mit diesen einfachen Planungstools behalten Sie in der Hektik des Tagesgeschehens den Überblick und stellen sicher, dass wichtige Aufgaben nicht untergehen. Das ist ein guter Anfang! Doch: Jetzt sollten Sie den nächsten Schritt machen und dafür sorgen, dass Ihre Ziele und langfristigen Projekte bei der Planung nicht zu kurz kommen. Wie das geht? Ganz einfach mit der AUA-Methode. In drei Schritten sichern Sie sich Ihren Zeit-Erfolg:

Alles aufschreiben
Unvorhergesehenes einplanen
Abends Bilanz ziehen

Schritt 1: Alles aufschreiben

»Denn was man schwarz auf weiß besitzt, kann man getrost nach Hause tragen«, das wusste schon der Schüler in Goethes *Faust*. Aber was hat das mit Ihrer Zeitplanung zu tun? Ganz einfach: *Planen Sie schriftlich* – so werden Sie nicht mehr nachts im Bett hochschrecken, weil Ihnen einfällt, was Sie tagsüber alles vergessen haben. Zudem hat das Ganze noch einen großen Vorteil: Wenn Sie eine Aufgabe erledigt haben, können Sie diese Punkt genüsslich abhaken. Jedes einzelne Häkchen ist eine wahre Genugtuung und ein toller Motivationsschub.

Elektronisch oder Papier?

Ganz wichtig ist, dass Sie sich für ein Planungssystem entscheiden und es konsequent nutzen. Es bringt nichts, wenn Sie Ihre Aktivitäten mal auf der Schreibtischunterlage, mal auf einer Zeitschrift und dann wieder in Ihrem Timer notieren – mit einer solchen Zettelwirtschaft ist das Terminchaos schon vorprogrammiert. Ob Sie sich bei der Planung Ihrer Lebens- und Arbeitszeit auf einen topmodernen Digital-Sekretär verlassen oder lieber auf Timer, Jahresringbuch und Co. setzen, ist allein Ihre Entscheidung: Was zählt ist, dass Sie sich wohlfühlen und gerne mit Ihrem Zeitplaner arbeiten.

simplify-Tipp!

Wenn Ihnen elektronische Terminplaner zu kompliziert sind, dann machen Sie sich deshalb keinen unnötigen Stress. Kaufen Sie sich einen schönen Jahresplaner oder ein kunterbuntes Ringbuch – auch ohne Mail-Programm und Instant Messenger kann man seine Zeit wunderbar managen.

Zeit zum Planen

Wann Sie sich Zeit für Ihre Planung nehmen, bleibt ebenfalls Ihnen überlassen. Manche notieren morgens bei einer ersten Tasse Kaffee, was alles erledigt werden soll. Andere planen ihren Tag bereits am Vorabend. Der Vorteil: Man spielt alles schon einmal in Gedanken durch und geht so mit dem guten Gefühl schlafen, den neuen Tag bereits zu »kennen« und nicht in unbekanntes Terrain zu stolpern.

simplify-Tipp!

Einfache Buntstifte oder Textmarker sind geniale Zeitmanagementhelfer. *Rot* signalisiert: Dieser Termin muss gut vorbereitet werden! *Orange* steht für Verabredungen, die Sie einfach nur pünktlich einhalten müssen. Auswärtstermine werden *gelb* eingefärbt. So erkennen Sie sofort, wenn Gefahr droht, ständig unterwegs zu sein und nicht genügend Zeit für wichtige Aufgaben im Büro zu haben. Alles, was Ihnen Freude macht, wird *grün*. Ganz wichtig: Sorgen Sie für möglichst viele grüne Highlights in Ihrem Kalender!

Das Ziel-Prinzip

Wenn Sie Ihren Planungshelfer nur dazu verwenden, Termine einzutragen, hilft Ihnen das, Deadlines, Verabredungen und Co. nicht zu verpassen. Doch von echtem Zeitmanagement kann hier noch nicht die Rede sein. Sie an Aufgaben und Termine erinnern – das kann jeder Küchenwecker! Was er nicht kann: Klare Prioritäten setzen, unwichtige Aufgaben ganz gelassen ignorieren und Sie Ihren Zielen näher bringen. Genau hier sollten Sie in Sachen Zeitmanagement ansetzen. Schreiben Sie nicht nur auf, was Sie *erledigen* wollen. Fragen Sie sich auch: »Was will ich *erreichen*?« Planen Sie nicht nur Aufgaben, sondern Ziele. Notieren Sie hinter jedem To-

Do, was das Ziel dieser Aktion ist. Falls Sie für eine Aufgabe kein sinnvolles Ziel finden, sollten Sie den Punkt streichen. Wenn wichtige Ziele auf Ihren Zeitplänen gar nicht auftauchen, dann ergänzen Sie unbedingt Ihre Aufgabenliste.

simplify-Tipp!

Wenn Sie heute nur eine einzige Aufgabe schaffen könnten, was wäre das? Diese Aufgabe gehört ganz oben auf Ihren Zeitplan. Erledigen Sie das Allerwichtigste immer zuerst. Das wird Sie Ihren Zielen näher bringen – und das macht echtes Zeitmanagement aus.

Das Parkinson-Gesetz

Arbeit kann man wie Gummi dehnen, diese Erfahrung machte der Schriftsteller Cyril Northcote Parkinson, als er in Malaysia lebte und die ausufernde Kolonialverwaltung dort kennenlernte. Er stellte fest, dass die Erledigung einer Sache länger dauerte, je mehr Leute daran beteiligt waren. Die Arbeit blähte sich immer mehr auf. Sein Fazit: Alles dauert immer genauso lange, wie man dafür einplant. Wenn Sie also für eine Aufgabe einen Monat veranschlagen, dann werden Sie auch einen ganzen Monat dafür brauchen! Hätten Sie sich aber nur zwei Wochen Zeit gegeben, hätten Sie es sicher auch geschafft. Setzen Sie sich daher für jede Aufgabe ein realistisches *Zeitlimit*, und achten Sie darauf, dieses Limit dann auch einzuhalten.

simplify-Tipp für Exakt-Typen

Tragen Sie neben jedem Punkt auf Ihrem Plan die Bearbeitungszeit ein. Seien Sie ruhig ein bisschen geizig mit Ihrer Zeit. Denken Sie daran: Bei den meisten Aufgaben genügt es, das Ganze »nur« gut zu machen.

Die Salami-Taktik

Wie verspeist man am besten einen Elefanten? Ganz einfach: Stück für Stück! Auch große Projekte schaffen Sie am leichtesten, indem Sie sie bereits in der Planung in überschaubare Minischritte unterteilen. Halten Sie sich an die Salami-Taktik und fragen Sie sich: Was können Sie bis heute Abend erledigen? Was ist bis Mittwoch machbar? Die meisten Menschen überschätzen, was sie an einem Vormittag schaffen können. Doch sie übersehen, welch große Projekte sie an vielen Vormittagen, in vielen kleinen Schritten stemmen können.

simplify-Tipp für Manager-Typen

Am liebsten würden Sie auch die größten Projekte auf einmal durchziehen. Aber das kann gründlich schiefgehen und unnötigen Stress verursachen. Testen Sie beim nächsten Mal die Salami-Taktik. Sie werden sehen, so kommen Sie nicht nur leichter, sondern im Endeffekt sogar schneller voran.

Die Block-Methode

Wissen Sie, wie Sie Ihre Produktivität um bis zu 50 Prozent steigern können? Ob Einkäufe, Ablage oder Aufräumen: Fassen Sie ähnliche Aufgaben auf Ihrer To-Do-Liste zusammen und arbeiten Sie alles *en bloc* ab. Sparen Sie Wegzeiten, und verbinden Sie Erledigungen wie Post, Bank, Reinigung und Co., oder machen Sie im Büro Boten- und Besorgungsgänge auf einen Schwung. Reservieren Sie einen Nachmittag in der Woche für Verwaltungskram, oder richten Sie täglich Zeitblöcke für Telefonate, Mails oder Kundenanfragen ein.

simplify-Tipp für Ideen-Typen

Sie lieben die Abwechslung im Tagesgeschehen. Doch wenn Sie ähnliche Arbeiten bündeln, müssen Sie sich nicht jedes Mal wieder aufs Neue in ein Thema oder Aufgabengebiet hineindenken. Sie erkennen, wie viel Zeit Sie tatsächlich mit relativ unwichtigen Kleinigkeiten verbringen. Das motiviert, sich in Zukunft den einen oder anderen kleinen Zeitverschwender zu sparen.

Schritt 2: Unvorhergesehenes einplanen

»Zum Arbeiten komme ich eigentlich erst nach Feierabend!« – Wer kennt diesen Ausspruch nicht? Das Problem sind die vielen »Störfaktoren«, die einen tagsüber von der Arbeit abhalten, aber eigentlich dazugehören: Ob hereinplatzende Kollegen, geschwätzige Anrufer, stotternde WLAN-Verbindungen, streikende Computer oder fehlende Informationen – unverhofft kommt oft! Bei der Zeitplanung ist das schon fast so etwas wie ein Naturgesetz. Wenn Sie Ihren Tag bis auf die letzte Minute verplanen, ohne solche unvorhergesehenen Extras einzurechnen, haben Sie keine Chance, Ihre Aufgaben sorgfältig und bewusst zu erledigen.

Die Fifty-Fifty-Regel

Der größte Stolperstein bei der Zeitplanung ist, dass wir uns meist einfach viel zu viel vornehmen! Wir vergessen, dass wir nicht allein auf der Welt sind und immer wieder unsere Arbeit unterbrechen müssen. Wenn man Kollegen, Kunden oder Kinder hat, dauert manches einfach länger als ursprünglich geplant. Wer dann seine Tage bis zur letzten Minute vollpackt, wird nie alles schaffen. Das sorgt zuverlässig für Frust und Stress. Dabei ist die Lösung ganz einfach: Wenn die Zeit nie reicht, muss man sich eben weniger vornehmen. Halten Sie sich an die einfache, aber bewährte *Fifty-Fifty-Regel*: Reservieren Sie 50 Prozent Ihrer Arbeitszeit für Unvorhergesehenes. Takten Sie Ihre Termine nicht zu eng. Dann kann so leicht nichts Ihren Zeitplan auf den Kopf stellen.

simplify-Tipp für Turbo-Typen

Eigentlich wollten Sie nur noch schnell zur Post? Doch schon sind 30 Minuten daraus geworden, weil der Weg doch weiter ist und die Schlange am Briefmarkenschalter endlos lang? Bevor Sie wieder mal »ganz kurz« etwas tun, sollten Sie überlegen, wie lange das tatsächlich dauern wird. Notieren Sie in den nächsten Tagen, wie viel Zeit Sie tatsächlich für Korrespondenz, Meetings und Co. benötigen. So haben Sie einen guten Richtwert, der Ihnen die Zeitplanung in Zukunft viel leichter macht.

Schluss mit Last-Minute

Sicher geht es Ihnen manchmal auch so: Je näher die Deadline für eine bestimmte Aufgabe rückt, desto effektiver werden Sie. Während Sie zuvor viel vertrödelt haben, arbeiten Sie plötzlich hochkonzentriert und sind immun gegenüber Ablenkungen aller Art. Doch wer es mit den Last-Minute-Aktionen übertreibt, wird bald zum Nervenbündel. Die Folge: Alles, was schiefgehen kann, geht auch schief! Wichtige Daten werden versehentlich gelöscht, Mails ohne Anhang verschickt, und Flüchtigkeitsfehler schleichen sich ein.

simplify-Tipp für Ideen-Typen

Last-Minute-Aktionen sind bei Ihnen eigentlich an der Tagesordnung? Das muss nicht sein. Stellen Sie Ihre Zeitplanung auf den Kopf und planen Sie größere Projekte von hinten. Markieren Sie sich den Endtermin dick im Kalender und legen Sie dann die Meilensteine fest. Planen Sie alle Arbeitsschritte vom Abgabedatum her rückwärts.

Ungestörte Auszeiten

Jeder braucht ungestörte Auszeiten. Zeit ganz allein für sich – keine Arbeit, kein Handy, niemand, der etwas von einem will. *Gönnen Sie sich jeden Tag Zeit zum Durchatmen und Auftanken.* Wunderbare 15 Minuten morgens, wenn im Haus noch alles ganz ruhig ist, oder abends, wenn die Kinder schon im Bett sind. Fernsehschauen, Bügeln oder Putzen sind in dieser Zeit verboten!

simplify-Tipp für Manager-Typen

Der Kaffeeklatsch mit der besten Freundin, die tolle Motorsportausstellung oder das Konzert Ihrer Lieblingsband: Kommen solche Dinge in Ihrer Zeitplanung nicht vor? Sollten sie aber! Führen Sie nicht nur unliebsame Pflichten auf, sondern reservieren Sie feste Zeiten für die Dinge, die Ihnen Spaß machen. Sorgen Sie dafür, dass die Lebensfreude in Ihrem Terminkalender nicht zu kurz kommt.

Auch tagsüber kann man ruhige Nischen finden. Legen Sie auf dem Heimweg von der Arbeit eine kurze Rast ein – bei einem Espresso in dem kleinen Bistro um die Ecke, einem kurzen Spaziergang am Fluss oder auf der schönen Bank im Park.

Schritt 3: Abends Bilanz ziehen

Zu einer gelungenen Zeitplanung gehört auch, ehrlich Bilanz zu ziehen. Pläne müssen nicht nur geschrieben, sondern auch in die Tat umgesetzt und überwacht werden. Nehmen Sie sich daher am Ende eines Tages, am Ende des Monats oder zum Jahresende ein paar Minuten und blicken Sie auf den vergangenen Zeitabschnitt zurück: Was ist gut gelaufen? Wo haben Sie sich übernommen? Nutzen Sie die Chance, aus Fehlplanungen zu lernen und Ihr Zeitmanagement Schritt für Schritt zu verbessern.

Tohuwabohu-Tage abhaken

Es gibt Tage, da können Sie so gut planen, wie Sie wollen, und irgendwie geht trotzdem alles drunter und drüber: Auf dem Weg zum Büro streikt das Auto, vor dem Meeting bekleckern Sie sich mit Kaffee, und dann bekommen Sie den wichtigen Auftrag nicht. An solchen Tohuwabohu-Tagen kann man nur eins machen: Alles möglichst schnell abhaken.

simplify-Tipp für Exakt-Typen

Wenn Sie einen rabenschwarzen Tag erwischen, dann seien Sie nicht gleich total frustriert. Es kann nicht immer alles rund laufen. Sagen Sie sich: Morgen ist ein neuer Tag. Morgen habe ich wieder eine Chance, das Beste aus meinem Tag zu machen!

3-Minuten-Regel

Irgendetwas bleibt eigentlich immer liegen – das passiert auch den besten Zeitplanern. Das Lästige: Unerledigte Kleinigkeiten türmen sich schnell zu einem großen Berg Arbeit, der dann mühsam abgebaut werden muss. Deshalb ist es besser, hier rechtzeitig auf die Bremse zu treten und sich an die *3-Minuten-Regel* zu halten. Machen Sie es sich zur Gewohnheit, Aufgaben, die nicht länger als drei Minuten beanspruchen, immer komplett zu erledigen. Jemanden anrufen, fehlende Informationen im Internet recherchieren oder Ordnung in Ihre Ablage bringen: Setzen Sie die 3-Minuten-Regel konsequent um, dann müssen Sie nicht jeden noch so kleinen Vorgang mehrmals in die Hand nehmen.

simplify-Tipp!

Planen Sie regelmäßig Zeit ein, um sich Unerledigtes vorzunehmen. Das hat gleich zwei Vorteile: Sie müssen keine anderen Dinge für Ihre offenen Posten liegen lassen. Und: Wenn einmal tatsächlich nichts übriggeblieben sein sollte, gewinnen Sie zusätzliche freie Zeit.

Zeit- und Energiefresser stoppen

Oft geraten wir hoffnungslos in Verzug, weil wir einfach nicht Nein sagen können: Wir hören uns die Sorgen und Nöte des Kollegen zum x-ten Mal an, obwohl wir dringend an einem wichtigen Projekt arbeiten sollten. Wir übernehmen Zusatzjobs, obwohl unser Terminkalender schon randvoll ist. Wir würgen den Anrufer am Telefon nicht ab, obwohl wir dringend ins Meeting müssen. Hier hilft nur eins: Genau darauf achten, wann Sie Zeit- und Energiefressern auf den Leim gehen, Grenzen setzen und konsequent Nein sagen!

simplify-Tipp für Ideen-Typen

Ein »Nein« kommt Ihnen nur schwer über die Lippen. Doch: Neinsager haben es einfach leichter. Eine sachlich vorgebrachte »Verweigerung« verschafft Respekt. Trainieren Sie das Neinsagen mit Kleinigkeiten: »Ich kann den Anruf im Moment nicht annehmen, ich melde mich später!« Hier ist noch nicht einmal eine Begründung nötig – und schon gar kein schlechtes Gewissen.

Weniger planen – mehr erreichen

Egal, ob Sie Ihren Tag, Ihre Woche, den Monat oder das Jahr planen, mit der AUA-Methode bekommen Sie Ihre Zeit sicher gut in den Griff. Aber denken Sie bitte daran: Große Ziele, echte Herzenswünsche und Projekte wollen von langer Hand geplant sein. Damit sich Ihr Kalender nicht nur mit eiligen Aufgaben füllt, sollten Sie vom Großen zum Kleinen planen: Reservieren Sie jeden Monat Zeit, um die kommenden Wochen zu planen, vom Messebesuch bis zur Familienfeier. Tragen Sie alle Termine ein, die Sie unbedingt wahrnehmen wollen. Aber seien Sie wählerisch. Lassen Sie sich nicht von den vielen leeren Blättern dazu verführen, Ihre Zeit mit Unwichtigem zu blockieren!

Erwarten Sie nicht, dass Sie gleich auf Anhieb perfekte Zeitpläne aufstellen und alle Zeitsorgen vergessen können. Picken Sie sich zunächst zwei bis drei wichtige Punkte heraus, beginnen Sie dort, wo Sie mit geringem Aufwand am meisten erreichen können. Egal, was Sie anstellen: Sie haben immer nur 24 Stunden pro Tag. Aber mit cleverer Planung haben Sie es in der Hand, das Beste aus dieser Zeit zu machen.

»Wie kann ich ganz einfach Zeit gewinnen?«

Delegieren heißt das Zauberwort!

simplify-Tool 3: Aufgaben abgeben

Delegieren? Das ist doch nur etwas für Chefs und Führungskräfte! Denken Sie auch so? Falsch, jeder kann delegieren – auch Sie!

Sitzen Sie Tag für Tag vor einem riesigen Berg Arbeit? Sind Nachtschichten und Wochenendarbeit für Sie nichts Außergewöhnliches? Dann sollten Sie sich einmal fragen, woran das liegt. Manchmal ist die Antwort einfach: Vielen fällt es unglaublich schwer, Arbeiten abzugeben. Doch niemand kann alles allein schaffen. Wer das versucht, dem wachsen die Dinge schnell über den Kopf.

Anderen Aufgaben übertragen – das ist nicht nur Chefsache. Egal, ob im Job oder zu Hause: Auch Sie können und sollten sich Unterstützung holen. Also, nur keine falschen Hemmungen! Spannen Sie Kollegen, Familie und Freunde für sich ein. *simplify your time* zeigt Ihnen, wie Sie selbstbewusst, fair und clever delegieren. Das hilft Ihnen, loszulassen und Ihr Leben zu vereinfachen. So gewinnen Sie Zeit für die Dinge, die Ihnen wirklich wichtig sind – und das wird Ihnen gut tun!

simplify-Überblick

- **Bloß nicht alles selbst machen!**
- **Delegieren – aber wie?**
- **Weg damit!**
- **Delegieren, aber mit Vertrag**

Bloß nicht alles selbst machen!

Erstaunlicherweise halten gerade vielbeschäftigte und überarbeitete Menschen nichts davon, anderen Aufgaben zu übertragen. Warum? Hier sind eine Menge Vorurteile im Spiel:

- »Das wirkt, als ob ich mein Pensum nicht schaffe.«
- »Es ist nicht fair, die anderen mit meinen Aufgaben zu belasten.«
- »Das macht sowieso keiner besser und schneller als ich.«
- »Bevor ich alles lang und breit erkläre, mache ich es lieber selbst.«
- »Wenn es schiefgeht, muss ich den riesigen Scherbenhaufen aufkehren.«
- »Außer mir weiß keiner, wie das genau geht.«
- »Ich finde ja doch niemanden, der mir das abnehmen kann.«

Ertappen Sie sich auch manchmal bei solchen oder ähnlichen Gedanken? Wer so denkt, wird niemals aufhören, Überstunden zu machen, am Wochenende zu arbeiten oder Pausen und Urlaub ausfallen zu lassen. Da hilft nur: Gleich im Büro übernachten. Oder aber endlich lernen, wie man delegiert!

Noch nicht überzeugt? Dann sollten Sie sich den folgenden Tipp einmal näher ansehen:

simplify-Tipp!

Nehmen wir an, Sie arbeiten an 200 Tagen im Jahr. Wenn Sie es schaffen, durch cleveres Delegieren eine Stunde am Tag einzusparen, dann wären das 200 Stunden pro Jahr. Bei einer normalen 40-Stunden-Woche würden Sie volle fünf Arbeitswochen gewinnen. Fünf Wochen mehr Zeit – einfach so. Das Fazit: Delegieren lohnt sich! Am besten, Sie rechnen gleich nach, wie viel Zeit Sie gewinnen könnten, wenn Sie die eine oder andere Aufgabe abgeben – das motiviert!

Delegieren ist also das Zauberwort, wenn es darum geht, dem Dauerstress zu entkommen. Aber welche Aufgaben kann man überhaupt abtreten? Und an wen?

Delegieren – aber wie?

Jeder kann delegieren – dazu braucht man keinen Assistenten und keine Sekretärin. Wie wäre es zum Beispiel, wenn Sie Aufgaben mit Kollegen tauschen? Setzen Sie sich zusammen und überlegen Sie, wer was am besten kann. Verteilen Sie dann die Aufgaben neu, sodass Sie sich gegenseitig in Ihren Stärken ergänzen. Niemand kann in allen Bereichen gleich gut sein. Manche Dinge beherrschen andere einfach besser. Und das ist nicht schlimm, im Gegenteil: Es ist Ihre Chance, ein schlagkräftiges Team aufzubauen, in dem jeder das tut, was ihm wirklich liegt!

simplify-Tipp!

Sie arbeiten mit Stressfaktor 10, und die Aufgaben nehmen kein Ende? Lernen Sie, rechtzeitig um Mithilfe zu bitten. Fragen Sie zum Beispiel bei Ihrem Chef nach, ob Sie nicht einen Praktikanten oder eine Praktikantin bekommen können. Das kostet wenig, bringt aber viel! Und wenn Sie Ihr eigener Boss sind – noch besser! Überlegen Sie, ob sich ein Praktikant für Sie rechnet. Und denken Sie daran: Zeit ist eigentlich unbezahlbar!

Natürlich gilt auch zu Hause: Delegieren macht alles viel einfacher! Gerade berufstätige Mütter sollten unbedingt dafür sorgen, dass alle Familienmitglieder etwas zu einem gelungenen Miteinander beitragen. Tisch decken, Spülmaschine ausräumen, staubsaugen oder kleinere Besorgungen machen: Verteilen Sie die Aufgaben im Haushalt auf die ganze Familie. Auch die Kleinsten können schon leichte Putz- und Aufräumarbeiten übernehmen – und tun dies oft mit Begeisterung! Man muss sich nur von der Vorstellung verabschieden, dass alles picobello wird.

simplify-Tipp für Ideen-Typen

Wer deckt den Tisch? Wer bringt den Müll raus? Wer räumt die Spülmaschine aus? Machen Sie Schluss mit nervigen Endlos-Diskussionen: Lassen Sie diese Fragen doch einfach den Würfel entscheiden. Beschriften Sie einen Blanko-Würfel mit den zu verteilenden Aufgaben – dann kann der Zufall die strittigen Entscheidungen fällen. Das spart Zeit und Nerven und macht sogar noch Spaß!

Geben Sie nicht gleich auf, wenn mal ein Pulli schrumpft, ein T-Shirt die Farbe wechselt oder das Bad nicht blitzblank ist. Die »Haushaltsschulung« der anderen kostet ein bisschen Zeit, aber auf lange Sicht lohnt es sich garantiert! Kleinere Abstriche zu machen, ist immer noch besser, als alles total gestresst selbst zu erledigen.

Moment mal!

Wer den Haushalt einer Familie mit zwei Kindern führt, schleppt pro Jahr gut fünf Tonnen, legt im Dienste seiner Lieben rund 5.000 Kilometer zurück und reinigt etwa 30.000 Quadratmeter Fußböden. Grund genug, die Aufgaben im Haushalt auf alle Familienmitglieder zu verteilen …

Allerdings sollten Sie beim Delegieren nicht nur an Ihre Lieben denken. Auch Freunden und Nachbarn kann man den einen oder anderen Job abtreten. Vielleicht haben Sie ja eine nette Nachbarin, mit der Sie sich beim Wocheneinkauf abwechseln können? Oder einen guten Freund, der Ihnen gerne im Garten hilft? Im Gegenzug können Sie ihm etwas anbieten, das Ihnen leichter fällt und mehr Spaß macht als Gartenarbeit, etwa Mathenachhilfe für die Kinder oder Hundesitting. Denken Sie ruhig auch mal ein bisschen quer. Sicher haben Sie Ideen, wie Sie sich gegenseitig unterstützen können.

simplify-Tipp!

Was in der Arbeitswelt ganz normal ist, ist im Privatleben meist kein Thema: Outsourcing. Warum eigentlich? Von der »Perle« über den Fensterputzer bis zum Au-pair-Mädchen bieten viele Menschen Ihnen ihre Unterstützung an. Zwar gibt es all das natürlich nicht umsonst. Aber das sollte Ihnen Ihre Zeit schon wert sein, oder?

Weg damit!

»James, bitte servieren Sie den Tee!« Zugegeben, der eigene Butler ist vielleicht ein bisschen übertrieben. Doch ansonsten gilt: Delegieren Sie, so viel Sie nur können. Entscheiden Sie bei jeder Aufgabe: Muss ich das tatsächlich selbst machen, oder könnte das ein anderer für mich übernehmen? Ja? Dann nichts wie weg damit!

Weg mit Routineaufgaben

Routineaufgaben sind ideal zum Delegieren. Gerade Führungskräfte sollten hier rigoros sein. Wenn Sie sich in erster Linie mit Routinedingen beschäftigen, sind Sie nur ein hochbezahlter Sachbearbeiter. Achtung: Wenn es ungeliebte Routinetätigkeiten zu verteilen gibt, müssen Sie dafür sorgen, dass es nicht immer dieselben Leute trifft – sonst kommt ganz schnell Frust auf.

simplify-Tipp!

Erledigen Sie immer wieder Dinge, die Sie eigentlich Kollegen, Mitarbeitern oder externen Dienstleistern übertragen könnten? In diese »Zeitfalle« tappen viele. Manchmal ist es eine echte Wohltat, auch mal einfachere Aufgaben zu erledigen. Doch problematisch wird das Ganze, wenn deshalb die wirklich wichtigen Aufgaben liegen bleiben. Hier sollten Sie gegensteuern und unbedingt mehr delegieren.

Weg mit Technikaufgaben

Mitarbeiter, Kollegen oder Freunde können uns eine Menge abnehmen. Doch auch Technik, Software und Co. können uns ungemein entlasten. Vom elektrischen Tacker übers Navigationssystem bis zur Schuhputzmaschine: Lassen Sie in Zukunft praktische technische Helfer für sich arbeiten.

simplify-Tipp!

Die technischen Arbeitshilfen werden beim Delegieren oft vergessen. Wer clever delegiert, denkt auch an die elektronischen Kollegen. Überlegen Sie einmal, welche Möglichkeiten Sie hier haben, um Arbeit abzugeben.

Weg mit Einmalaufgaben

Auch einmalige Aufgaben, wie das Verschicken einer Postwurfsendung oder die Organisation eines Meetings, lassen sich delegieren. Allerdings sollte der Erklärungsbedarf nicht allzu groß sein. Aber wenn das Verhältnis von Aufwand und Nutzen stimmt, dann heißt es: Nicht lange zögern und Einmalaufgaben abgeben.

simplify-Tipp für Turbo-Typen

Natürlich, das Delegieren von Einmalaufgaben kostet ein bisschen Zeit. Denken Sie aber immer an die Zukunft. Ein Kollege, der einmal gelernt hat, wie man eine bestimmte Tabelle erstellt, kann Ihnen auch beim nächsten Mal zur Hand gehen. Nehmen Sie sich Zeit, Leute einzuarbeiten – die vermeintlich verlorenen Stunden holen Sie schnell wieder rein.

Weg mit Teilaufgaben

Zwar ist es oft nicht machbar und auch nicht sinnvoll, ein wichtiges Projekt voll und ganz einem anderen zu überlassen. Das ist aber noch lange kein Grund, alles komplett selbst zu erledigen. *Delegieren Sie Teilschritte.* Es genügt, wenn Sie die Fäden in der Hand behalten – um die Details können sich Mitarbeiter und Kollegen kümmern. Von der Stoffsammlung für die Präsentation bis zum Aktualisieren der Teilnehmerliste für die Pressekonferenz: Überlegen Sie, welche einfachen, überschaubaren Teilaufgaben Sie getrost den anderen überlassen können.

simplify-Tipp für Exakt-Typen

Delegieren fällt Ihnen richtig schwer. Deshalb sollten Sie das Ganze langsam angehen. Beginnen Sie damit, anderen kleinere Teilaufgaben zu übertragen und steigern Sie sich dann Schritt für Schritt.

Weg mit Fremdaufgaben

Vom Fußballstar bis zur Operndiva: Fast alle Menschen, die aufgrund herausragender Leistungen berühmt geworden sind, verdanken dies der Fähigkeit, sich voll und ganz auf ein Spezialgebiet zu konzentrieren. Delegieren Sie deshalb alle Aufgaben, die nicht zum Kern Ihrer Tätigkeit gehören. Verzetteln Sie sich nicht mit Nebensächlichem. Erledigen Sie wichtige Dinge selbst und mit Nachdruck, und geben Sie Unwichtiges konsequent ab.

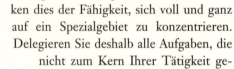

simplify-Tipp für Ideen-Typen

Dinge, die andere nur auf Sie abwälzen wollen, gehören nicht auf Ihre To-Do-Liste. Sagen Sie Nein – übernehmen Sie keine Verpflichtungen, die Ihnen andere aus reiner Bequemlichkeit aufhalsen wollen!

Weg mit Spezialaufgaben

Wenn Sie von vornherein wissen, dass Sie eine bestimmte Aufgabe nicht besonders gut erledigen können, dann sollten Sie hier erst gar nicht aktiv werden. Ob Buchhaltung oder Fotos vom Kindergeburtstag: Ein Spezialist kann das Ganze nicht nur besser, sondern auch viel schneller erledigen als Sie selbst.

simplify-Tipp!

Wenn Sie Dinge tun, die Sie nicht gut können, kostet Sie das viel Zeit. Und: Es kann auch richtig teuer werden. Wer beispielsweise versucht, den Geschirrspüler zu reparieren, und dabei die Küche unter Wasser setzt, muss einiges in die Renovierung investieren. Überlassen Sie so etwas lieber gleich einem Spezialisten – das spart Zeit und schont Ihren Geldbeutel.

Einfach abgeben

Eigentlich kann man fast alles abgeben. Es gibt nur wenige Ausnahmen, etwa Zielsetzung und Prioritätenplanung, strategische Überlegungen oder vertrauliche und familiäre Angelegenheiten. Wenn Sie mit dem Delegieren einsteigen wollen, dann sollten Sie erst einmal Bilanz ziehen: Notieren Sie, welche Aufgaben in der Regel auf Ihrer To-Do-Liste stehen. Markieren Sie dann die Tätigkeiten, die Sie gerne anderen überlassen würden, mit einem farbigen Stift. Halten Sie auch fest, welche Fähigkeiten nötig sind, um das Ganze zu übernehmen. Serienbriefe erstellen, souverän telefonieren, was auch immer – überlegen Sie, wer der beste Mann oder die beste Frau für diesen Job ist. Und dann geben Sie diese Aufgabe ab!

simplify-Tipp!

Erstellen Sie ein Kompetenzverzeichnis. Schreiben Sie auf, wer was besonders gut und gerne tut. Wenn Sie eine Aufgabe zu vergeben haben, dann zücken Sie Ihre Liste, und schon wissen Sie, wer dafür in Frage kommt. Ganz wichtig: Kompetenzverzeichnis regelmäßig aktualisieren und die anderen ruhig fragen, welche Dinge sie einem am liebsten abnehmen würden.

Delegieren, aber mit Vertrag

Wenn Delegationsprojekte kläglich scheitern, dann liegt das meist an der unprofessionellen Prozedur bei der »Stabübergabe«: Auch schwierige Aufgaben werden oft einfach zwischen Tür und Angel oder nur auf Zuruf übertragen. Dabei ist es ganz einfach, Pleiten, Pech und Pannen beim Delegieren zu verhindern. Wie das geht? Schließen Sie einen Delegationsvertrag. Keine Sorge, Sie müssen nicht gleich zum Notar. Fünf W-Fragen helfen Ihnen beim Ab- und Weitergeben:

Der *simplify*-Delegationsvertrag

1. Was muss gemacht werden und warum?
2. Wer soll es tun?
3. Wann muss es erledigt werden?
4. Wie soll es gemacht werden?
5. Wer informiert wen, wenn etwas nicht nach Plan läuft?

---

simplify-Tipp für Manager-Typen

Andere zu kritisieren und sie dabei nicht zu verletzen, ist nicht immer leicht. Aber es gibt einen guten Trick – servieren Sie Ihre Kritik als Sandwich: Verpacken Sie die »kritischen« Punkte zwischen Lob. Das sorgt für eine positive Grundstimmung und hilft dem anderen, Ihre Kritik besser anzunehmen.

Frage Nummer 5 ist Ihr Joker, damit wirklich nichts schiefgehen kann. Es ist wichtig, schon im Vorfeld zu regeln, was zu tun ist, wenn Schwierigkeiten auftauchen. Richtig delegieren bedeutet: Alles gut abklären, nicht einmischen und nur im Notfall Unterstützung geben. Wenn man eine Aufgabe abtritt, muss man auch den Mut haben, dem anderen nicht ständig über die Schulter zu schauen. Das demotiviert und verhindert Eigeninitiative. Was zählt, ist das Ergebnis. Wie das erreicht wird, sollte man nicht haarklein vorgeben. Es gibt immer mehrere Möglichkeiten, zum Ziel zu kommen – nicht nur Ihren Weg! Lassen Sie Ihren Helfern Raum für eigene Entscheidungen. Delegieren soll schließlich keine Beschäftigungsmaßnahme sein, sondern Ihnen echte Entlastung bringen.

Theodore Roosevelt
>> Wer seiner Führungsrolle gerecht werden will, muss genug Vernunft besitzen, um die Aufgaben den richtigen Leuten zu übertragen, und genügend Selbstdisziplin, um ihnen nicht ins Handwerk zu pfuschen. «

Geben Sie beim Delegieren immer genaue Anweisungen. Seien Sie bei der Abklärung von Ziel, Umfang, Zweck und Frist einer Aufgabe so konkret wie nur möglich. Wenn Sie sich an die folgende Checkliste halten, dann stellen Sie die Weichen auf Erfolg:

simplify-Delegations-Check

Reichen Sie Aufgaben nicht auf dem Weg des geringsten Widerstands an den »Schwächsten« weiter, sondern übertragen Sie das Ganze an denjenigen, der es am besten kann.

Motivieren Sie Ihre Unterstützer, indem Sie ihnen erklären, warum es gut und wichtig ist, dass sie diese Aufgabe übernehmen.

Wenn Sie Arbeiten abgeben, sagen Sie klar, was Sie erwarten. Stecken Sie die Rahmenbedingungen ab, kontrollieren Sie aber nicht jedes Detail.

Falls Sie schwierige Aufgaben abgeben, sollten Sie unbedingt einen Zeitplan festlegen. Wann sollten die ersten Teilaufgaben erledigt sein? Wann muss das Endergebnis vorliegen?

Signalisieren Sie den anderen, dass sie jederzeit mit Fragen zu Ihnen kommen können. Nehmen Sie die Aufgabe aber nur im äußersten Notfall zurück.

Vereinbaren Sie, dass Sie regelmäßig über den Stand der Dinge informiert werden. So können Sie rechtzeitig reagieren, wenn etwas nicht nach Plan läuft.

Geben Sie nicht nur Aufgaben, sondern auch Verantwortung ab.

Happy End beim Delegieren

Egal, ob Sie Ihr Kind die Frühstücksbrötchen beim Bäcker holen lassen oder einem Mitarbeiter eine wichtige Projektaufgabe übertragen haben: Sparen Sie nicht mit *Lob*, wenn alles geklappt hat. Leider kommt dieser Punkt im schnellen Tagesgeschäft oft zu kurz. Doch ein ehrliches Lob ist unglaublich motivierend. Sagen Sie aber nicht nur »Danke, damit bin ich sehr zufrieden!«. Das ist zwar nett, aber nicht gerade aussagekräftig. Werden Sie konkret: »Ich bin ganz begeistert, wie Sie den Kunden von den Vorteilen des Produkts überzeugt haben!«

Manchmal läuft beim Delegieren nicht alles rund. Doch das ist kein Grund, frustriert die Segel zu streichen und wieder alles selbst zu erledigen! Sprechen Sie offen an, was das Problem ist, geben Sie ein konstruktives *Feedback*. Sagen Sie ganz ehrlich, was weniger gut und vielleicht auch falsch war. Sammeln Sie gemeinsam Ideen, was in Zukunft besser gemacht werden kann. Denn auch beim Delegieren gilt: Übung macht den Meister!

Ob Student oder Familienmanagerin, Angestellter oder Ein-Mann-Unternehmer: Bleiben Sie nicht länger eine One-Man- oder One-Woman-Show! In Sachen Zeitmanagement ist *Do it yourself* absolut out. Befreien Sie sich stattdessen von so vielen Aufgaben und Verpflichtungen wie nur möglich. Wenn Sie einmal die Vorteile des Delegierens kennengelernt haben, werden Sie nicht mehr auf die Idee kommen, alles selbst zu machen. Natürlich können Sie die Zeit nicht anhalten. Aber wenn Sie die richtigen Aufgaben an die richtigen Leute abgeben, können Sie ein bisschen an der Uhr drehen: Arbeiten, die Sie anderen übertragen, knabbern nicht an Ihrem Zeitbudget. Warten Sie deshalb nicht länger, sondern fangen Sie gleich heute mit dem Delegieren an.

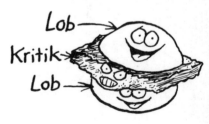

Was tun gegen den Techno-Stress?

Mit simplify your time stoppen Sie das elektronische Hamsterrad.

simplify-Tool 4: Info-Stress abschalten

E-Mails, SMS, RSS-Feeds, Newsletter, Twitter, Facebook und Co.: Täglich stürmen immer mehr digitale Informationen immer schneller auf uns ein – ein echtes Zeitproblem.

247.000.000.000, in Worten: 247 Milliarden – eine unglaubliche Zahl. So viele Mails wurden Anfang 2010 *täglich* verschickt. Doch E-Mails sind nur die Spitze des Eisbergs: Neue technische Errungenschaften wie Smartphone, Netbook oder Twitter sorgen dafür, dass der Informationsfluss immer weiter zunimmt. Aktuelle Studien gehen davon aus, dass die digitale Informationsflut jährlich um 60 Prozent wächst – Tendenz rasant steigend!

simplify-Überblick

- **Moderne Zeiten**
- **Mailen ohne Stress**
- *simplify your time* **im Internet**
- **Die guten Seiten im Web**

Ohne Internet, E-Mail und Handy läuft heute nichts mehr; jeder zweite Deutsche kann sich ein Leben ohne Web nicht mehr vorstellen. Aber die moderne Technik hat auch Schattenseiten: Mit der Informationslawine, die jeden Tag auf uns zurollt, steigen auch Zeitdruck und Hektik. Was tun gegen den Techno-Stress? *simplify your time* zeigt, wie Sie das elektronische Hamsterrad anhalten und sich einen Pfad durch den Info-Dschungel bahnen.

Moderne Zeiten

Telefonieren, mailen, Adressen verwalten, Office-Dokumente bearbeiten, Notizen anlegen und im Internet surfen: Das mobile Büro ist heute nur etwas größer als eine Zigarettenschachtel und heißt *Smartphone*. Die kleinen Mixgeräte aus Handy und Pocket-PC können fast alles und sorgen dafür, dass wir rund um die Uhr auf allen Kommunikationswegen erreichbar sind. Sicher, das hat Vorteile – so sind wir immer auf dem Laufenden. Aber oft wissen wir gar nicht mehr, wann wir die Unmengen von Anrufen, Mails und Faxen beantworten sollen …

Der Stress wird immer größer, weil der Informationsstrom einfach nicht abreißen will. Die moderne Immer-Erreichbarkeit führt dazu, dass wir Arbeit und Privatleben nicht mehr trennen können. 85 Prozent der Berufstätigen sind auch in ihrer Freizeit für Chefs, Kollegen oder Kunden erreichbar. Während Mails früher nur im Büro beantwortet wurden, erledigen wir das heute bereits vor dem Frühstück. Und auch das Firmenhandy wird schon lange nicht mehr um 20 Uhr abgeschaltet, sondern bleibt rund um die Uhr an. Das Web-Zeitalter tickt eben anders. Ein Web-Jahr verlangt uns die Arbeitsbelastung von drei »traditionellen« Jahren ab! Die Software-Firma *Rescue Time* hat herausgefunden, dass ein typischer Web-Arbeiter 55-mal am Tag seine Mails checkt, knapp 200 elektronische Nachrichten bekommt oder verschickt, 77-mal den Instant Messenger verwendet und etwa 40 Websites besucht.

Kein Wunder, dass uns die Zeit immer schneller davonläuft und sich 40 Prozent der Deutschen einen Tag wünschen, der mindestens 30 Stunden hat.

Einen 30-Stunden-Tag kann Ihnen *simplify your time* nicht bieten – und will es auch nicht! Es geht nicht darum, noch länger und noch mehr zu arbeiten. Was zählt, ist, die moderne Technik gezielt zu nutzen, um sich die Arbeit nicht schwerer, sondern einfacher zu machen.

Cyril Northcote Parkinson
>> Computer sind die neueste technische Errungenschaft zur wirksamen Verzögerung der Büroarbeit.<<

Mailen ohne Stress

»Bling – Sie haben Post!« Der moderne Sisyphos wälzt keine Felsbrocken, sondern beantwortet Mails – er arbeitet rund um die Uhr, und dennoch ist sein Postfach nie leer. Ein Klick genügt, und schon tummeln sich wieder jede Menge Spams, Newsletter, Nachrichten von Freunden, Kollegen und Kunden im Posteingang. Da verliert man leicht die Übersicht: Was ist wichtig, was nicht? Dabei ist es eigentlich ziemlich leicht, das *tägliche E-Mail-Chaos* in den Griff zu bekommen. Mit der *WO-Methode* sagen Sie überfüllten Postfächern und E-Mail-Stress den Kampf an:

Weglassen
Organisieren

1. Weglassen

Wir alle ärgern uns über die E-Mail-Flut – und wir alle tragen fleißig dazu bei, die Zahl der E-Mails kräftig nach oben zu treiben. Wir jammern, dass die Zeit so knapp ist. Aber wenn wir eine Spaß-Mail bekommen, leiten wir sie gleich weiter. Dabei ist es ganz einfach – wer viele Mails schreibt, wird auch viele Mails bekommen. Jede E-Mail löst neue Nachrichten aus: Auf eine Anfrage folgen in der Regel Antwort, Bestätigung und Gegenbestätigung. Das sind allein drei Mails – ganz ohne großen Verteiler. Daher: *Verschicken*

Sie so wenige Mails wie möglich. Verstopfen Sie Kollegen und Freunden nicht den Posteingang. Ob eine elektronische Nachricht tatsächlich nötig ist, können Sie ganz einfach mit der *Stockwerksfrage* beantworten: Würde ich diese E-Mail auch schreiben, wenn ich sie ausdrucken und zu Fuß drei Stockwerke höher ins Büro des Empfängers bringen müsste? Nein?! Dann ist die Nachricht überflüssig.

Ganz wichtig: *Gehen Sie sparsam mit der CC-Funktion um.* Überlegen Sie, wer in Ihrer Firma wirklich über was informiert werden muss. Überlassen Sie im Zweifelsfall dem Empfänger die Entscheidung, ob und an wen er eine Mail weiterleiten möchte.

Was fürs Verfassen von Mails gilt, gilt natürlich auch fürs Beantworten. Reagieren Sie nicht auf jede Mail! Fragen Sie sich immer, ob eine Antwort wirklich nötig ist. Verzichten Sie auf Kurzmittlungen wie »Danke« oder »Geht klar«.

simplify-Tipp für Turbo-Typen

Die flotte Kommunikation via E-Mail ist Ihr Favorit. Aber manches lässt sich schneller und besser via Telefon oder im persönlichen Gespräch klären. Telefonieren statt Tippen hilft, Missverständnisse und überflüssige Pingpong-Mails zu vermeiden.

Fasse dich kurz ...

... stand früher in Telefonzellen. Diesen guten Rat sollten Sie auch in Sachen E-Mails beherzigen: Kommen Sie schnell zur Sache! Meist sind nicht mehr als fünf Sätze nötig. Vermeiden Sie Rückfragen, indem Sie klare Anweisungen und Antworten geben.

Die *Betreffzeile* sollte genauso prägnant sein wie eine gute Schlagzeile in der Tageszeitung. Dann sieht der Empfänger gleich, worum es geht. Um Zeit zu sparen, können Sie mit Kollegen und Kunden Abkürzungen vereinbaren. So wird aus dem Betreff schnell ersichtlich, was zu tun ist. Beispiel: »BE« für »bitte erledigen« oder »SAN« für »Sofort-Antwort nötig«. Oft genügt es sogar schon, wenn Sie nur die Betreffzeile nutzen. Damit der Empfänger weiß, dass er die Mail erst gar nicht öffnen muss, sollten Sie dem Betreff allerdings EOM, »End of Message«, hinzufügen.

simplify-Tipp für Manager-Typen

Sie lieben es, sich kurz zu fassen. Dennoch sollten Sie bei Ihren Mails gewisse Etiketteregeln einhalten. Eine freundliche Anrede und ein kurzer Gruß am Schluss dürfen in keiner Mail fehlen. Halten Sie sich an Rechtschreibregeln, benutzen Sie nicht nur Kleinbuchstaben und verwenden Sie keine Abkürzungen – das führt häufig zu Missverständnissen.

Fasse Dich kurz – das gilt übrigens auch für angehängte Dateien: Blockieren Sie keine Postfächer mit riesigen Datenmengen. Fragen Sie erst beim Empfänger nach, ob er mit Ihrer Riesen-Mail klarkommt und auch das entsprechende Programm hat, um Ihre Nachricht zu öffnen.

Bestimmt haben Sie im Eifer des Gefechts auch schon mal den Dateianhang vergessen. Hier hilft ein kleiner Trick: Hängen Sie immer zuerst die Dateien an, und schreiben Sie erst danach den Text Ihrer Mail. Prüfen Sie vor dem Abschicken, ob sich der Anhang auch tatsächlich öffnen lässt.

Slow-Mailer werden

Heute taktet nicht mehr die Stechuhr, sondern das Mail-Programm unseren Arbeitsrhythmus: Fast jeder lässt bei neuen Nachrichten alles andere sofort liegen. Doch so werden Mails zu echten Produktivitätsbremsen. Deshalb sollte man dem Beispiel des IBM-Forschungsmanagers Dan Russell folgen, sich der *Slow-Mail-Bewegung* anschließen und eingehende Mails höchstens dreimal täglich lesen.

Wenn Ihr Job es erfordert, dass Sie schnell auf wichtige Mails reagieren, legen Sie sich ein kleines Fenster mit dem Posteingang auf Ihren Desktop. Dann sehen Sie sofort, wer Ihnen geschrieben hat und ob die Sache wirklich brandeilig ist. Die wenigsten Mails sind so wichtig, dass sie innerhalb kürzester Zeit eine Reaktion erfordern – also:

- Schalten Sie Ihren Mail-Alarm ab. Sogar die Experten von IBM und Intel empfehlen, den von ihnen erfundenen Piepton abzustellen. Und für User von GoogleMail gibt es bereits die Möglichkeit, sich für 15 Minuten aus seinem Mail-Account auszusperren ...
- Öffnen Sie Ihr Mail-Programm höchstens dreimal am Tag. Beginnen Sie morgens nicht gleich mit den Mails, sondern reservieren Sie den Tagesbeginn lieber für wichtige Projekte.
- Sichten Sie Ihren Posteingang zu festen Zeiten, und bearbeiten Sie alle aufgelaufenen Mails an einem Stück.

simplify-Tipp!

Achten Sie in den nächsten Tagen genau drauf, wie oft Sie Ihre Mails checken. Führen Sie eine Strichliste – Sie werden staunen, wie häufig Sie in Ihren Posteingang schauen.

Spams abblocken

Gefälschte Markenprodukte zu unschlagbaren Preisen, eindeutige Angebote junger Damen oder Werbung für kleine blaue Pillen: Spam-Mails sind die Plage des Internets. Es sind immer wieder unvorstellbare Zahlen, die die Experten der *McAfee Labs* in Sachen Spam ermitteln. Im neusten Threat-Report ist von rund 135,5 Milliarden Spams die Rede, die täglich verschickt werden. Pro Minute ergibt das über 940.000 unerwünschte Nachrichten! Doch Abhilfe ist möglich: Sichern Sie Ihren Mail-Account mit einem Spam-Filter, der unliebsame Mails sofort löscht oder in einen Spam-Ordner umleitet. Werfen Sie hin und wieder einen Blick in Ihren Spam-Ordner – dann können Sie sicher sein, dass keine dringenden Nachrichten versehentlich dort gelandet sind. Ganz wichtig:

> **Moment mal!**
>
> Werbe-Mails sind eine echte Belastung für die Umwelt. Jedes Jahr fressen Spam-Mails weltweit etwa 33 Milliarden Kilowattstunden Strom. Das entspricht dem Verbrauch einer Großstadt mit 2,4 Millionen Einwohnern!

- Löschen Sie alle Spam-Mails, und zwar ungelesen. Klicken Sie nicht auf Buttons wie »Newsletter abbestellen«. So verraten Sie den Spammern, dass Ihre Mail-Adresse aktiv ist. Die Folge: noch mehr Spam.
- Verwenden Sie für Downloads oder Registrierungsformulare eine Extra-Mail-Adresse oder nutzen Sie Wegwerfadressen, die es unter www.spamgourmet.com oder www.dontsendmespam.de gibt.
- Seien Sie vorsichtig bei Gewinnspielen. Meist wollen die Spammer so nur an Ihre Adressdaten kommen. Dann gibt es keinen Gewinn, aber umso mehr Spam-Mails.
- Ganz wichtig: Öffnen Sie niemals Dateianhänge von Werbe-Mails! Sonst haben Viren und Spionageprogramme freien Zugang auf Ihre Passwörter und Kontodaten.

2. Organisieren

Je weniger Mails in Ihrem Posteingang landen, desto leichter ist es, das Ganze zu organisieren. Damit Sie den Überblick behalten, sollten Sie Unterordner anlegen und neue Mails gleich dort einsortieren. Viele Mail-Programme bieten Filter, die Ihnen diese Arbeit abnehmen und dafür sorgen, dass eingehende Nachrichten je nach Betreff oder Absender sofort in den entsprechenden Ordner verschoben werden. Halten Sie sich aber auch hier an das *simplify*-Motto: Weniger, aber besser! Übertreiben Sie es nicht mit der Anzahl der Unterordner. Denken Sie daran, Ihre Ordner regelmäßig zu entrümpeln.

simplify-Tipp für Ideen-Typen

Tummeln sich zwei oder drei Jahre alte Mails in Ihrem Posteingang? Die Uralt-Post zu sortieren, lohnt sich nicht. Lagern Sie das Ganze doch einfach aus – etwa zu Google-Mail. Dann ist Ihr Postfach frei, und falls Sie eine alte Mail doch noch brauchen, finden Sie sie ganz schnell über die Google-Mail-Suchfunktion.

Inbox leeren

Wenn Sie Ihre E-Mails abarbeiten, sollten Sie nur ein Ziel haben: Die Inbox muss komplett leer werden, in den Eingangsordner gehören nur ungelesene Mails. Öffnen Sie jede Mail nur einmal, und entscheiden Sie sofort:

- löschen,
- weiterleiten,
- archivieren,
- reagieren.

Nutzen Sie Ihre Inbox nicht als Lager für Aufgaben und Termine – zu Hause würden Sie gelesene Briefe ja auch nicht einfach wieder zurück in den Briefkasten stecken. Verfrachten Sie stattdessen die Nachrichten, die eine Reaktion erfordern, in einen eigenen Unterordner. Auch Mails, die Sie beantwortet haben, müssen nicht in der Inbox bleiben, sondern können gelöscht oder archiviert werden. Es ist nicht nur eine riesige Arbeitserleichterung, sondern auch ein tolles Gefühl, wenn Ihr Mail-Account nicht mehr aus allen Nähten platzt.

Adressen aktualisieren

Damit die Kommunikation via Mail reibungslos klappt, sollten Sie alle häufig genutzten Adressen in Ihrem Mail-Adressbuch speichern. Ganz wichtig: Halten Sie Ihr virtuelles Adressbuch *up to date*! Aktualisieren Sie Adressdaten regelmäßig und löschen Sie veraltete Infos. So verhindern Sie, dass Ihre Mails ins Leere laufen.

simplify-Tipp für Exakt-Typen

Rückfragen, Terminabsprachen, Anhänge ausdrucken: Erledigen Sie Kleinigkeiten sofort. Halten Sie sich an die 3-Minuten-Regel, und investieren Sie pro Nachricht nicht mehr als drei Minuten. Was Sie in dieser Zeit nicht abarbeiten können, wird archiviert und bekommt einen Bearbeitungstermin.

simplify-Tipp!

Erleichtern Sie Ihren Mail-Partnern das Adress-Management. Benutzen Sie eine automatische Signatur mit allen wichtigen Kontaktdaten. Dann muss der Empfänger nicht lange Suchen, um auch telefonisch oder per Post mit Ihnen in Kontakt zu treten. Übrigens: Für Gewerbetreibende gibt es gesetzliche Anforderungen an den Inhalt von E-Mail-Signaturen, die unbedingt eingehalten werden müssen.

Baustein-Archiv anlegen

Zu einem cleveren, zeitsparenden E-Mail-Management gehört auch der Einsatz von Textbausteinen. Angebote, Absagen oder Einladungen zu Meetings: Wenn Sie immer wieder Mails mit ähnlichen Inhalten verschicken, dann sollten Sie sich ein Archiv mit Textbausteinen anlegen. Beim Einsatz der praktischen Texthelfer sollten Sie jedoch darauf achten, niemanden mit vorgefertigten Phrasen abzuspeisen. Ideal ist ein Mix aus einigen individuellen Passagen und Bausteinen.

simplify-Tipp!

Verlassen Sie sich bei brandeiligen und höchst wichtigen Nachrichten nicht auf E-Mails – es gibt keine Garantie, dass eine E-Mail sofort gelesen wird. Oft wird die Nachricht übersehen, die Lektüre vertagt oder die Botschaft als vermeintlicher Spam gelöscht. Greifen Sie in solchen Fällen lieber zum Telefon!

Mail-Funktionen nutzen

Wie kann man eingehende Mails farblich sortieren? Welche Tricks gibt es, um eine Verteilerliste aufzustellen? Was muss man tun, um Mails automatisch auf Rechtschreibfehler prüfen zu lassen? Obwohl wir alle Tag für Tag mit Mails arbeiten, haben die meisten nie richtig gelernt, die Funktionen ihres Mail-Programms voll zu nutzen. Dabei bieten die gängigen Mail-Programme viele praktische Funktionen, die einem den Umgang mit der elektronischen Post ganz einfach machen. Die meisten Extras sind allerdings gut in den Software-Menüs versteckt, sodass viele Funktionen ungenutzt im Verborgenen schlummern. Erobern Sie Ihr Mail-Programm! Je mehr Sie wissen, desto kleiner der E-Mail-Stress.

simplify-Tipp!

Lassen Sie sich von technikbegeisterten Kollegen, Freunden oder Ihren Kindern ein bisschen E-Mail-Nachhilfe geben, stöbern Sie im Internet nach E-Mail-Tipps oder besuchen Sie ein Seminar.

simplify your time im Internet

»Internet ist nur ein Hype.« Diese kolossale Fehleinschätzung unterlief Microsoft-Gründer Bill Gates im Jahr 1995. Inzwischen versorgt das WWW täglich etwa 2 Milliarden Menschen auf der ganzen Welt mit wichtigen Informationen und Zerstreuungen aller Art. Zielloses Herumsurfen, lustige Bilder bei Facebook oder diverse Nachrichten bei Twitter: Im Internet kann man immer neue Informationen entdecken. Das World Wide Web lässt seine User eintauchen und gibt sie nicht so schnell wieder frei.

Was ist die Alternative? Sich im Funkloch verkriechen? Weder Handy noch PC einschalten? Sicher, das verschafft einem ein bisschen Luft. Aber auf Dauer funktioniert das natürlich nicht. Was wirklich hilft ist, die Zeitverschwendung im Netz zu stoppen und das Internet effektiv zu nutzen.

Zeitverschwendung stoppen

Haben Sie schon einmal überlegt, wie viel Zeit Sie Tag für Tag im Internet verbringen? Den meisten ist gar nicht klar, dass da schnell ein paar Stunden zusammenkommen. Das Internet ist ein fesselnder Ort – doch wirklich produktiv ist man dort selten.

Zum Glück gibt es Programme wie TimeTracker oder MeeTimer, die uns helfen, sinnlose Surfaktionen zu vermeiden. Wie das geht? Die cleveren Statistikprogramme rechnen Ihnen genau vor, wie viel Zeit Sie im Web verschwenden. Eine Stoppuhr zeigt die tatsächliche Arbeitszeit und die vertrödelten Stunden an.

Sobald Sie Seiten besuchen, die nichts mit Ihrem Job zu tun haben, werden kleine Zeitverschwender-Warnhinweise eingeblendet. Versuchen Sie es: Wenn Sie schwarz auf weiß sehen, wie viel Zeit Sie im Netz vertrödeln, ist das die beste Motivation, um Ihr Surfverhalten zu ändern.

Schnelle Infos mit der WWW-Methode

Mit über einer Billion Websites ist das Internet die global größte und schnellste Wissensquelle. Tag für Tag kommen unzählige neue Infos hinzu. Bei dieser gigantischen Datenmenge ist es nicht leicht, den Überblick zu behalten. Kein Wunder, dass Internetrecherchen bei vielen ganz oben auf der Liste der Zeitverschwender stehen. Doch mit der *WWW-Methode* bekommen Sie schnelle Fakten aus dem Netz:

Websites suchen

Bevor Sie Ihre Recherche starten, sollten Sie zunächst einmal die Suchbegriffe eingrenzen. Meist ist es sinnvoll, mehrere Begriffe zu verknüpfen. Wie das funktioniert, erfahren Sie auf der jeweiligen Suchseite unter »Erweiterte Suche«, »Optionen« oder »Hilfe«. Wenn Sie auf der Fahndung nach einer bestimmten Textpassage sind, ist die »*Phrasensuche*« hilfreich. Dazu müssen Sie nur den entsprechenden Text in Anführungszeichen setzen, und schon finden Sie Buch- oder Plattentitel, Zitate, Liedtexte oder Ausschnitten aus Reden.

Moment mal! Die Deutschen verbringen mehr Zeit im Netz denn je. Die durchschnittliche Online-Zeit liegt bei etwa 13 Stunden pro Woche. Vor allem das mobile Internet boomt. Immer mehr Leute gehen via Handy, Smartphone oder Netbook online.

Nutzen Sie die Suchmaschinen richtig.
Also nicht nur googeln, yahooen oder bingen, sondern auch die vielfältigen Extra-Funktionen testen. Wenn Sie beispielsweise speziell nach Bildern, Karten oder aktuellen Infos Ausschau halten, können Sie Ihre Suche auf diese Bereiche beschränken und so viel Zeit sparen. Übrigens: Für fast alle Themen gibt es Spezialsuchmaschinen. Infos dazu finden Sie unter www.suchlexikon.de.

simplify-Tipp!

Bei einfachen Recherchen genügt es oft schon, den Suchbegriff als Internetadresse auszuprobieren: www.wetter.de, www.fussball.com oder www.seiwert.de.

Wecker stellen

Damit sich Ihre Internetrecherche nicht endlos in die Länge zieht, sollten Sie sich ein *klares Zeitlimit* für Ihren Besuch im Netz setzen: Stellen Sie einfach einen Wecker oder lassen Sie sich von Ihrem Handy daran erinnern, wann es Zeit ist, sich auszuloggen. Das hilft Ihnen, Ihre Ausflüge ins WWW pünktlich zu beenden.

Tappen Sie nicht in die *Link-Falle* und folgen jedem noch so kleinen Hinweis, sondern konzentrieren Sie sich auf Ihr Thema. Prüfen Sie, ob noch mehr Infos Sie wirklich weiterbringen. Oft schwirren uralte Texte und Zahlen durchs Internet, auf die man gut und gerne verzichten kann.

simplify-Tipp!

Wenn Sie sich kurz und bündig über die wichtigsten und neusten Nachrichten informieren möchten, sollten Sie es mit RSS-Feeds versuchen. Damit sind Sie ohne großen Aufwand auf dem Laufenden.

Wissen sichern

Sie haben gute Treffer gefunden? Wunderbar, dann sollten Sie Ihr neues Know-how sichern. Dazu müssen Sie nicht alles ausdrucken, im Gegenteil: Schieben sie der Papierflut einen Riegel vor und drucken Sie nur das Allerwichtigste! Legen Sie wichtige Infos auf Ihrer Festplatte ab, und archivieren Sie gute Quellen und Links in der Favoriten-Verwaltung Ihres Browsers. Dann können Sie bei der nächsten Recherche gezielt darauf zurückgreifen.

Trauen Sie nicht jeder Information, die Sie im Netz finden. Manche Sensationsmeldung ist nichts als eine gute alte Zeitungsente …

simplify-Strategien
gegen Techno-Stress

- Nutzen Sie keine elektronischen Tools für Ihr Zeitmanagement, wenn Sie kein echter Technik-Fan sind und sich von zu viel High Tech eher unter Druck gesetzt fühlen. Greifen Sie stattdessen auf Kalender, Notizblöcke und Zeitplaner in Papierform zurück. So können Sie ganz entspannt offline sein – ohne wichtige Aufgaben und Termine aus dem Blick zu verlieren.

- Gönnen Sie sich täglich eine »Informationspause«: Reservieren Sie Zeit ohne E-Mail, Internet und Handy. Schalten Sie ab – das geht auch im Büroalltag.

- Ordnen Sie alle eingehenden Informationen. Reagieren Sie nur, wenn es wirklich nötig ist. Und: Löschen Sie so viele Mails wie möglich.

- Mailbox, Anrufbeantworter und Co.: Weniger, aber besser – verringern Sie die Möglichkeiten, über die man Sie ständig erreichen kann.

- Arbeiten Sie mit Filtersystemen und sorgen Sie dafür, dass unwichtige Infos erst gar nicht bei Ihnen ankommen.

- Setzen Sie sich klare Zeitlimits für die Suche und Verarbeitung von Informationen.

- Denken Sie immer daran: Wer unbedingt auf jedem Verteiler stehen und an jeder Online-Diskussion teilnehmen will, dem fehlt die Zeit für sich selbst.

Die guten Seiten im Web

Internet und E-Mail gehören fest zum Alltag. Obwohl das Ganze uns manchmal ziemlich stresst, bringt es handfeste Vorteile. Eine Studie des Hightech-Verbands Bitkom vom März 2010 hat ergeben: 62 Prozent der Nutzer haben via Internet ihre Allgemeinbildung verbessert. Fast jeder Zweite hat im Netz etwas für seine berufliche Bildung getan oder neue Beziehungen für den Job geknüpft. Aber das Internet ist nicht nur eine einmalige Wissensquelle, sondern auch eine hervorragende Kontaktbörse. 9 Millionen Deutsche haben ihre Liebe im WWW gefunden. Internet und E-Mail haben also wirklich gute Seiten – man muss sie nur nutzen!

John F. Kennedy

>> Der Mensch ist immer noch der außergewöhnlichste Computer von allen. <<

Investieren Sie ruhig ein bisschen Zeit, um Ihre ganz persönlichen guten Seiten im Netz zu finden. Gehen Sie das Ganze systematisch an: Zu welchen Themen möchten Sie sich regelmäßig informieren? Recherchieren Sie dann, welches Angebot im Internet Ihnen hier am besten gefällt. Suchen Sie sich zum Beispiel *eine* Lieblingsnachrichtenseite, die Sie dann regelmäßig anklicken. Sehen Sie das Ganze so, als ob Sie eine Tageszeitung abonnieren würden. Dann würden Sie ja auch nur ein bestimmtes Blatt lesen und nicht ganze Vormittage im Kiosk verbringen, um mal kurz in alle Nachrichtenmagazine reinzublättern … Ob Börsennachrichten, Neuheiten rund um Ihren Job, Infos zu Ihrem Hobby oder richtig gute Zeitmanagementtipps: Entdecken Sie Ihre Netz-Favoriten und profitieren Sie von der einmaligen Informationsvielfalt des Internets.

›Was brauche ich wirklich?‹

Werfen Sie Ballast ab und schaffen Sie Platz für Neues!

simplify-Tool 5:
Ordnung schaffen

»Hilfe, ich müsste mal entrümpeln. Ich bin auf dem besten Weg zum Messie!« Sicher kennen Sie diesen Stoßseufzer, wenn es um Ordnung und Aufräumen geht.

Träumen Sie manchmal davon, leicht wie ein Schmetterling durch die Lüfte zu schweben? Wünschen Sie sich, schwerelos im Wind zu flattern und immer höher zu steigen? Dann sollten Sie sich erst mal vom Gerümpel des Alltags befreien. Denn wer zu viel mit sich herumschleppt, wird nie die wunderbare Leichtigkeit eines Schmetterlings erreichen. Egal, ob zu Hause oder im Büro: Der ganze angesammelte Kram ist wie ein Klotz am Bein.

> *simplify*-Überblick
> - **Zu viel ist zu viel!**
> - **Entrümpeln à la** *simplify*
> - **Ordnung fürs Zuhause, fürs Büro und fürs Ich**
> - **Nie mehr Aufräumen!**

Überfluss schafft Überdruss. Das Anhäufen von Dingen macht nicht glücklich, sondern belastet. *simplify your time* wird Ihnen helfen, sich von allerhand belastendem Gerümpel zu befreien. Denn: Weniger ist mehr – mehr Kreativität, mehr Glück und Lebensqualität.

Zu viel ist zu viel!

Egal, ob Sie gerade an Ihrem Schreibtisch sitzen oder es sich in Ihrer Lieblingsleseecke gemütlich gemacht haben, schauen Sie sich bitte einmal ein bisschen um: Was sehen Sie? Akten- und Papierberge, vollgestopfte Regale und Schränke, wilde Ablagen auf Fensterbrett und Fußboden oder kistenweise Krimskrams?

Fast jeder kennt das: Wohnung und Büro sind voll mit Kartons, Büchern, Pfandflaschen und Altpapier. In jeder Ecke stapelt sich etwas, die Schränke gehen nicht mehr zu. Eine absolute Notsituation – das Zeug muss weg! Die Statistik besagt, dass jeder von uns über 10.000 Gegenstände besitzt. Genetisch sind wir ganz klar auf die Rolle des Jägers und Sammler programmiert – kein Wunder, dass da bei vielen von uns das blanke Chaos herrscht. Doch das kostet eine Menge Energie, Nerven und vor allem viel Zeit. Zudem bedeutet Unordnung im Haus oder am Arbeitsplatz immer auch Unordnung im Kopf.

Nehmen Sie sich deshalb konsequent *Zeit zum Aufräumen*. Trennen Sie sich von dem ganzen Krempel. Wer Ballast abwirft, schafft Raum für Neues und gewinnt jede Menge frischen Schwung. Und das Beste: Mit wenig Aufwand kann man viel bewirken, schon das Ausmisten einer Schublade oder Handtasche setzt unglaubliche Energien frei. Wenn Sie die eine oder andere kleine Problemzone aus dem Weg geschafft haben, bekommen Sie ganz sicher Lust, auch echte Chaosecken anzupacken. In Sachen Ordnung und Entrümpeln gilt: Es ist egal, *wo* Sie anfangen – wichtig ist, *dass* Sie anfangen!

Entrümpeln à la *simplify*

Ordnung schaffen fällt vielen Menschen schwer. Aber mit der *simplify-www-Entrümpelungsstrategie* wird das Aufräumen zum Kinderspiel. Egal, ob Sie Ihren Schreibtisch auf Vordermann bringen oder den Keller entmüllen – räumen Sie alles komplett leer und verteilen Sie das Ganze auf drei W-Stapel:

1. **W**egwerfen
2. **W**eitergeben
3. **W**eiternutzen

1. Wegwerfen

Dieser Stapel sollte bei jeder Aufräumaktion im Mittelpunkt stehen. Hier gilt: *Je größer, desto besser!* Wenn Sie sich schon die Mühe machen, aufzuräumen, dann sollten Sie so viel Ballast wie möglich loswerden. Werfen Sie alles, was kaputt, hoffnungslos veraltet oder hässlich ist, rigoros weg. Werden Sie dabei nicht sentimental – auch die Kaffeetasse von Tante Hilde dürfen Sie bedenkenlos entsorgen, wenn Sie sie scheußlich finden.

simplify-Tipp für Manager-Typen

Altes und Unnützes wegzuwerfen, ist für Sie kein Problem. Doch nicht alles auf Ihrem Wegwerfstapel gehört in den Müll! Zeitschriften- und Aktenberge kommen ins Altpapier. Abgelaufene Medikamente werden zurück in die Apotheke gebracht, Elektro- und Elektronikschrott wird in der entsprechenden Sammelstelle abgegeben. So schaffen Sie nicht nur Ordnung, sondern tun auch noch etwas für den Umweltschutz.

2. Weitergeben

Der Videorekorder hat damals viel Geld gekostet. Der kleine Tisch ist wirklich noch gut in Schuss. Die Bluse ist fast nagelneu – sie ist nur ein bisschen zu eng. Sicher, manche Dinge sind zum Wegwerfen wirklich zu schade. Aber genau deshalb gibt es den *Weitergeben-Stapel*. Auf diesem Stapel landet alles, mit dem Sie anderen noch eine Freude machen können. Vielleicht haben Sie ja Spaß daran, Ihre guten alten Stücke bei eBay, auf dem Flohmarkt oder im Second-Hand-Laden zu Geld zu machen? Oder wollen Sie Entrümpeln und dabei sogar noch etwas Gutes tun? Über Ihre aussortierten Kleidungsstücke freut sich die Altkleidersammlung, für Spielsachen und Bastelutensilien sind Kinderheime, Horte oder Kitas dankbar, und auch Möbel können noch gebraucht werden – beispielsweise von Sozialkaufhäusern.

simplify-Tipp!

Das ist doppelt sinnvoll: Ordnung schaffen für einen guten Zweck! »Oxfam macht Überflüssiges flüssig!« – unter diesem Motto verkauft Oxfam Sachspenden zugunsten von Entwicklungshilfeprojekten.
Mehr unter: www.oxfam.de.
Wenn Sie den guten Zweck selbst bestimmen möchten, sind Sie bei SocialBay richtig. Hier werden Sachspenden über eBay versteigert – die Erlöse gehen an eine gemeinnützige Einrichtung Ihrer Wahl.
Mehr unter: www.sozial-ag.de.

3. Weiternutzen

Auf diesen Stapel kommt alles, was Sie behalten wollen. Hier sollten Sie wirklich wählerisch sein: Bewahren Sie nur Dinge auf, die Sie wirklich brauchen oder die Ihnen lieb und teuer sind. Sortieren Sie alle Gegenstände, die Sie in den letzten zwölf Monaten nicht benutzt haben, konsequent aus. Und denken Sie daran: Der Weiternutzen-Stapel ist nicht dazu gedacht, dass Sie Ihr Chaos nur umschichten. Es bringt nichts, ausrangierte und überflüssige Dinge einfach in einen anderen Raum, in eine andere Schublade oder in den Keller zu verfrachten. Es geht darum, Ballast wirklich abzuwerfen und Raum für Neues zu schaffen.

simplify-Tipp!

Was muss weg? Was kann bleiben? Die folgenden drei Fragen machen Ihnen das Entrümpeln ganz einfach:

– Brauche ich das wirklich? Nein – weg damit!
– Erleichtert es mir die Arbeit? Nein – weg damit!
+ Macht mich das glücklich? Ja – dann bleibt es!

Ordnung fürs Zuhause

Mit den *drei W-Stapeln* bekommen Sie Ihr Chaos schnell in den Griff. Trotzdem haben viele oft Anlaufschwierigkeiten, wenn es darum geht, ihr Zuhause von unnötigem Gerümpel zu befreien. Aber mit den folgenden *simplify*-Methoden macht das Aufräumen sogar Spaß:

Aufräumdetektiv werden

Bevor Sie Ihre Aufräumaktion starten, sollten Sie sich erst einmal einen Überblick verschaffen. Werden Sie Aufräumdetektiv: Tun Sie so, als ob Sie zum ersten Mal durch Ihre Wohnung gehen. Nehmen Sie alles genau unter die Lupe und schreiben Sie auf, wo die Unordnung am größten ist: in der Küche? Im Bad? Arbeiten Sie Ihre Liste dann nach und nach ab.

simplify-Tipp für Turbo-Typen

Wenn schon Aufräumen, dann schnell und gründlich?! Übertreiben Sie es nicht. Sonst schaffen Sie keine Ordnung, sondern noch mehr Chaos. Stellen Sie nicht gleich die ganze Wohnung auf den Kopf. Beginnen Sie mit einer nicht allzu großen Gerümpelecke. Freuen Sie sich über erste Aufräumerfolge, und machen Sie dann systematisch und in kleinen Schritten weiter.

Mit der Mount-Vernon-Methode durchstarten

Wenn Sie Probleme haben, Ihre Entrümplungsaktion zu starten, machen Sie es wie die Putzkolonnen der *Mount-Vernon-Gedenkstätte* für George Washington: Beginnen Sie mit einer Stelle oder einem Zimmer – wenn Sie trotz des Chaos um Sie herum erst einmal einen Bereich sehen, der ordentlich ist, dann gibt Ihnen das Schwung zum Weitermachen. Nehmen Sie sich dann eine weitere Ecke, einen weiteren Raum vor, solange, bis Sie nacheinander alle Räume erledigt haben. Danach fangen Sie wieder von vorn an.

Natürlich müssen Sie sich nicht in einer Hauruck-Aktion gleich alle Räume vornehmen. Wenn Sie mit einem Zimmer fertig sind, dann können Sie ruhig eine Pause einlegen. Warten Sie aber nicht allzu lange mit dem Weitermachen. Und: Schießen Sie unbedingt Vorher-Nachher-Fotos. Das hebt die Laune und gibt Aufräum-Motivation pur.

Freunde einladen

Gemeinsam geht alles besser – das gilt ganz besonders fürs Entrümpeln. Bitten Sie Partner oder Freunde um Unterstützung. Mit etwas Aufmunterung fällt es Ihnen garantiert leichter, sich von alten Schulheften, ausgelesenen Romanen und Co. zu verabschieden. Und wenn der Kleiderschrank dran ist, dann machen Sie es wie Carrie Bradshaw aus *Sex and the City*: Laden Sie Ihre Freunde ein, veranstalten Sie eine Modenschau und entscheiden Sie dann gemeinsam, welche Klamotten wieder in den Schrank dürfen, welche Bluse vielleicht einer Freundin viel besser steht als Ihnen und welche Stücke vom Laufsteg direkt in den Altkleidercontainer wandern.

Nimm-2-Prinzip testen

Wenn Sie sich nur schwer von Ihren Sachen trennen können, dann testen Sie das Nimm-2-Prinzip. Ob Vasen, Kochutensilien oder Schreibtischaccessoires: Wenn Sie bestimmte Gegenstände gleich in mehrfacher Ausführung besitzen, dann behalten Sie nur die zwei schönsten und besten Exemplare. Freuen Sie sich über die beiden Highlights – und rangieren Sie den Rest gnadenlos aus.

Lieblingsmusik aufdrehen

Flotte Musik ist ein echter Aufräumturbo. Also: Lieblingssong auflegen, Lautstärke aufdrehen und dann ganz beschwingt loslegen. Tanzen und Mitsingen ist natürlich erlaubt – das steigert den Gute-Laune-Faktor!

Fusselmonster jagen

Wenn Sie Kinder haben, dann sollten Sie Ihr Aufräumprojekt spielerisch angehen. Machen Sie sich gemeinsam auf die Jagd nach Fusselmonstern und

Fleckenkobolden. Parken Sie die Spielzeugautos auf der Fensterbank, oder legen Sie die Puppen zum Schlafen in den Stubenwagen.

Gehirn austricksen

Nach dem Entrümpeln auch noch putzen? Das wäre sinnvoll, macht aber nicht unbedingt Spaß! Tricksen Sie deshalb Ihr Gehirn aus, und bringen Sie etwas Pep in den Putzeimer. Mit bunten Schwämmen und duftenden Reinigungsmitteln fällt das Saubermachen gleich viel leichter.

Belohnung genießen

Wenn alles von Ihrem Weiternutzen-Stapel sauber und ordentlich verstaut ist, haben Sie sich eine kleine Belohnung verdient. Wie wäre es mit einer schönen Wohnzeitschrift, einer Extraportion Schokolade, einem Kinobesuch oder einer neuen CD?

simplify-Tipp für Ideen-Typen

Entdecken Sie, wie wohltuend Ordnung sein kann. Richten Sie in jedem Raum Ihres Zuhauses ein »Min Tang« (chinesisch für Teich) ein: Schaffen Sie eine Art Tabuzone, die konsequent leer bleibt. Eine freie Fensterbank, ein ungenutzter Stuhl oder ein unbesetztes Regalbrett: Ihr »Min Tang« erinnert Sie daran, sich vom Gerümpel des Alltags nicht die Luft abschnüren zu lassen.

Ordnung fürs Büro

Der Kollege sammelt verklebte Kaffeetassen und benutztes Geschirr auf seinem Schreibtisch. Im Vertrieb erinnern etliche leere

Wasserflaschen und ein kaputter Ven-
tilator an den letzten heißen Sommer. Und im Sekretariat türmen
sich wacklige Papierstapel vor
einem verstaubten Ficus, der
schon vor Wochen sein letztes
Blatt abgeworfen hat. Sicher,
Ordnung im Büro ist auch Ge-
schmackssache, und nicht jeder
fühlt sich an einem klinisch rei-
nen Schreibtisch wohl. Doch wenn
sich Schmutz und Chaos immer weiter ausbreiten, dann ist es höchste Zeit,
seinen Schreibtisch zu entrümpeln.

Moment mal!

Eine Befragung
von 100 Topmanagern
aus 16 Ländern liefert den Be-
weis: Ein aufgeräumter Schreibtisch erhöht die Karrierechancen.
70 Prozent der Manager gaben an,
dass sie Mitarbeiter mit einem ordentlichen Arbeitsplatz schneller
befördern. Also räumen
Sie auf!

Vom Wühltisch zum Schreibtisch

Berge von Kopien, Briefen, Rech-
nungen, Notizen, Kleinzeug und
Krimskrams: Wie viel Zeit verbringen Sie mit dem Suchen
von irgendwelchen Unterlagen und Arbeitsutensilien? Echte Büro-
chaoten verlieren durch ihre Suchaktionen eine volle Stunde – Tag
für Tag. Das muss nicht sein! Denn es ist gar nicht schwer, seinen
Schreibtisch auf Vordermann zu bringen.

In drei Schritten bekommen Sie alles wunderbar in den Griff:

1. Räumen Sie ab!
Machen Sie Ihren Schreibtisch komplett leer. Tragen Sie sämtliche
Stapel ab und arbeiten Sie sich systematisch bis zur Tischplatte vor.

2. Stapeln Sie!
Verteilen Sie alles, was Sie von Ihrem Schreibtisch geräumt haben,
auf die bewährten drei W-Stapel: *Wegwerfen, weitergeben, weiternut-
zen.* Befördern Sie möglichst viel auf Ihren Wegwerf-Stapel.

231

3. Schaffen Sie Ordnung!

Verwandeln Sie Ihren Chaosschreibtisch in einen gut organisierten Arbeitsplatz:

- Telefon, Notizblock, Stift: Auf den Schreibtisch kommen nur Utensilien, die Sie tagtäglich benötigen. Der Rest wird in Schubladen, Regalen oder Aktenschränken verstaut.
- Wilde Papierstapel haben auf Ihrem Schreibtisch nichts verloren. Hier sollten nur die Unterlagen des Projekts, an dem Sie gerade arbeiten, liegen. Das hilft Ihnen, sich voll und ganz auf eine Aufgabe zu konzentrieren.
- Machen Sie Schluss mit dem Post-it-Chaos auf Monitor und Telefon. Tragen Sie Ihre Ideen in einem Notizbuch zusammen – dann hat die unansehnliche Zettelwirtschaft ein Ende.
- Rücken Sie dem Kabelsalat zu Leibe. Steigen Sie auf wireless um oder zähmen Sie das Wirrwarr mit Klettband und speziellen Kabelschläuchen.
- Nicht alles muss ausgedruckt und abgeheftet werden; nutzen Sie Ihren PC, um Dokumente abzuspeichern und wiederzufinden. Denn mit praktischen Helfern wie Google Desktop lässt sich auch ohne kompliziertes Ablagesystem alles ganz schnell finden.
- Übergeben Sie Werbepost, uninteressante Infos oder überflüssige Kopien sofort dem Papierkorb!
- Legen Sie gelesene Post nicht wahllos aufeinander. Bilden Sie drei Stapel: Ablage, Weiterleiten, Bearbeiten.
- Bringen Sie Farbe in Ihre Ordner- oder Ablagesysteme. Bringen Sie zum Beispiel alles, was mit Zahlen und Finanzen zu tun hat, in blauen Klarsichthüllen, Ordnern oder Hängeregistraturen unter. So sehen Sie schon auf den ersten Blick, wo was drin ist.
- Natürlich dürfen auch persönliche Gegenstände auf Ihrem Schreibtisch nicht fehlen. Bikinifotos oder Plüschtiere wirken allerdings unprofessionell auf Kollegen, Besucher und Chefs.
- Verlassen Sie Ihren Schreibtisch jeden Abend ein bisschen ordentlicher, als er morgens war. So schaffen Sie Ordnung – ganz einfach und schnell.

simplify-Tipp!

Entrümpeln Sie nicht nur Ihren Schreibtisch, sondern auch Ihren Computer! Entmüllen Sie Ihre Festplatte. Speichern Sie ältere Daten und Sicherheitskopien auf einer externen Festplatte. Machen Sie Ihren PC mit einer umfangreichen »Defragmentierung« flott. Dieses Programm verwandelt Ihren chaotischen Daten-Flickenteppich in ein echtes Ordnungswunder. Das Programm für Ihre digitale Entrümpelungsaktion finden Sie unter: Zubehör / Systemprogramme / Defragmentierung.

Ordnung fürs Ich

Endlich den Kleiderschrank ausmisten, das Chaos auf dem Schreibtisch beseitigen, das ganze Gerümpel auf dem Dachboden loswerden … Natürlich ist es wunderbar, sich von überflüssigen Dingen zu trennen. Doch das genügt nicht! *Wer wirklich Ballast abwerfen will, muss sein ganzes Leben entrümpeln.*

Entrümpeln Sie Ihre Gewohnheiten

Nichts ist so vertraut wie alte Gewohnheiten. Neue Erfahrungen sind wichtig, damit wir uns weiterentwickeln können. Überlegen Sie einmal, welche Gewohnheiten sich in Ihr Leben eingeschlichen haben. Macht es wirklich Sinn, jeden Abend vor dem Fernseher zu sitzen? Haben Sie noch Spaß am immergleichen Wochenendprogramm? Nein?! Dann sollten Sie unbedingt für frischen Wind und Abwechslung sorgen.

simplify-Tipp für Exakt-Typen

Gewohnheiten und Routinen geben Ihnen Halt und Sicherheit. Trotzdem: Werfen Sie einen Monat lang jede Woche mindestens drei langweilige Gewohnheiten über Bord – das ist ein wichtiger Schritt zum Glück!

Entrümpeln Sie Ihren Tagesplan

Ein übervoller Tagesplan bringt Terminstress und mindert unsere Leistungsfähigkeit. Unerledigtes spukt uns die ganze Zeit durch den Kopf und wird mehr und mehr zur Belastung. Planen Sie daher Ihren Tag sorgfältig und achten Sie darauf, dass unwichtige oder überflüssige Aufgaben erst gar nicht auf Ihre To-Do-Liste kommen!

Walter Hilsbecher
» Zeiten der Ordnung sind die Atempausen des Chaos. «

Entrümpeln Sie Ihre Kindheit

Puppen, Rennbahn und Co. sind schöne Kindheitserinnerungen. Doch wenn sie in Massen gehortet werden, blockieren sie den Blick

für die Zukunft. Viele Menschen heben Dinge aus der Kindheit auf, weil sie ihnen Sicherheit vor den Unwägbarkeiten des Lebens geben sollen. Überwinden Sie Ihre Ängste und *verabschieden Sie sich von der Vergangenheit.*

simplify-Tipp für Ideen-Typen

Was Ihre Erinnerungen angeht, sind Sie ein bisschen sentimental. Am liebsten würden Sie alles aufbewahren. Wenn Sie aber nur die allerwichtigsten Andenken aufheben, werden Ihre Erinnerungen noch schöner und wertvoller.

Nie mehr Aufräumen!

Kennen Sie das Geheimnis ordentlicher Räume? Ganz einfach: *Jedes Ding hat seinen Platz.* Egal, ob Dosenöffner, Hausschlüssel oder Büroutensilien – für alles gibt es den passenden Aufbewahrungsort. Nach Gebrauch kommt jeder Gegenstand sofort an seinen Platz zurück! So hat die Unordnung erst gar keine Chance, langes Suchen und große Aufräumaktionen sind völlig überflüssig. Wenn Sie sich also entschieden haben, was Sie behalten möchten, dann geben Sie allen Dingen eine feste Heimat. Gehen Sie dabei möglichst *systematisch* vor.

Beim Kochen, Bügeln oder auch an Ihrem Schreibtisch gilt – verbannen Sie alle selten benutzten Gegenstände aus Ihrer unmittelbaren Umgebung. Halten Sie sich an die *Reichweiten-Regel:* Nur das, was Sie immer wieder benutzen, bleibt in Ihrer Nähe. Ganz wichtig: Machen Sie sich frei davon, wo Sie die Dinge bislang aufbewahrt haben. Manches kommt sicher an seinen Stammplatz zurück, manches ist aber woanders viel besser aufgehoben. *Alles sollte genau da aufbewahrt werden, wo es gebraucht wird.*

Frank Christoph Borgers, Trainer für Arbeitsorganisation
>> Mit den Papierbergen auf dem Schreibtisch verhält es sich wie mit den Sandsäcken eines Heißluftballons. Die Sandsäcke halten den Korb am Boden, und erst, wenn man diese über Bord wirft, gewinnt er an Höhe und Beweglichkeit. <<

simplify-Tipp!

Ordnen Sie Ihr Hab und Gut in Themengruppen: Sorgen Sie dafür, dass alle Unterlagen für die Erstellung der monatlichen Statistik einen gemeinsamen Ablagekorb in Ihrem Büro bekommen, oder lagern Sie in der Küche alles zusammen, was Sie fürs Frühstück benötigen.

Wissen, was drin ist

Moment mal!

Insgesamt wird in schlecht organisierten Büros ein Drittel der Arbeitszeit verplempert. An 70 von rund 220 Arbeitstagen im Jahr beschäftigen sich die Angestellten mit völlig sinnlosen Dingen – ein echter Alptraum für alle Personalchefs!

Wie oft haben Sie schon Unterlagen im Ordner »Sonstiges« oder in der Hängeregistratur »Privates« gesucht? Auch eine Dose in einem Regal, deren Inhalt nur auf dem Deckel steht, ist sinnlos. Besonders schlimm sind Behälter mit falscher Aufschrift, wie etwa eine Kaffeedose in der Küche, von der nur Insider wissen, dass sie in Wirklichkeit Tee enthält. Das beste Ordnungssystem bringt nichts, wenn die richtige Beschriftung fehlt. Beschriften Sie also immer gut sichtbar, lesbar, richtig und möglichst eindeutig.

Das 30-Sekunden-Prinzip

Dieses Prinzip hilft Ihnen, ganz schnell für Ordnung zu sorgen: *Erledigen Sie kleine Handgriffe immer sofort.* Stapeln Sie gebrauchte Tassen und Teller nicht in der Spüle, sondern räumen Sie das Ganze sofort in den Geschirrspüler. Werfen Sie Ihre Jacke nicht über den Stuhl, sondern hängen Sie sie beim Nachhausekommen an den Kleiderständer. Machen Sie Schranktüren gleich wieder zu. Erledigen Sie alles, was nicht länger als 30 Sekunden dauert, sofort – so wird Ordnung zum Kinderspiel.

Ballast abwerfen und Lebensfreude gewinnen

Ordnung ist der Schlüssel zur effektiven Nutzung unserer Zeit. Sie hilft uns, unnötigen Ballast abzuwerfen und gut aufgeräumt durchzustarten. Wenn Sie es geschafft haben, klar Schiff zu machen, dann sollten Sie dafür sorgen, dass der Schlendrian nicht gleich wieder Einzug hält. Vereinbaren Sie mit Familienmitgliedern oder Kollegen klare Ordnungsregeln: keine Klamotten auf dem Boden, keine Schuhe außerhalb des Schuhschranks, der Platz neben dem Fax bleibt immer frei, leere Kartons werden sofort entsorgt.

Verlockungen und Verführungen lauern überall, und ruckzuck ist alles wieder so, wie es vor Ihrer Entrümplungsaktion war. Wenn der Ballastteufel an die Tür klopft, sollten Sie ihm ganz energisch den Zutritt verweigern: *Bevor Sie sich etwas Neues anschaffen, schicken Sie erst etwas Altes in den Ruhestand.* Üben Sie sich hin und wieder in Verzicht! Trennen Sie sich von unnötigem Ballast und profitieren Sie von der Kraft des Einfachen.

simplify-Tipp!

Lassen Sie nicht zu, dass Ihr Zuhause oder der Schreibtisch nach Ihrer Aufräumaktion gleich wieder vermüllen. Spielen Sie einmal pro Woche *simplify*-Sackhüpfen: Nehmen Sie einen großen Müllbeutel, gehen Sie durch Ihre Wohnung oder Ihr Büro und packen Sie mindestens zehn überflüssige Dinge in den Sack. Und dann – nichts wie weg damit!

Weniger, aber besser:
Das *simplify*-Prinzip

simplify-Kapitelüberblick

Einfach in Balance: So dreht sich mein Lebensrad	**247**
Einfach visionär: Das ist mein Lebenstraum	**261**
Einfach zum Ziel: Jetzt werden Wünsche wahr	**273**
Einfach gut: Weniger, aber besser!	**289**

Mahatma Gandhi

>> Die Welt hat genug für jedermanns Bedürfnisse, aber nicht für jedermanns Gier. <<

Weniger, aber besser

Brechen Sie auf in ein neues Leben – ein Leben, das von Tag zu Tag etwas leichter und einfacher wird. Entdecken Sie Ihre Ziele aus der *simplify*-Perspektive!

Nur mit Zahnbürste und Kreditkarte in einem Ballon davonfliegen und alles zurücklassen, richtig viel Zeit zu haben, spontan genießen, was kommt – klingt wunderbar, oder? Aber wollen Sie sich tatsächlich einfach so davonmachen, weil Sie dem wachsenden Berg von Verpflichtungen und Terminen entkommen möchten? Verständlich, doch deshalb müssen Sie nicht gleich Reißaus nehmen. Es geht auch anders.

Sie haben die Mythen von Temporausch, Multitasking und Co. durchschaut. Sie haben erkannt, welcher TIME-Typ Sie sind und können Ihre Stärken im Umgang mit der Zeit jetzt gezielt nutzen. Sie wissen, wie Sie sich durch das Setzen von Prioritäten, durch effektives Planen und Delegieren persönliche Freiräume verschaffen. Und Ihnen ist klar geworden, dass Ordnung die Grundvoraussetzung ist, um mehr Leichtigkeit in Ihr Leben zu bringen.

Auf der letzten Etappe unserer spannenden *simplify your time*-Reise werden Sie nun Antworten auf Ihre ganz persönlichen Fragen erhalten: *Was ist mir wirklich wichtig? Was will ich zukünftig anders machen?* Also, lassen Sie uns gemeinsam aufbrechen!

: **241**

Die Reise zum Wesentlichen

High Hoper – so heißen in den USA Menschen, die mit großer Hoffnung durchs Leben gehen. Doch anders, als man vielleicht aus dem Namen schließen könnte, vertrauen sie nicht einfach auf ihr Glück und warten ansonsten ab. Im Gegenteil: High Hoper nehmen ihr Leben und ihren Erfolg selbst in die Hand. Sie mobilisieren ihre Energie, ihre Stärken und jede Menge Kreativität, um ihre Ziele zu erreichen. Veränderungen und mögliche Rückschläge gehen sie mit einer großen Portion Optimismus und Selbstvertrauen an.

Werden auch Sie zum High Hoper, und leben Sie Ihr Leben ab heute selbstbestimmt. Steigen Sie ein in den *simplify*-Ballon und werfen Sie, losgelöst von allen Ängsten, einen Blick auf Ihr Leben. Denn Ihre individuellen Bedürfnisse, Ihre Hoffnungen und Träume sind der Maßstab für Ihre Lebensqualität. Vielleicht müssen Sie Vertrautes loslassen, um andere Wege zu beschreiten, vielleicht müssen Sie etwas völlig Neues wagen. Was auch immer: Warten Sie nicht ab, bis das Glück Sie findet, sondern steuern Sie ihm beherzt entgegen. Bestimmen Sie das Ziel und den Kurs Ihrer Lebensreise!

Antoine de Saint-Exupéry
» Jedes starke Bild wird Wirklichkeit. «

Bedürfnisse ermitteln

Wie lebe ich? Den Alltag ehrlich zu bewerten, ist der erste wichtige Schritt, um ihn positiv zu verändern. Die notwendigen Erkenntnisse hierzu gibt Ihnen Ihr *simplify*-Lebensrad.

Finden Sie heraus, wo es rund läuft, und wo es vielleicht eine

Unwucht hat. Nehmen Sie sich Zeit, um Ihre individuellen Bedürfnisse aufzuspüren. Machen Sie sich noch keine Gedanken, wie Sie Änderungen umsetzen wollen – Kompromisse können Sie später schließen. Zunächst geht es um die Analyse, und die sollte nicht durch allzu kritische Überlegungen im Vorfeld gestört werden.

Wünsche und Träume aufspüren

Mein Haus, mein Boot, mein Pferd? Oder lieber mehr Zeit für die Familie, einen kleinen Buchladen, eine längere Auszeit? Jeder hat unzählige Wünsche – große und kleine, realistische und unrealistische. Doch welche sind es wert, erfüllt zu werden? »Finde heraus, wofür du brennst«, heißt eine Erfolgsregel in Sachen Selbstmotivation. Genau das sollten Sie später auch für Ihre Lebensvision tun. Denn welche Art von Veränderungen Sie tatsächlich angehen möchten, hängt davon ab, was Ihnen besonders wichtig ist. Klar hat Wunscherfüllung ihren Preis: Um mehr Zeit mit der Familie zu verbringen, müssen Sie vielleicht bei der Karriere Abstriche machen, und der Wunsch vom Traumhaus lässt sich meist nicht ohne Schulden verwirklichen.

Oft können aber auch einfachste Veränderungen eine Menge bewirken. Vieles lässt sich schon durch Umorganisieren erreichen: Wenn beispielsweise Prioritäten und Zeitplanung stimmen, erscheint ein stressiger Tag auf einmal viel luftiger. Wenn es nicht das eigene Haus sein kann, bringt vielleicht ein Umzug in eine größere Wohnung oder in einen anderen Stadtteil mehr Lebensqualität.

Peter Bamm
>> Fleiß für die falschen Ziele ist noch schädlicher als Faulheit für die richtigen.<<

: 243

Ziele setzen

»Wir sollten uns um die Zukunft sorgen, denn wir werden den Rest unseres Lebens dort verbringen«, lautet eine wunderbare Feststellung des amerikanischen Erfinders und Philosophen Charles Kettering. Und was die Zukunft uns letztlich bringt, liegt ganz wesentlich an uns selbst. Sehen Sie dies als interessante Chance, die Dinge zu verwirklichen, die Ihnen schon lange am Herzen liegen. Aber: Starten Sie nicht mit halbherzigen »guten Vorsätzen«, sondern mit ganz konkreten Zielen. Schaffen Sie einen zuverlässigen Rahmen, damit Ihre Work-Life-Balance, Ihre Wünsche und Träume kein Stückwerk werden. Erstellen Sie einen langfristigen Umsetzungsplan.

Denn *Zielplanung* ist die Kunst, Wunsch und Realität in Einklang zu bringen und den besten Weg zum angestrebten Ergebnis aufzuzeigen. Schon allein die Entscheidung *für* ein bestimmtes Ziel motiviert und setzt jede Menge Energie frei. Dabei ist es wenig sinnvoll, alles auf einmal in Angriff zu nehmen – besser, Sie gehen schrittweise vor, teilen Ihre Kräfte sinnvoll ein und arbeiten mit klugen Kompromissen.

Epiktet
➤➤ Wem genug zu wenig ist, dem ist nichts genug. ◀◀

Ballast abwerfen

Macht weniger wirklich glücklicher? Eindeutig ja! Denn es geht nicht darum, etwas zu opfern, sich in Schönem zu beschränken oder sich nichts zu gönnen. Es geht um Verzicht, der mit einer qualitativen Verbesserung verbunden ist. *Weniger, aber besser!* bedeutet, intensiver zu leben:

- Wer weniger Aufgaben übernimmt, kann sich den wichtigen Dingen widmen.
- Wer weniger Pläne macht, führt sie besser durch.
- Wer weniger Kontakte pflegt, schätzt diese umso mehr.
- Wer weniger Dinge besitzt, bhandelt alles sorgfältiger.

Wer sein Leben von überflüssigem Ballast befreit, schafft Raum fürs Wesentliche: für Familie und Freunde, für echten Erfolg, für Freude an Kleinigkeiten, für neue Erlebnisse und Muße.

Loslassen bedeutet aber auch, mit dem zufrieden zu sein, was gut genug ist. Wer immer nur das Beste sucht, kann seine ganze Zeit darauf verschwenden, ohne es zu finden. Und währenddessen geht die Energie für das, was wirklich wichtig ist, verloren. Klar ist: Wer sich für *Weniger, aber besser!* entscheidet, betritt zunächst Niemandsland. Das Alte ist weg, das Neue noch nicht spürbar. Um diese Phase der Verunsicherung zu überstehen, sollten Sie sich vorstellen, was Sie mit der gewonnenen Zeit machen möchten. Setzen Sie sich motivierende Ziele, dann können Sie sich darauf freuen, dass etwas Schöneres und Besseres kommt!

Nehmen Sie sich Zeit!

»Mal eben schnell« herauszufinden, wie es um die eigene Work-Life-Balance bestellt ist, funktioniert nicht. Auch wer seinen Wünschen und Träumen auf die Spur kommen möchte, sollte sich dafür ausreichend Zeit nehmen. Der größte Fehler, den Sie bei Ihrer persönlichen *simplify your time*-Reise machen können ist, sich zu beeilen. Steigen Sie langsam ein – und auf. Nicht immer ist der schnellste Weg zum Ziel auch der beste. Lassen Sie sich Zeit, und genießen Sie auf Ihrer Ballonfahrt alles, was Ihnen gut tut. Denn hier liegt – ganz *simplify* – der Unterschied zwischen Quantität und Qualität.

»Bei wem läuft im Leben schon alles rund? Da kann man nichts machen.«

Stimmt nicht! Es liegt an uns, das zu ändern.

Einfach in Balance:
So dreht sich mein Lebensrad

Läuft Ihr Lebensrad rund? Oder eiert es ein bisschen, dreht gar öfter durch? Dann ist es höchste Zeit für eine gründliche Inspektion …

B – L – N – C: Ich kaufe ein A, ein E und löse auf – BALANCE. Kommt Ihnen das irgendwie bekannt vor? Richtig: das Glücksrad! Vor über 20 Jahren zog die kultige Rate-Show in SAT.1 täglich zahlreiche Zuschauer vor die Mattscheibe. Das Prinzip war genial einfach: Man drehte schwungvoll an einem großen Rad mit verschiedenen Geldbeträgen und nannte einen Konsonanten, bei dem man vermutete, dass er in dem gesuchten Begriff vorkommt. Fehlende Vokale konnte man dazukaufen. Das Ergebnis: jede Menge Spaß und schöne Gewinne.

Auch unser Lebensrad dreht sich häufig auf gut Glück – allerdings ist es nicht immer ein Glücksrad. Vielmehr entpuppt es sich als Hamsterrad, das uns in einer Fülle von Aufgaben und Terminen

---

simplify-Überblick

- **Glücks- oder Hamsterrad?**
- **Gut leben statt viel haben!**
- **Jede Menge Gutes …**
- **Radwechsel gefällig?**

rotieren lässt. Oft schlägt es massiv in eine Richtung aus. Und was uns im Leben fehlt, können wir selten mit Geld ausgleichen.

Glücks- oder Hamsterrad?

Spitzenleistungen im Beruf, ein harmonisches Familienleben, zuverlässige Freunde, ausreichend Zeit für Erholung und Freude an dem, was man tut: Klingt wunderbar. Leider klappt das im Alltag selten. Im Gegenteil – die Familie muss für den Job zurückstecken. Freundschaften verlieren sich im Dickicht von Zeitnot und Verpflichtungen. Das geliebte Rennrad verstaubt ungenutzt im Keller. Verschnaufpause für Körper und Geist, Glück und Zufriedenheit? Fehlanzeige!

Läuft und läuft und läuft: Wohl jeder kennt diesen Slogan des kultigen VW Käfer. Auch unser Lebensrad dreht und dreht und dreht sich. Wir ziehen unseren Alltag durch – komme, was wolle. Wir funktionieren – schließlich haben wir ja keine andere Wahl. Wirklich? Falsch! Tatsächlich hat jeder von uns eine Menge Möglichkeiten, sein Leben so zu gestalten, dass es ihn rundum zufrieden macht.

Gut leben statt viel haben!

Sicher wissen Sie längst, worum es geht – um Ihre *Work-Life-Balance*. Und die ist eine sehr persönliche Sache. Denn niemand kann Ihnen sagen, wie Sie Ihr Leben am besten gestalten. Da hilft nur eins: Betrachten Sie Ihren Alltag öfter mal aus der Ballonperspektive und werden Sie sich über Ihre Lebenssituation klar. Die nebenstehende Auflistung gibt Ihnen eine erste Orientierung.

Gut erkannt: *simplify*-Check

Notieren Sie sieben Dinge, die Sie gerne tun.

___

Wie häufig finden Sie Zeit, diese Dinge zu tun?

___

Listen Sie sieben Dinge auf, die Sie gut können.

___

Wie oft können Sie diese Stärken einsetzen?

___

Notieren Sie fünf Dinge, die Sie in Ihrem Leben gerne ändern würden.

___

Wie können Sie diese Veränderungen erreichen?

___

Worauf legen Sie in Ihrem Leben besonderen Wert?

___

Wie leben Sie diese Werte in Ihrem Alltag?

___

Was will ich wirklich? Was gibt mir Kraft? *Was treibt mich an?* Wo können Sie ansetzen, um sich selbst gerecht zu werden? Das verrät Ihnen Ihr *simplify*-Lebensrad.

Genuss nach Wahl!

Mögen Sie Kuchen? Wunderbar! Dann stellen Sie sich bitte eine Platte mit acht unterschiedlichen Tortenstücken vor: Schwarzwälderkirsch, Sahneschnittchen, Bienenstich, Apfeltarte … Tischen Sie auf, was immer Ihnen Appetit macht. Jede Köstlichkeit steht für einen wichtigen Bereich in Ihrem Leben, beispielsweise:

1. Beruf, Karriere
2. Partnerschaft, Familie, Freunde
3. Gesundheit, Fitness, Erholung
4. Kreativität, Lebensfreude
5. Finanzen, Sicherheit, Wohnsituation
6. Sinn, Werte, Spiritualität
7. Persönliche Entwicklung, soziales Engagement, Hobbys
8. Wünsche, Visionen.

Ideal ist es, wenn Sie die Bereiche selbst benennen, denn Ihr Leben soll ja *Ihren* individuellen Bedürfnissen gerecht werden. Werfen Sie dazu einfach einen Blick auf Ihren *simplify-Check*. Alles klar? Dann legen Sie los.

Ganz persönlich: Mein simplify-Lebensrad

Zeichnen Sie einen großen Kreis und unterteilen Sie ihn in acht Teile. Ordnen Sie jedem Segment einen Lebensbereich zu. Natürlich können Sie auch Bilder Ihrer Lieblingstorten aufkleben – Hauptsache, Sie wissen, wofür etwas steht.

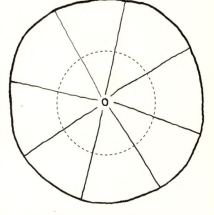

Bewerten Sie jedes Segment: Schätzen Sie ganz spontan, wie viel Lebenszufriedenheit und Lebensqualität Sie in jedem Bereich haben. Malen Sie die einzelnen Teile entsprechend aus.

100 Prozent bedeutet: Wunderbar, hier stimmt alles! *30 Prozent* signalisiert: Hier leidet meine Lebensqualität, da muss etwas passieren. Die gestrichelte Linie markiert in etwa *50 Prozent*. So können Sie auf einen Blick erkennen, ob Ihr Lebensrad auf Ideallinie läuft oder in welchen Bereichen es möglicherweise ausschlägt und eiert.

Richtungsweisend: Der Qualitätscheck

Hamsterrad oder Glücksrad – in welche Richtung läuft Ihr Leben? Weil alle Lebensbereiche ein gemeinsames Ganzes bilden, sollten Sie auch Ihr komplettes Lebensrad unter die Lupe nehmen – egal, welchen Engpass Sie später zunächst angehen möchten.

Das ist ...

- Welcher Bereich ist gefühlt am weitesten von 100 Prozent entfernt?

- Welcher Bereich nimmt im Moment Ihre meiste Zeit und Energie in Anspruch?

- Welcher Bereich schenkt Ihnen Zufriedenheit und Lebensfreude?

- Wie zufrieden sind Sie insgesamt mit der Verteilung?

Das sollte ...

- Welcher Bereich sollte zukünftig mehr Raum in Ihrem Leben einnehmen?

- Erste Ideen, was Sie in diesem Bereich erreichen möchten:

- Erste Schritte, wie Sie die Ideen umsetzen können:

Was passt oder fehlt? Wovon ist vielleicht zu viel da? Denken Sie daran: Ihr Lebensrad dreht sich niemals rückwärts. Wenn Sie immer nur »Ach, hätt' ich damals doch ...« sagen, versperren Sie sich den Blick für neue Perspektiven.

simplify-Tipp!

Kaum ein Sport regt den Körper so an wie Radfahren im Gelände. Mal muss man sich aufs Fahren konzentrieren, mal kann man die Gegend mit allen Sinnen genießen. Und durch die Bewegung bauen Sie automatisch Stresshormone ab. Nutzen Sie dieses ganz besondere Glücksrad im Alltag, wann immer es Ihnen möglich ist.

Jede Menge Gutes …

Nur Vorsätze zu haben, bringt Sie aber noch nicht weiter. Das Einzige, was hilft, ist anzufangen. Sie müssen nicht gleich Ihr ganzes Leben umkrempeln; auch kleine Schritte bewirken schon sehr viel – Hauptsache, Sie sind konsequent. Hier ein paar Anregungen:

Selbstfürsorge für mehr Balance

Nur wer gut für sich selbst sorgt, kann in Balance leben. Kümmern Sie sich daher um Ihr persönliches Wohlergehen.

- Nehmen Sie sich regelmäßig Zeit, um bewusst zu entspannen. Vielleicht haben Sie Lust, eine spezielle Meditationstechnik zu erlernen?
- Belohnen Sie sich mit einem frühen Feierabend, wenn Sie ein wichtiges Projekt erfolgreich abgeschlossen haben.
- Pflegen Sie kleine Rituale, die Ihnen gut tun – der besondere Milchkaffee zum Frühstück, ein motivierender Sinnspruch zu Wochenbeginn …

simplify-Tipp für Manager-Typen

Selbst wenn Ihnen Ihr Job noch so viel Spaß macht: Müßiggang ist nicht aller Laster Anfang, im Gegenteil. Unser Gehirn braucht den Leerlauf um den ganzen Informationsmüll zu entsorgen, der sich Tag für Tag dort ansammelt. Achten Sie darauf, dass nicht jeder Augenblick Ihres Tages mit etwas Produktivem gefüllt ist. Bauen Sie immer wieder Ruhezeiten in Ihren Tagesablauf ein: Es kann wunderbar entspannend sein, fünf Minuten am Fenster zu stehen und den Blick in die Ferne schweifen zu lassen.

Optimismus für mehr Balance

Optimismus? Sie wissen schon, das ist die Sache mit dem halb vollen oder dem halb leeren Glas …

- Reden Sie sich gut zu, wenn etwas nicht so läuft wie geplant.
- Konzentrieren Sie sich am Ende des Tages auf die Dinge, die gut gelungen sind, auf das, was schön war.
- Versuchen Sie, das Leben mit einer Portion Humor zu nehmen. Lernen Sie, auch über sich selbst zu lachen.

Grenzen setzen für mehr Balance

Egal, ob im Job oder Privatleben – muten Sie sich nicht zu viel zu!

- Sagen Sie Nein, wenn Ihnen etwas zu viel wird, oder delegieren Sie Aufgaben.
- Denken Sie an das »Glück der Unerreichbarkeit«: Lassen Sie sich von Blackberry und Co. nicht vereinnahmen.
- Blocken Sie private Termine in Ihrem Kalender und halten Sie diese genauso gewissenhaft ein wie geschäftliche Verpflichtungen.

simplify-Tipp für Exakt-Typen

So schwer es Ihnen auch fällt, Sie sollten akzeptieren, dass Sie nicht alles unter Kontrolle haben können. Das Leben ist nun mal nicht berechenbar. Trainieren Sie das »Laisser-faire« zunächst bei alltäglichen Dingen: Erstellen Sie eine kleine Liste mit Dingen, die Sie zukünftig nicht mehr so perfekt erledigen wollen. Überlegen Sie auch, welche Menschen Ihnen viel Energie rauben, ohne dass Sie je etwas dafür zurückbekommen, und ziehen Sie die notwendigen Konsequenzen.

Elke Heidenreich
» Man lebt nicht, um eine aufgeräumte Wohnung zu hinterlassen. «

Aktiver Ausgleich für mehr Balance

Wer nur funktioniert, lebt gegen seine Bedürfnisse. Die Folgen sind Frust und Erschöpfung.

- Achten Sie darauf, dass Ihnen neben Job und Familie noch Zeit für ein Hobby bleibt, das Ihnen wirklich Freude macht.
- Pflegen Sie Ihre sozialen Kontakte. Unternehmen Sie regelmäßig etwas mit Freunden.
- Vermeiden Sie Freizeitstress. Gestalten Sie Ihre Freizeit so, dass Erholung und Lebensqualität nicht zu kurz kommen.

simplify-Tipp für Turbo-Typen

Sie brauchen Action wie die Luft zum Atmen? Aber ab und zu sind auch Sie sicher reif für die Insel. Entscheiden Sie sich doch einmal fürs Aussteigen auf Zeit – für Stille, Natur und für Verzicht, beispielsweise aufs Auto. Am besten an einem Ort, wo nur Kutschen oder Fahrräder als Transportmittel erlaubt sind. Entdecken Sie, wie wohltuend es sein kann, sich ganz gemächlich fortzubewegen. Oder entfliehen Sie der Hektik des Alltags hinter dicken Mauern: Wie wäre es mit einer Fasten- und Schweigewoche im Kloster?

Körperlich fit für mehr Balance

Regelmäßige Befindlichkeitsstörungen sind Warnsignale. Kümmern Sie sich besser um Ihre Gesundheit, *bevor* Ihr Körper nicht mehr mitspielt.

- Achten Sie auf eine ausgewogene Ernährung und genügend Schlaf.
- Nehmen Sie sich ausreichend Zeit, um Ihr Essen zu genießen. Wie wäre es mit einem wöchentlichen Genuss-Dinner im Familien- oder Freundeskreis?
- Sorgen Sie für Bewegung im Alltag: Treppe statt Aufzug, Brötchen holen per Fahrrad statt mit dem Auto.

  Dalai Lama
  ≫ Ich denke, dass der Sinn des Lebens darin besteht, glücklich zu sein. ≪

Glückstraining für mehr Balance

Glücksgefühle geben Energie, bauen Stress ab und bereichern unseren Alltag. Und das Beste: Glück ist keine Glücksache – Sie können es lernen!

- Tun Sie so, als ob Sie glücklich wären – schon ein Lächeln ändert Ihre Stimmung, egal, ob es echt ist oder nicht.
- Versuchen Sie möglichst oft, jedes gesprochene »ich muss« durch ein »ich darf« zu ersetzen – so fühlen sich alltägliche Aufgaben gleich viel freundlicher an!
- Nutzen Sie Sofort-Glücklichmacher: Rufen Sie Ihre beste Freundin, Ihren engsten Freund an. Denn Studien australischer Wissenschaftler belegen: Reden ist der Schlüssel zum Glück. Zudem sind Glück und Beziehungen eng miteinander verbunden.

Moment mal! Obwohl die Anforderungen spürbar gestiegen und die zu bewältigenden Aufgaben komplexer geworden sind, investiert jede fünfte Führungskraft weit weniger Zeit in Work-Life-Balance-Maßnahmen als früher. Das belegt eine Studie vom Herbst 2009.

simplify-Tipp für Ideen-Typen

Der US-Psychologe Thomas Brinthaupt hat nachgewiesen, dass Selbstgespräche helfen, die eigene Leistungsfähigkeit zu steigern, Ablenkungen oder Störgeräusche auszublenden und Probleme effektiver zu lösen. Zudem sind sie ein wunderbares Ventil, um den Kopf freizubekommen und Dampf abzulassen. Wenn also das kreative Chaos wieder einmal überhand nimmt: Treten Sie in einen Dialog mit Ihrem Ich. Aber Vorsicht! Wenn Sie in einem Großraumbüro arbeiten, sollten Sie sich für Ihr Selbstgespräch einen diskreten Ort suchen.

Radwechsel gefällig?

Wer im Leben alles auf eine Karte setzt, ist selten zufrieden. Vorausschauende Work-Life-Balancierer achten darauf, *Work* und *Life* harmonisch miteinander zu verbinden. Sie wissen: Stabile Speichen sind wichtig, um ein Lebensrad auf Kurs zu halten. Denn wenn es in einem Bereich mal nicht so glatt läuft, tragen die anderen Bereiche einen weiter. So verkraftet man Stress am Arbeitsplatz einfach besser, wenn das Privatleben Rückhalt bietet. Anderseits ist kaum jemand lange beruflich leistungsfähig, wenn es privat nicht stimmt. Halten Sie immer wieder inne und fragen Sie sich, was in Ihrem Leben wirklich zählt. Nehmen Sie Ihre Bedürfnisse ernst, und achten Sie auf die Signale Ihres Körpers.

simplify-Strategien
für mehr Work-Life-Balance

Die ausgewogene Balance zwischen Ihrem Engagement für Job, Familie, Freunde und dem, was Ihnen selbst gut tut, ist der Schlüssel zu mehr Lebenszufriedenheit. Wenn Sie die folgenden Punkte beachten, sind Sie auf dem richtigen Weg:

- Hören Sie auf Ihre Bedürfnisse, und tun Sie ab sofort mehr für sich.
- Berücksichtigen Sie bei Ihrer Zeitplanung die eigenen Interessen, und hinterfragen Sie Ihre Ziele.
- Entrümpeln Sie Ihren Alltag, und trennen Sie sich von unnötigen Belastungen.
- Gestehen Sie sich zu, dass Sie es nicht allen recht machen müssen, und schaffen Sie Freiräume für sich selbst.
- Lassen Sie die Dinge einfach mal laufen, und achten Sie darauf, konsequent zwischen Wichtigem und Unwichtigem zu trennen.

»Ein schönes Leben erträumen? Ist das nicht weltfremd?«

Im Gegenteil – Lebensträume entstehen ganz nah an unseren Bedürfnissen.

Einfach visionär: Das ist mein Lebenstraum

Sie wollen Ihr Leben leben, genauso wie Sie es sich erträumen? Dann tun Sie es. Sie haben alle Möglichkeiten, Sie müssen diese nur nutzen.

Tausendmal probiert, tausendmal ist nix passiert – nein, nicht, was Sie jetzt vielleicht denken: Hier geht es einzig und allein um Ihre Wünsche und Träume. *Träume* haben wir alle. Meist sind sie irgendwo im Hinterkopf geparkt. Hin und wieder, wenn wir uns eine kleine Atempause vom stressigen Alltag gönnen, packen wir unsere fiktiven Umzugskartons oder Koffer und los geht's: Wir sehen uns im romantischen Häuschen an der schroffen Küste des Atlantiks, als stolze Betreiberin einer exquisiten Suppenküche mit Kochbuchladen oder auf dem Jakobsweg, um endlich unsere Mitte zu finden.

Und dann? Ja, dann wachen wir auf und denken: »Vielleicht irgendwann mal« und widmen uns wieder unseren alltäglichen Aufgaben und Verpflichtungen. Denn Träume sind ja nur Schäume … Aber

---

simplify-Überblick

- **Zeit zum Träumen**
- **Der Wunsch-Check**
- **Film ab!**
- **»Yes, I can!«**

das stimmt nicht – Träume sind Gelegenheiten, die an unsere Tür klopfen! Und es ist unsere Sache, diese Tür zu öffnen. Wie das gelingt, erfahren Sie nun.

Zeit zum Träumen

Los geht es – aber womit? Sie träumen davon, anders zu leben, aber Sie wissen nicht so recht, wo und wie Sie ansetzen sollen. Auf den Märchenprinzen oder eine Zauberfee hoffen? Das muss nicht sein. Denn es gibt bessere und wirkungsvollere Methoden, mit denen Sie Ihren Wünschen ein gutes Stück näher kommen können!

Mario Pricken, Kreativitätsexperte
》 Öffne die Augen, um zu träumen – und schließe sie, um zu sehen.《

Journal in eigener Sache

Lieben Sie *Schokolade zum Frühstück*? Nicht die kleinen süßen Trostspender, sondern den Bestseller von Helen Fielding. Seit deren Romanheldin Bridget Jones, eine Frau zwischen zwei Männern, mit zu vielen Zigaretten und leicht überhöhtem Alkoholkonsum, ihre Alltagsabenteuer einem *Tagebuch* anvertraut hat, boomt diese Form der Kommunikation mit sich selbst. Männer, Frauen, schwärmerische Teenager und gestandene Vertreter der 50plus-Generation haben

entdeckt, wie gut es ihnen tut, sich alles von der Seele zu schreiben. Tagebuchschreiben macht den Kopf frei. Und es ist eine gute Ausgangsbasis, um Ihr Leben nach Ihren Wünschen erfolgreich umzugestalten.

simplify-Tipp für Ideen-Typen

Ein Journal in eigener Sache ist für kreative Menschen geradezu ideal. Wenn Sie also ein Ideenfinder sind: Lassen Sie Ihrer Fantasie freien Lauf – schreiben Sie, malen Sie, kleben Sie Bilder ein. All das macht sichtbar, was in Ihnen vorgeht und hilft, den großen und wichtigen Träumen auf die Spur zu kommen.

Das *simplify*-Tagebuch

Wie fange ich an? Als Erstes sollten Sie sich ein Notizbuch kaufen, das Ihnen supergut gefällt. Schließlich geht es um nichts Geringeres als Ihren Lebenstraum – da spielen Optik und Qualität schon eine Rolle.

Was notiere ich? Ereignisse, Gedanken, Gefühle, Konflikte, Wünsche – einfach alles, was für Sie wichtig ist. Sie müssen ja keine Romane verfassen, Stichworte oder eine kurze Anmerkung reichen vollkommen. Ideal ist es, wenn Sie regelmäßig eine Seite für Ihre Luftschlösser reservieren, auf der Sie Ihrer Fantasie freien Lauf lassen. Malen Sie Ihr Traumhaus, beschreiben Sie Ihre große Wunschreise oder Ihren Wunschjob. Schwelgen Sie einfach drauf los, Kosten und Machbarkeit spielen keine Rolle.

Wann schreibe ich? Egal, ob morgens oder abends – Hauptsache, Sie führen regelmäßig Buch. Denn nur so können Sie nach einiger Zeit feststellen, was Sie in Ihrem Alltag besonders beschäftigt. Und das sind die Hinweise, denen Sie nachgehen sollten.

Interessen erkunden

Spielen Sie doch einmal Detektiv: Bewaffnen Sie sich mit Block und Stift, und nehmen Sie Ihr Zuhause mit Auge und Herz wahr. Zeige mir, wie du wohnst, und ich sage dir, wer du bist: Sie werden erstaunt sein, wie viel die Dinge, mit denen Sie sich umgeben, über Sie verraten.

Betrachten Sie Ihre Möbel, riskieren Sie einen Blick in Schubladen und Schränke, achten Sie auf Bilder, Pflanzen und Dekoration. Welche Farben dominieren? Wie sieht es aus in Sachen Ordnung? Inspizieren Sie auch Ihre Garage. So ein Rundgang durchs eigene Zuhause bringt Ihre Vorlieben, Gewohnheiten und Stärken ans Licht. Aber er zeigt auch mögliche Schwächen und Dinge, die Ihnen unnötig Zeit und Energie rauben.

Übrigens: Wenn Sie das Gefühl haben, das jetzt schon alles stimmig ist, gibt es nur eins, das Sie tun sollten: möglichst viel Zeit in Ihrem Wohlfühlheim verbringen!

simplify-Tipp für Turbo-Typen

Wunschsuche auf die Schnelle – das ist etwas für den Turbo-Typ. Familie, Job, Geld, Gesundheit, Zufriedenheit, Freunde: Wenn Sie daran denken, wie Sie Ihr Leben gerne gestalten möchten, in welcher Reihenfolge erscheinen diese Begriffe? Die ersten drei geben bei Ihrem Lebenstraum höchstwahrscheinlich den Ton an. Deshalb unbedingt notieren und an eine Stelle kleben, die Sie im Blick haben.

simplify-Besichtigungsanalyse

Nehmen Sie sich etwas Zeit, um die Notizen Ihrer Besichtigungstour auszuwerten.

Fühlen Sie sich wohl in Ihrem Zuhause?
_____

Finden Sie die Erholung, die Sie brauchen?
_____

Welche Dinge mögen Sie besonders?
_____

Was stört Sie?
_____

Wo würden Sie lieber wohnen?
_____

Beschreiben Sie detailliert das Zuhause, das am besten zu Ihnen passt.
_____

Wer sollte dort mit Ihnen leben?
_____

Wie sieht Ihr perfekter Tag in Ihrem Traumdomizil aus?
_____

Praktisches Wünsche-Brainstorming

Sie haben weder Lust, Tagebuch zu führen noch die Wohnung zu inspizieren? Kein Problem, dann wünschen Sie einfach drauf los. Vielleicht lassen Sie sich dabei von Ihrer Lebensrad-Analyse leiten. Holen Sie sich einen Stapel Karteikärtchen, und notieren Sie ganz spontan, was Sie sich für Ihre Zukunft wünschen:

- Den stressigen Job schmeißen.
- Mit Freunden auf einem Hausboot die Loire entlangschippern.
- Zehn Kilo abnehmen bis zum Vierzigsten.
- Ein edles Kochmesser mit handgearbeiteter Damaszener Klinge.
- Mehr Zeit mit der Familie verbringen.
- Ein Käfer-Cabriolet.
- Am Stadtmarathon teilnehmen.
- Ein Kräuterbeet anlegen.
- Die original amerikanische Terrassenschaukel.
- _____
- _____
- _____

simplify-Tipp für Exakt-Typen

Exakt-Typen und Fantasie? Kein Problem! Sammeln Sie alles, was Sie in Hinblick auf Ihren Lebenstraum inspiriert, in einer schönen Kiste – Fotos, Zeitungsausschnitte, Postkarten. Nehmen Sie sich immer mal wieder Zeit, um in Ihren Schätzen zu stöbern. So eine Traum-Box ist wie ein greifbares Wunschgedächtnis. Sie erinnert an schöne Ereignisse und lässt unterschwellige Emotionen wie Glück, Erfolg und Freude hochkommen. Und sie bestärkt Sie in der Vorstellung, dass das Leben mehr für Sie bereithält als Aufgaben und Verpflichtungen.

Nach Ihrem *Wünsche-Brainstorming* sollten Sie auf der Rückseite der Wunschkärtchen vermerken, warum Sie diesen speziellen Wunsch haben. Denn das »Warum« kann entscheidend dafür sein, wie glücklich Sie sind, wenn Ihr Wunsch wahr wird.

simplify-Tipp!

Eine wunderbare Inspiration in Sachen Träume und Ballonfahrt ist der französische Kinderfilmklassiker *Le voyage en ballon – Die Reise im Ballon*. Er erzählt die Geschichte eines kleinen Jungen und dessen Großvater, der sich mit der Fahrt in einem selbst gebauten Lenkballon einen Kindheitstraum erfüllt. Weil der Kleine gerne mitfliegen möchte, hält er sich beim Start einfach am Korb des Ballons fest und schwebt mit davon. So beginnt eine abenteuerliche Reise über traumhafte Landschaften, Strände und Städte. Genau das Richtige, um triste Tage etwas aufzuheitern!

Der Wunsch-Check

»Ich glaub, ich bin im falschen Film.« Kommt Ihnen dieser Spruch auch ab und an über die Lippen, wenn etwas so gar nicht Ihren Erwartungen entspricht? Damit Ihnen das bei Ihren Wünschen nicht passiert, gilt: Unbedingt auf Herz und Nieren prüfen! Die wichtigste Frage lautet: Bringt mir die Erfüllung dieses Wunsches wirklich das erhoffte Glück?

Die Chancen stehen gut, wenn es sich um einen Herzenswunsch handelt. Etwas am Job ändern, gemeinsame Unternehmungen mit Freunden, gärtnern für die Sinne: Das sind Wünsche, die etwas mit Ihnen persönlich zu tun haben, mit dem, was Sie lieben, was Ihnen liegt. Hier sollten Sie am Ball bleiben.

Anders sieht es bei den Wünschen aus, die vielleicht nur Trend sind oder Ihnen von anderen eingeredet wurden, nach dem Motto: »Das ist genau das Richtige für dich.« Was für Sie richtig ist, wissen nur Sie. Und nur davon sollten Sie sich leiten lassen. Sich für den Stadtmarathon quälen, nur weil die Kollegen das auch machen? Das bringt Ihnen nur wenig Freude. Klar kann auch das teure Damaszenermesser glücklich machen – wenn Sie aber nur die Fertigpizza damit aufschneiden, hält das Glück meist nicht lange vor. Für diese Art von Wünschen sollten Sie keine Zeit und Energie verschwenden.

Versteckt sich hinter dem Messer-Wunsch jedoch Ihre Leidenschaft fürs Kochen und der Traum von der kleinen Suppenküche, dann sieht die Sache natürlich ganz anders aus.

Drei *simplify*-Schritte zum Herzenswunsch

Schritt 1: Herausfinden, was Sie wirklich möchten.

Schritt 2: Überprüfen, was die Wunscherfüllung Ihnen langfristig bringt.

Schritt 3: Verzichten, wenn die Wunscherfüllung Ihnen nur im Augenblick reizvoll erscheint.

Film ab!

Ein athletischer Mann mit Badehose und Bademütze in Startposition – Sie denken an eine Schwimmbadszene? Dieser »Schwimmer« allerdings steht inmitten der seit Jahren verlassenen Beelitz-Lungenheilstätten in Berlin, und das Ganze ist ein genialer Fernsehspot. Mit seiner preisgekrönten Kampagne *Du kannst es Dir vorstellen, also kannst Du es auch bauen* möchte eine große Baumarktgruppe Menschen anregen, eigene Träume und Ideen zu verwirklichen.

Versuchen Sie doch einmal, einen Spot für Ihren persönlichen Lebenstraum zu schreiben, Titel *2015 – Das ist mein Leben!* Entwerfen Sie Ihr Visionen-Drehbuch und machen Sie sich ein Bild davon, wie ein glückliches und erfolgreiches Leben für Sie aussehen soll.

- Welchen Beruf werden Sie ausüben?
- Welches Lebensmotto wird für Sie gelten?
- Was hat Priorität in Ihrem Leben?
- Wo und wie werden Sie leben?

Wenn Ihr Zukunftsfilm steht, sollten Sie ihn ins Kino bringen – in Ihr Kopfkino. Je öfter Sie ihn vor Ihrem inneren Auge abspielen, desto stärker verankert er sich in Ihrem Hirn. Und irgendwann hält Ihr Unterbewusstsein die Fantasie für real.

Erwarten Sie aber nicht, dass Ihnen auf Anhieb das perfekte Drehbuch gelingt. Eine Vision ist so lebendig wie das Leben selbst. Sie muss aktiv gestaltet, überdacht und hin und wieder auch korrigiert werden.

simplify-Tipp für Manager-Typen

»Erklären Sie es mir, als wäre ich zwei Jahre alt«. Dieser Satz ist das Markenzeichen von Anwalt Joe Miller im Film *Philadelphia* – und genau das Richtige für den Manager-Typ in Sachen Lebensvision: Formulieren Sie klar und ohne Umschweife, wohin Ihre Reise gehen soll. So fällt es Ihnen wesentlich leichter, sich auf Ihr großes Ziel zu konzentrieren.

»Yes, I can!«

Erst war da die Sehnsucht, ein lang gehegter Traum, dann ein Ziel, auf das man entschlossen hinsteuerte – klingt kitschig? Ach was! Wernher von Braun träumte davon, zum Mond zu fliegen, und wurde zum Vater der Raumfahrt. Paul Maar schmiss seinen Job als Kunstlehrer, um Geschichten zu schreiben – heute zählt der *Sams*-Erfinder zu den berühmtesten deutschsprachigen Kinderbuchautoren. Und der deutsche Maschinist Rolf Babiel verwirklichte Anfang der 1980er-Jahre seinen American Dream mit einem fahrenden Bratwurststand an der Fifth Avenue. Als Würstchenkönig von New York verdiente er Millionen. *Fazit:* Eine Vision kann man auf allen möglichen Gebieten verwirklichen. Und noch nie waren die Chancen, Gesundheit, Glück und finanzielle Sicherheit zu finden, so vielfältig wie heute.

Moment mal!

Familie, Freunde und ein eigenes Haus sind den meisten Deutschen wichtiger als Geld und Karriere. Das ergab eine TNS-Infratest-Studie von Anfang 2010: 85 Prozent der Befragten gaben an, dass ein glückliches Familienleben für sie zu den wichtigsten Lebenszielen gehört.

simplify-Tipp!

Symbole sind machtvoll. Das sollten Sie nutzen, um Ihrer Vision mehr Kraft zu verleihen. Sie träumen zum Beispiel von einem Häuschen am Meer? Bis es soweit ist, kann ein Bild Ihres Wunschhauses oder ein schöner Stein von Ihrem Traumstrand Sie jeden Tag motivierend daran erinnern.

»Der Weg zur Hölle ist mit guten Vorsätzen gepflastert«, sagt ein englisches Sprichwort. Damit Ihr Lebenstraum kein *Traum* bleibt, sollten Sie ihn in ein ganz konkretes *Ziel* verwandeln. Und was Sie tun müssen, um dieses Ziel zu erreichen, erfahren Sie nun.

>Wie können Wünsche wahr werden?<

Mit dem richtigen Ziel und viel Ausdauer!

Einfach zum Ziel: Jetzt werden Wünsche wahr

Wer nicht weiß, welchen Hafen er ansteuert, für den ist kein Wind der richtige, wusste schon Seneca. Denn: Ohne Ziele treiben wir einfach nur dahin.

Rachael Scdoris ist 20 Jahre alt, als sie am härtesten Hundeschlittenrennen der Welt teilnimmt. Es ist ihr großer Lebenstraum. Unglaubliche Hindernisse hat sie dafür überwinden müssen – denn die junge Frau ist blind! »Ich hatte mein Ziel immer vor Augen«, lautet ihre wunderbare Erklärung dafür, warum sie nie aufgegeben hat. Dieses Ziel gab ihr den Mut und die Motivation, die Hunde auszubilden, das Wettkampfkomitee zu überzeugen, ihr und ihrem »visuellen Dolmetscher« die Starterlaubnis zu erteilen und letztlich die lebensfeindliche Wildnis Alaskas zu bezwingen.

Wir alle wissen nicht, was wirklich in uns steckt, solange wir es nicht versuchen. Es sind unsere Ziele, die über Erfolg oder Misserfolg

---

simplify-Überblick

- Leben Sie los!
- Wo ist mein Ziel?
- Schritt für Schritt
- Konzentriert zum Ziel
- Wenn – dann: Aufschieben gilt nicht!
- Schöne Gefühle!

entscheiden. *Ziele wirken wie ein Autopilot*, der uns auch in schwierigen Situationen immer wieder auf Kurs bringt. Wer ein klares Ziel vor Augen hat, strauchelt zwar auch – aber er rappelt sich viel schneller wieder auf.

Leben Sie los!

Sie haben sich bereits jede Menge Gedanken über Ihr Leben gemacht. Sie haben Ihre Vision, Ihren großen Herzenswunsch formuliert. Jetzt ist es an der Zeit, dass Ihre Träume laufen lernen. Alles, was Sie dazu brauchen, ist Zeit, Entschlossenheit, vielleicht ein bisschen Mut – aber vor allem das richtige Ziel. Verwandeln Sie Ihre Träume in konkrete Ziele! Beginnen Sie zunächst mit diesen Fragen:

- Was will ich wirklich – wonach sehne ich mich?
- Wann will ich mein Ziel erreicht haben?
- Was brauche ich, um mich mit meinem Ziel wohlzufühlen?
- Was muss ich dafür tun?

Natürlich ist der Weg zum Ziel in den seltensten Fällen so gradlinig, dass Sie sofort darauf lossteuern können. Setzen Sie sich deshalb nicht unter Druck, sondern konzentrieren Sie sich auf das, was im Moment machbar ist. Nicht nur beim Sport gilt: Mit kleinen erreichbaren Zielen macht das Training viel mehr Spaß – schließlich kann man sich viel öfter über Etappenerfolge freuen!

Volksweisheit
>> Du kannst deine Träume nur verwirklichen, wenn du dich entschließt, daraus zu erwachen. «

Wo ist mein Ziel?

Sie lieben es, an einem schönen Sommertag spontan durch die Gegend zu cruisen, ohne festes Ziel, nur grob die Richtung anpeilen? Sehr gut, denn zielfreie Aktivitäten, in denen der Terminkalender pausiert und die Arbeit ausgeblendet wird, sind wichtig für Körper und Seele! Aber würden Sie auch eine wirklich große Reise antreten, ohne zu wissen, wohin es eigentlich geht? Wohl kaum – das Risiko wäre zu groß, irgendwo zu landen, wo Sie eigentlich gar nicht hinwollen. Viel wahrscheinlicher ist, dass Sie Ihre Route exakt festlegen, den Reisetermin bestimmen, das Hotel buchen.

Moment mal!

Studien mit Basketballteams belegen: Wer visualisiert, der gewinnt! Teams, die sich vorstellen, wie sie erfolgreich Körbe werfen, sind im Schnitt um über 20 Prozent treffsicherer.

Umso erstaunlicher ist es, dass höchstens drei Prozent der Menschen ihre wichtigen Ziele sorgfältig planen. Sie laufen einfach drauflos und verlieren sich in überflüssigen, aber zeitraubenden Aktionen. Oft geben sie dann irgendwann enttäuscht auf. Damit Ihnen das nicht passiert, sollten Sie in Sachen Ziele auf Nummer sicher gehen.

Ziel-*sicher*

Die Chancen, ein Ziel trotz aller Hindernisse zu erreichen, stehen gut, wenn die folgenden Kriterien erfüllt sind:

- Sie können sich das erreichte Ziel gut vorstellen.
- In Ihrem Ziel stecken Leidenschaft und Begeisterung.
- Um Ihr Ziel zu erreichen, können Sie Ihre Stärken und Talente einsetzen.
- Sie haben Menschen, die Sie auf dem Weg zum Ziel unterstützen.

Die 3-K-Methode

Egal, ob Sie gesünder essen, mehr Zeit mit der Familie verbringen oder im Job aufsteigen wollen: Wenn Sie wissen, was es in puncto Ziele zu beachten gilt, haben Sie den halben Erfolg schon in der Tasche:

Konkret: Formulieren Sie Ihre Ziele schriftlich und ganz konkret, je klarer, desto besser. Ansonsten bleibt alles nur ein vager Wunsch. Ganz wichtig: Schreiben Sie in der Gegenwart, und verwenden Sie nur positive Formulierungen.

Kontrolliert: Setzen Sie sich nur realistische Ziele – Ziele, die Sie auch tatsächlich verwirklichen können. Und: Legen Sie fest, wie Sie Fortschritte und die Zielerreichung kontrollieren können.

Konzentriert: Konzentrieren Sie sich auf das, was Sie tun wollen. Setzen Sie sich einen Termin, bis wann Sie was erreicht haben wollen.

simplify-Tipp für Manager-Typen

Insbesondere zupackende Ziel-Erreicher wie der Manager-Typ schätzen den Klassiker in Sachen Zielsetzung: die **SMART-Methode.**

- **S** wie spezifisch und ganz konkret,
- **M** wie messbar,
- **A** wie aktionsorientiert und affirmativ,
- **R** wie realistisch,
- **T** wie terminiert.

simplify-Formulierungshilfe

Wer seine Ziele gekonnt formuliert, der ist auf einem guten Weg. Hier das Wichtigste in Sachen Ziele auf einen Blick:

Immer positiv!

»Denken Sie nicht an einen weißen Elefanten!« Sie wissen, was passiert: Das Tier geht Ihnen nicht mehr aus dem Kopf. Denn unser Unterbewusstsein kann mit Formulierungen wie »nie« oder »kein« nichts anfangen und tut genau das Gegenteil von dem, was wir eigentlich wollen. Also: *Formulieren Sie Ihre Ziele positiv!*

Immer konkret!

»Ich habe meinen Traumjob gefunden!« Ich-Form und Gegenwart – solche Formulierungen liebt Ihr Unterbewusstsein. Vermeiden Sie vage Aussagen wie »Ich versuche …«, »Ich möchte gerne …« oder »Ich will …«, denn nur »Verbindlichkeiten« bringen Sie Ihrem Ziel wirklich näher. Also: *Formulieren Sie Ihre Ziele, als hätten Sie diese bereits erreicht!*

Immer detailliert!

Was macht einen tollen Mantel aus? Meist sind es viele Kleinigkeiten: Schnitt, Verarbeitung, Farbe, Knöpfe … Die Kunst liegt im Detail. Das gilt auch für die Beschreibung Ihrer Ziele. Also: *Formulieren Sie Ihre Ziele detailliert!*

Schritt für Schritt

Was muss ich in diesem Jahr, in den nächsten drei Monaten und heute tun, um mein Ziel zu erreichen? Hoch gesteckte Ziele erreicht man nicht von jetzt auf gleich. Hier sind vor allem zwei Dinge gefragt: ein solides Projektmanagement und Ausdauer.

Schritt 1: Erstellen Sie einen detaillierten Projektplan

Notieren Sie zunächst alle Maßnahmen, die erforderlich sind, um Ihr Ziel zu erreichen. Müssen Sie sich spezielle Kenntnisse aneignen oder einen Gesundheitscheck machen? Brauchen Sie Kontakte zu Leuten, die Sie noch nicht kennen? Es kann sehr demotivierend sein, wenn Sie auf dem Weg zum Ziel feststellen, dass Sie wichtige Details übersehen haben.

simplify-Tipp für Ideen-Typen

Gestalten Sie Ihr ganz persönliches Ziele-Poster. Kleben Sie Ihr wichtigstes Ziel als »Foto-Finish« auf ein großes Blatt. Notieren Sie die Etappenziele auf farbigen Post-its und pappen Sie diese darunter. Natürlich können Sie auch die einzelnen Zielschritte mit Bildern visualisieren. Hängen Sie Ihre Ziel-Collage an einen Platz, wo Sie oft hinschauen: So haben Sie Ihr Ziel immer vor Augen, und das motiviert Sie, weiter am Ball zu bleiben.

Schritt 2: Kalkulieren Sie Ihren Zeitbedarf

Ohne Zeitplan läuft in Sachen Zielerreichung überhaupt nichts. Der wichtigste Termin: Wann wollen Sie Ihr jeweiliges Ziel erreicht haben? Weil auch Rom bekanntlich nicht an einem Tag erbaut wurde, sollten Sie in kleinen Schritten beginnen.

Unterteilen Sie Ihre Ziele in Projekte und überschaubare Teilaufgaben mit einem festen Termin. Setzen Sie Prioritäten. Ganz wichtig: Konzentrieren Sie sich immer auf den nächsten Schritt, und kontrollieren Sie Ihre Ergebnisse. *Kleiner Tipp:* Oft ist es einfacher, wenn Sie mit Ihrer Planung hinten, also beim Zieltermin anfangen und dann alle Einzelschritte nach vorn hin festlegen.

Schritt 3: Kommunizieren Sie Ihre Ziele

»Wer zu viel über seine Pläne redet, hat keine Zeit, sie umzusetzen«, sagt man – aber so ganz stimmt das nicht. Vor allem, wenn Sie Unterstützer suchen, sollten Sie den Mund aufmachen. Außerdem setzen Sie sich selbst ein bisschen unter Handlungsdruck, wenn die anderen von Ihren Plänen wissen. Also: Reden Sie, fragen Sie, und feiern Sie Ihre Erfolge gemeinsam!

simplify-Tipp!

Untersuchungen belegen, dass es mit einem Freund an der Seite leichter ist, ein Ziel zu erreichen. Überlegen Sie, wer Sie unterstützen könnte. Zusammen Sport treiben, den Garten auf Vordermann bringen oder gemeinsam einen Fortbildungskurs besuchen: Veranstalten Sie Zieletreffen – das motiviert und macht Spaß!

Schritt 4: Bleiben Sie gelassen

Rückschläge und Fehler passieren, Hindernisse tauchen auf. Manchmal müssen wir Umwege machen, vielleicht sogar zurück auf »Start« gehen. Das passiert den Besten. Deshalb sollten auch Sie darauf vorbereitet sein und sich nicht davon abschrecken lassen.

simplify-Tipp für Exakt-Typen

Ehrgeizige Ziele machen uns oft Angst. Insbesondere Exakt-Typen neigen dazu, sich in den Problemen und Hindernissen, die einer Zielerreichung im Weg stehen könnten, zu verlieren. Schieben Sie Ihre Zweifel beiseite und wagen Sie den Anfang. Die Entscheidung, den ersten Schritt zu tun, mobilisiert positive Energie.

Evis Presley wurde nach seinem ersten Auftritt in der Grand Ole Opry in Nashville mit dem guten Rat gefeuert, er solle besser wieder LKW fahren. Joanne K. Rowling erntete mit dem ersten *Harry-Potter*-Band zunächst nur Absagen. Als Bloomsbury Publishing das Manuskript schließlich annahm, riet man ihr dringend sich einen Job zu suchen, denn vom Kinderbücherschreiben allein könne man nicht leben. Was zeigt Ihnen das? Richtig: Wenn Sie von Ihrem Ziel überzeugt sind, bleiben Sie dran!

simplify-Erfolgsleitfaden

Erfolg ist keine Sache des Glücks und meist auch kein Zufall. Ganz sicher aber hat Erfolg etwas mit den folgenden Punkten zu tun:

- Konzentrieren Sie sich auf Ihren Erfolg und lassen Sie nicht locker.
- Übernehmen Sie Verantwortung für das, was zu tun ist.
- Verlieren Sie Ihre Ziele nicht aus den Augen.
- Lassen Sie sich nicht entmutigen, auch wenn sich Hindernisse auftun.
- Seien Sie stolz auf das, was Sie erreicht haben. Feiern Sie Ihre Erfolge.

Konzentriert zum Ziel

Der kleine David besiegte den übermächtigen Riesen Goliath, mittelständische Unternehmen trotzen wirtschaftlichen Turbulenzen erfolgreicher als Großkonzerne, budgetschwache Fußballmannschaften spielen in der ersten Liga ganz vorn mit: Glück oder Zufall? Sicher nicht. Das Erfolgsgeheimnis heißt *Konzentration*. Systemforscher Wolfgang Mewes fand heraus: Erfolgreiche Menschen orientieren sich an einer ganz bestimmten Strategie, der *Engpass-Konzentrierten-Strategie* – kurz EKS®. Sie beruht auf vier einfachen Prinzipien, die jeder anwenden kann, egal, ob Turbo-, Ideen-, Manager- oder Exakt-Typ.

1. Konzentration und Spezialisierung
Die EKS® setzt voll und ganz auf Konzentration der Kräfte und auf Spezialisierung, denn nur das bringt Spitzenleistungen. Selbst erfolgreiche Mehrkämpfer haben eine Disziplin mit Einzelkämpferniveau, und in der können sie so richtig punkten.

2. Minimumprinzip
Kennen Sie den wirkungsvollsten Ansatz für eine erfolgreiche Zielfindung? Es ist immer ein Engpass. Finden Sie also heraus, wo in Ihrem Unternehmen oder bei Ihrem Lebensrad der größte Engpass liegt. Und: Entwickeln Sie Lösungswege.

3. Immateriell kommt vor materiell
Motivation, Know-how, Zufriedenheit – nach der EKS® sind immaterielle Werte mindestens genauso wichtig wie der materiell-finanzielle Erfolg. Und das Beste: Wenn man seine Ziele nach immateriellen Werten ausrichtet, kommt alles andere von selbst.

4. Nutzen vor Gewinnmaximierung
Natürlich ist es eine tolle Sache, Gewinne zu erzielen. Doch die EKS® stellt den Nutzen ganz klar über den Gewinn. Unternehmen sind nicht dazu da, Gewinne zu erzielen, sondern um die Probleme ihrer Kunden zu lösen. Und: Wer das tut, erzielt automatisch höhere Gewinne!

simplify-Tipp!

Weniger, aber besser! gilt auch in Sachen Ziele. Konzentrieren Sie sich auf wenige Vorhaben, dann werden Sie letztlich mehr erreichen. Ganz wichtig: Nicht erledigen ist auch eine Option! Canceln Sie Ziele, die Ihnen nichts mehr bedeuten. Denn unvollendete Aufgaben bleiben in unserem Unterbewusstsein hängen und blockieren uns. Sobald das Ziel verschwunden ist – ob erreicht oder gestrichen –, atmet unser Kopf auf.

Nehmen Sie sich Zeit

Manchmal ist die Zielgerade unendlich lang, deshalb gilt bei großen Zielen wie beim Langstreckensport: Die richtige Taktik ist entscheidend. Es hat keinen Sinn, seine ganze Energie schon zu Beginn aufzubrauchen. Erfolgreich ist, wer seine Kräfte gleichmäßig einsetzt. Klar muss man zwischendurch auch mal richtig Gas geben, aber das Ziel erreicht nur, wer klug mit seinen Kräften haushält.

simplify-Tipp für Turbo-Typen

Schnell, schnell, schnell: Gerade langfristige Ziele gehen oft in der Hektik des Alltags unter. Kleiner Trick: Stellen Sie jeden Monat ein Ziel in den Mittelpunkt. Der Januar könnte unter dem Motto »Weiterbildung« laufen, der Februar als Fitnessmonat und so weiter. Orientieren Sie sich hierbei an Ihrem Lebensrad. Sie werden überrascht sein, was Sie in vier Wochen erreichen können.

simplify-Ziele-Check auf einem Blick

Mit dieser kleinen Checkliste können Sie jedes Ihrer Ziele ganz einfach überprüfen.

Das ist mein Ziel!
Schreiben Sie Ihr Ziel auf.

Ich ...

Unter der Lupe!
Fragen Sie sich ganz ehrlich:

- Macht dieses Ziel mich langfristig glücklich? Weiß ich, warum ich es erreichen will?

- Habe ich mein Ziel konkret, positiv und in der Gegenwart formuliert?

- Ist mein Ziel realistisch, kann ich es tatsächlich verwirklichen?

- Auf welche Hindernisse sollte ich mich einstellen?

- Ist es motivierend?

- Ist mein Ziel mit einem festen Termin verbunden?

- Kann ich klar erkennen, ob ich Fortschritte mache und wann ich mein Ziel erreicht habe?

Meine nächsten Schritte:
Notieren Sie erste Maßnahmen, wie Sie Ihr Ziel umsetzen wollen.

Gönnen Sie sich regelmäßig zielfreie Auszeiten. Tun Sie in diesen Zeiten ganz spontan, wozu Sie Lust haben, und freuen Sie sich über das bereits Erreichte. Denken Sie immer daran: Nicht nur das Ziel ist wichtig, auch der Weg dorthin soll Freude machen!

simplify-Tipp für Ideen-Typen

Ziele schriftlich planen – das liegt Ihnen als Ideen-Typ weniger. Die Lösung: Versuchen Sie es zunächst mit der intuitiven Methode. Formulieren Sie Ihr Ziel auf einem Blatt Papier und heften Sie es an eine Pinnwand. Sammeln Sie alle Informationen, die Ihnen für die Realisierung wichtig erscheinen. Den Rest übernimmt Ihr Unterbewusstsein. Während Sie sich mit anderen Dingen beschäftigen, präsentiert es Ihnen neue Ideen und Lösungswege.

Wenn – dann: Aufschieben gilt nicht!

»Ach, heute bin ich zu ausgepowert, um anzufangen. Ich warte lieber noch ein paar Tage, bis es mir besser geht.« Eigentlich wissen wir doch alle: Aus den Tagen werden Wochen, Monate oder Jahre – und nichts tut sich! Die möglichen Gründe, ausgerechnet heute nicht in Richtung Ziel zu starten, sind zahlreich. Schluss damit! Sie wollen etwas in Ihrem Leben verändern? Dann legen Sie *sofort* los. Gute Ziele werden durchs Abwarten nicht besser! Glück und Zufriedenheit haben ihren Ursprung in dem, was wir angepackt haben.

Gezielt klein denken!

Leichter ist besser, besonders zu Beginn. Die längste Reise beginnt mit dem ersten Schritt – dieses chinesische Sprichwort gilt für jedes noch so herausfordernde Ziel. Suchen Sie sich die zwei bis drei kleinst-möglichen Schritte, die Sie als Erstes erledigen wollen.

Denn klein ist überschaubar, und das hilft, anfängliche Widerstände zu überwinden. Ideal sind Teilaufgaben, für die Sie zwischen einer und drei Minuten benötigen. Hier ein einfaches Beispiel:

Ziel: Küche auf Vordermann bringen.
1. Spülmaschine ausräumen.
2. Herd putzen.
3. Arbeitsplatte abwischen.

Besser anfangen!

»Morgen ist auch ein Tag«, mit diesen Worten endet nicht nur das Melodram *Vom Winde verweht*. Das ist auch die liebste Ausrede unseres inneren Schweinhundes – dem größten Aufschieber aller Zeiten. Eine Vision verwirklichen? Ein neues Ziel angehen? Das ist nichts für diesen tierischen Begleiter, der nichts so sehr hasst wie Veränderungen. Dabei meint er es eigentlich nur gut mit Ihnen. Denn Veränderungen kosten eine Menge Energie und Disziplin, und das möchte Ihr innerer Schweinhund Ihnen ersparen. Deshalb hat er jede Menge Argumente und Ausreden parat. Da hilft nur eins: Den Kerl überlisten. Besonders wirksam ist die *WWW-Methode* – also: *Wirklich Wissen, Warum Sie Ihr Ziel erreichen wollen*.

simplify-Tipp!

Vorfreude ist die schönste Freude: Listen Sie alle guten Gründe auf, *warum* Sie Ihr Ziel unbedingt erreichen wollen. Wenn das »Warum« groß genug ist, ergibt sich das »Wie« fast von selbst. Und Ihr innerer Schweinhund hat keine Chance mehr.

Die Top Ten Ihrer Ziele-Ausreden

»Der Hund hat Liebeskummer, deshalb kann ich nicht ins Fitnessstudio.« – »Vor der Geburtstagsfeier von Tante Anna ist es sinnlos, mit der Diät anzufangen.« – »Diese Aufgabe erledigt sich leichter, wenn ich in der richtigen Stimmung bin.« Es ist schon erstaunlich, wie viel Fantasie wir entwickeln, wenn es darum geht, nicht auf Zielkurs zu bleiben. Listen Sie einmal Ihre Lieblingsausreden auf. Wetten, dass Sie beim nächsten Mal zögern, diese zu benutzen?!

1. _____
2. _____
3. _____
4. _____
5. _____
6. _____
7. _____
8. _____
9. _____
10. _____

Weil Sie es können!

Aktivität führt zu mehr Aktivität – auf dem Hintern sitzen führt zu … Hören Sie auf, nach Ausreden zu suchen, und fangen Sie stattdessen einfach an. Lassen Sie sich nicht von Rückschlägen entmutigen. Und wenn Sie doch einmal kurz davor sind, resigniert die Segel zu streichen, dann stellen Sie sich vor, wie zufrieden Sie sein werden, wenn Sie es geschafft haben.

simplify-Tipp!

Der Geist ist willig, aber ... Sie wollen mehr Sport treiben? Dann stellen Sie die gepackte Sporttasche schon morgens in den Kofferraum. So können Sie nach Feierabend sofort loslegen und haben keine Ausrede, um erst nach Hause zu fahren und sich schnell noch ein paar Minuten aufs Sofa zu legen.

Schöne Gefühle!

Der erste Kuss, die Führerscheinprüfung, das erfolgreiche Vorstellungsgespräch – Wissenschaftler haben herausgefunden, dass unser Gehirn über ein emotionales Gedächtnis verfügt. Alles ist abgespeichert: Was lief gut? Wie habe ich mich dabei gefühlt? Wenn wir vor bestimmten Entscheidungen stehen, steuert unser Gehirn diese Gefühle und Erfahrungen bei. Ganz wichtig ist diese Erkenntnis, um der Aufschieberitis ein Schnippchen zu schlagen. Denn eine Faustregel besagt, dass wir nur Dinge ernsthaft angehen, wenn sie zu mindestens 70 Prozent mit positiven Gefühlen verbunden sind. Ist das nicht der Fall, wird es kritisch.

Sorgen Sie also dafür, dass Ihre Ziele mit guten Gefühlen verbunden sind. Machen Sie es wie Rachael Scdoris: Nutzen Sie die Kraft der inneren Bilder. Stellen Sie sich vor, wie es sein wird, wenn Sie Ihr Ziel erreicht haben. Lassen Sie das wunderbare Gefühl des Erfolgs in sich aufsteigen und genießen Sie diesen emotionalen Kick.

Luxus des Einfachen?

Richtig! Denn einfach heißt nicht ärmlich – im Gegenteil!

Einfach gut: Weniger, aber besser!

Keine Lust auf immer mehr. Bewusst auswählen und bewusst verzichten – das ist die Basis für ein stimmiges *simplify*-Lebensgefühl.

Weniger, aber besser! Immer mehr Menschen wünschen sich ein freies, einfacheres Leben. Statt nach einem Mehr an materiellen Dingen suchen sie nach mehr Sinn und Selbstverantwortung.

Weniger, aber besser – was heißt das genau? So einfach lässt sich diese Frage gar nicht beantworten. Denn Zeit- und Lebensqualität bedeuten für jeden etwas anderes. Freie Wochenenden ohne Termindruck und Verpflichtungen, in eine kleinere Wohnung ziehen und sich dabei von allem überflüssigen Ballast trennen, mit den Kindern auf der Wiese toben: Einfachheit ist eine Lebensart, die uns von Zwängen befreit. Sie beginnt mit Verzicht, der zum Gewinn führt: weniger Status – mehr Lebenszufriedenheit, weniger gedankenlose Ausgaben – mehr Sinn für wahre Werte. Das aufzugeben, worin man

---

simplify-Überblick

- Weniger wollen
- Mut zum Verzicht
- Weniger Action – mehr Freizeit
- Weniger im Alltag
- Leinen los!
- Farbe hält Einzug

sich nicht oder nicht mehr findet, ist ein grundlegender Schritt, sein Leben nach dem *simplify*-Prinzip umzugestalten. *Räumen Sie Ihr Leben auf, und entdecken Sie die Freude am Wesentlichen wieder neu.*

Weniger wollen

Wir alle sehnen uns nach der Leichtigkeit des Seins. Längst ist das Zuviel an Dingen, Aktivitäten und Verpflichtungen zum schlimmsten Energie- und Lebensfreude-Killer mutiert. Statt zu genießen sind wir mehr damit beschäftigt, unseren Lebensstandard zu finanzieren. Das Paradoxe ist: Je mehr wir haben, desto weniger können wir uns daran erfreuen. Was nutzen die interessantesten Bücher, wenn wir keine Zeit zum Lesen haben? Wozu die Designer-Espressotassen-Sammlung vergrößern, wenn wir keine Muße finden, in Ruhe den kleinen Schwarzen zu genießen?

Finden Sie heraus, *was in Ihrem Leben das Wichtigste ist* und streichen Sie nach und nach alles andere.

Martin Heidegger
» Verzicht nimmt nicht. Der Verzicht gibt. Er gibt die unerschöpfliche Kraft des Einfachen. «

Mut zum Verzicht

Wir haben verlernt zu genießen, weil wir jederzeit fast alles haben können. Erst wenn wir innehalten und ganz bewusst auf Dinge verzichten, können wir die wahren Werte in unserem Leben erfahren. Zeit haben, Genüsse, die man nicht kaufen kann, Herzensbildung: Konzentrieren Sie sich auf das, wovon Sie mehr möchten. Stellen Sie nicht den Verzicht in den Vordergrund, sondern die qualitativen Verbesserungen. Dann wird das Weniger zu Ihrem ganz persönlichen Besten.

simplify-Tipp!

»Willst du reich werden, so vermehre nicht deine Güter, sondern verringere deine Wünsche«, heißt es bereits beim griechischen Philosophen Epikur. Auf unseren Alltag bezogen bedeutet das: Fragen Sie sich ganz ehrlich, was Sie brauchen, um die Lebensqualität und Zufriedenheit zu erreichen, die Sie möchten.

- Was leisten Sie sich nur, weil Sie das Geld dafür haben?
- Was leisten Sie sich, weil es Sie wirklich zufrieden macht?
- Ändert sich etwas an Ihrem Wohlbefinden, wenn Sie diese oder jene Sache besitzen?

Weniger Verpflichtungen – mehr Zeit-Freiräume!

Ständig sind wir beschäftigt und eilen umher mit langen To-Do-Listen, die erledigt werden müssen. Wir sorgen uns um Termine, Projekte und Verpflichtungen, ohne zu bemerken, dass wir dabei den Blick für das Wesentliche verlieren. Das tägliche Treiben lässt uns keine Zeit für ein ruhiges tiefgründiges Gespräch oder für die Besinnung auf unsere ureigensten Bedürfnisse. Entspannte Auszeiten, Platz für Muße oder wenigstens eine kleine Kaffeepause für den Kopf – Fehlanzeige!

Doch wer immer auf dem Sprung ist, verpasst das Hier und Jetzt. Natürlich können wir den Lauf der Zeit nicht anhalten. Aber wir können aufhören, unsere Zeit leichtfertig zu verprassen und uns manchen Freiraum im Leben zurückerobern. Werfen Sie einen Blick auf Ihr Lebensrad und entscheiden Sie, womit Sie beginnen möchten, Ihren Alltag zu vereinfachen. Konzentrieren Sie sich auf diese eine positive Veränderung, statt zu versuchen, alles auf einmal zu schaffen.

simplify-Tipp!

Solange Ihre Kinder noch kleiner sind, zählen auch deren Aktivitäten zu Ihren Verpflichtungen. Denn das bedeutet für Sie: organisieren und terminieren. Also setzen Sie auch hier den Rotstift an. Besprechen Sie in der Familie, was von Klavierunterricht, Ballett, Kinderyoga und Co. gestrichen werden kann. Meist sind die Kleinen darüber gar nicht sauer – im Gegenteil.

Weniger shoppen – mehr haben!

Wenn Sie sich bewusst weniger Dinge leisten, haben Sie automatisch mehr Geld. Das ist eine ganz einfache Formel und hat nichts mit Konsumverweigerung zu tun. Genießen Sie das gute Gefühl, sich für nichts entscheiden oder gar rechtfertigen zu müssen. Natürlich dürfen Sie sich hin und wieder etwas Besonderes gönnen – wichtig ist nur, dass es Ihnen wirklich am Herzen liegt und Sie sich deshalb finanziell nicht verausgaben. Auch auf der tollsten Wellness-Liege können Sie sich nicht entspannen, wenn Sie dafür Ihr Konto überzogen haben.

Betrachten Sie Einkaufen nicht als Freizeitbeschäftigung. Sicher ist es schwer, sich in Zurückhaltung zu üben, wenn die Freundin munter drauflos kauft. Aber vielleicht fallen Ihnen gemeinsam schöne Shopping-Alternativen ein, die mindestens so viel Spaß machen, wie durch die Geschäfte zu ziehen? Übrigens: Wenn Sie weniger kaufen, müssen Sie auch weniger entrümpeln!

simplify-Tipp für Ideen-Typen

Verlockungen lauern überall! Doch gegen teure Spontankäufe hilft oft schon ein einfacher Trick: Kleben Sie ein Zettelchen mit der Frage »*Brauchst du das wirklich?*« auf Ihre EC- oder Kreditkarte. Das erinnert Sie im letzten Augenblick daran, nichts Unüberlegtes zu tun.

Weniger besitzen – besser nutzen!

Rasenmäher, Häcksler, Vertikutierer, Motorsäge: Das alles gehört zur Grundausstattung jedes Hausbesitzers, selbst wenn der Garten kaum größer als ein Handtuch ist. Doch eigentlich hat es keinen Sinn, all diese Dinge zu besitzen, denn man braucht sie ja nicht ständig. Sprechen Sie mit Ihren Nachbarn, welche Werkzeuge man gemeinsam anschaffen und nutzen könnte. So sparen Sie Platz in der Garage oder im Keller, geben weniger Geld aus und können sich zudem über mehr Gemeinschaftsaktionen freuen.

Bei größeren Investitionen sollten Sie abwägen, ob mieten nicht vorteilhafter ist. Wenn man sich mit anderen für ein Wochenende ein Profigerät ausleiht, ist das meist preiswerter, als irgendein Billigteil zu kaufen. Außerdem müssen Sie sich dann nicht um die Wartung kümmern. Übrigens: Im Internet finden Sie zahlreiche Plattformen für Nachbarschaftshilfe.

simplify-Tipp!

Mieten ist eine wunderbare Alternative zum Besitz und wirkt sich äußerst positiv auf Ihren Geldbeutel aus. Die Bandbreite ist enorm: Skier für den Winterspaß im Schnee, Geschirr für die große Familienfete, ein Cabrio für den Sommer-Wochenend-Ausflug, das große Trampolin für den Kindergeburtstag, Obstbäume zum einmaligen Abernten, den Überwinterungsplatz für die geliebten Kübelpflanzen im Gewächshaus …

Weniger Werbung – mehr Unterhaltung!

Bis zu 12 Minuten pro Stunde darf Werbung eine Sendung im Privatfernsehen unterbrechen. Und die bunte Werbewelt versteht es diese Zeit zu nutzen, um Wünsche und Bedürfnisse zu wecken, die wir vorher nicht hatten. Doch was mindestens genauso schlimm ist: Wenn man davon ausgeht, dass ein Erwachsener täglich durchschnittlich drei Stunden fernsieht, dann kommen so pro Woche fast viereinhalb Stunden Werbung zusammen! Überlegen Sie doch einmal, wie es wäre, wenn Sie diese Zeit anders verbringen würden, beispielsweise etwas mit Freunden unternehmen, Sport treiben oder richtig faulenzen.

simplify-Tipp!

Legen Sie regelmäßig eine TV-Diät ein. Informieren Sie sich über die wichtigsten Ereignisse aus der guten alten Tageszeitung. Und wenn Sie gerne einen Film schauen möchten, verabreden Sie sich zum Kinobesuch oder veranstalten zu Hause einen DVD-Abend.

Weniger Trend – mehr Beständigkeit!

Hippe Trends, die nach kurzer Zeit wieder out sind, technische Spielereien, die sich schon bald überholt haben: Einfacher leben kann auch bedeuten, etwas nicht zu wollen, obwohl es gerade angesagt ist. Setzen Sie ab heute Ihre eigenen Standards, und *machen Sie sich frei von allem Must-have:* Tragen Sie das, worin Sie sich wohlfühlen. Tun Sie das, was Ihnen Freunde macht.

Wilhelm Busch
》 Jeder Wunsch, der sich erfüllt, gebiert augenblicklich Junge. 《

Gehen Sie sorgfältig mit dem um, was Sie haben. Jeder von uns hat seine ganz persönlichen Klassiker – zeitlose Lieblingsstücke, die man gerne benutzt oder mit einem Lächeln betrachtet, egal, wie viel Euro diese wert sind. Klar, dass Sie darauf nicht verzichten wollen. Aber dann gibt es da noch jede Menge Dinge, die lange überfällig sind. Ungelesene Bücher, ungetragene Kleidungsstücke, ungeliebte Alltagsgegenstände: weg damit. Behalten Sie nur Sachen, die Ihnen wirklich etwas bedeuten, die das Zeug zum Lieblingsstück haben. Trends sind vergänglich, Beständigkeit und Nachhaltigkeit machen Ihr Leben besser.

simplify-Tipp!

Früher war nicht alles besser, aber eine ganze Menge ziemlich gut. Kennen und können Sie noch die einfachen Spiele aus Ihrer Kindheit? Dann veranstalten Sie doch einmal ein Nostalgie-Spiele-Wochenende mit der Familie. Schiffchen versenken, Himmel und Hölle, Tischfußball mit Papierkügelchen und Lineal, Blinde Kuh: Dagegen sehen Gameboy und Spielkonsole richtig alt aus.

Weniger Action – mehr Freizeit!

Montag zum Stammtisch, Mittwoch ins Fitness-Studio, Freitag dann der Soßenkurs für Fortgeschrittene – und am Wochenende steht ein Besuch in der grandiosen Ausstellung des hoffnungsvollen Nachwuchskünstlers auf dem Programm.

Wenn die Arbeit getan ist, und Ihnen eigentlich niemand mehr sagt, was noch zu erledigen ist, womit verbringen Sie dann Ihre Zeit? Organisieren Sie Ihre Freizeit mit der gleichen Termindichte wie Ihren Job? Verwechseln Sie häufiger Freizeitstress mit Erholung? Bleibt Ihnen vor lauter gesellschaftlichen Verpflichtungen kaum Zeit für sich selbst?

Schalten Sie Ihre Freizeitaktivitäten zurück. Schaffen Sie sich heitere, ruhige Inseln, wohin Sie sich nach dem Stress und Termindruck des Tages zurückziehen können. Gönnen Sie sich Ihre Freiheit und machen Sie sich das Leben schön.

simplify-Tipp für Turbo-Typen

Machen Sie Ihre Freizeit wieder freier: Suchen Sie sich bewusst ein eher einfaches und ruhiges Hobby, für das Sie wenig Equipment und noch weniger Geld benötigen. Vielleicht probieren Sie mal, wie Ihnen Bumerangwerfen oder Gärtnern gefällt. Ganz wichtig: Auch in Sachen Freizeitgestaltung gilt das Plus-Minus-Prinzip. Wenn Sie etwas Neues anfangen wollen, sollten Sie eine andere Beschäftigung dafür aufgeben.

Weniger Hektik – mehr Gelassenheit!

»Das macht mich wahnsinnig!«, »Ich raste gleich aus!« – gehören solche Äußerungen zu Ihrem täglichen Sprachgebrauch? Sie fühlen sich oft gestresst und überlastet? Sind Sie ungeduldig, weil Ihnen alles zu langsam geht? Dann gehören Sie wohl weniger zur Kategorie »Fels in der Brandung«, sondern eher zu den hoch explosiven HB-Männchen.

Auch in turbulenten Zeiten gelassen zu bleiben, ist zwar nicht ganz einfach, aber keine unlösbare Aufgabe. Gelassenheit ist im Wesentlichen eine Frage der *Einstellung*. Und diese Einstellung kann man lernen. Gelassenheit ist die bewusste Entscheidung, die Herausforderungen des Lebens anzunehmen und die Dinge mit einer gehörigen Portion Optimismus und Zuversicht anzugehen. Treten Sie zwischendurch immer wieder auf die Bremse. Sie wissen doch: *Wenn du es eilig hast, gehe langsam!* Tun Sie ganz bewusst Dinge, die Sie zur Ruhe kommen lassen – Musik hören, Bücher sortieren oder staubsaugen. Denken Sie sich Ruherituale aus, die Ihnen dabei helfen, sich auch in Stressphasen zu entspannen, sich zu sammeln und wieder neue Energie zu tanken.

> **Moment mal!**
> Die meiste freie Zeit genießen die Norweger mit 7.470 Stunden im Jahr. Die Amerikaner bringen es dagegen nur auf 6.864 Stunden – ihre liebste Freizeitbeschäftigung sind Restaurantbesuche.

simplify-Tipp!

Vier Fragen können Ihnen helfen, Ihre Gelassenheit wieder zu gewinnen:

- Was genau ist im Moment für mich so stressig?
- Was könnte mir im schlimmsten Fall passieren?
- Wie wahrscheinlich ist das?
- Was kann ich jetzt tun?

Wenn Sie diese Fragen systematisch beantworten, wird Ihr Kopf wieder frei. Sie gewinnen Abstand zu der stressigen Situation und werden automatisch ruhiger.

Weniger Prestige – mehr Werte

Der PS-starke Wagen, das extravagante Designer-Handtäschchen, die handgearbeitete mechanische Armbanduhr: Prestigeobjekte sollen unseren finanziellen und gesellschaftlichen Status auf ganz besondere Art unterstreichen. Doch nicht jede Art von Wert lässt sich in Geld messen – manches verliert sogar, wenn wir dafür zahlen. *Money can't buy me love*, sangen einst die Beatles – wie wahr! Wohlstand und Glück lassen sich kaum allein am Bankkonto festmachen. Gesundheit, Beziehungen, Zufriedenheit, Glaubwürdigkeit und Selbstverantwortung wiegen mehr als Prestigeobjekte mit Verfallsdatum.

Erstellen Sie Ihre *persönliche Werteskala*. Machen Sie sich bewusst, was Ihnen wichtig ist. Nur so können Sie feststellen, welchen Dingen Sie nicht länger nachjagen sollten.

simplify-Tipp für Manager-Typen

Das Beste muss nicht unbedingt das Teuerste sein! Laden Sie Freunde doch einmal zu einer blinden Weinverkostung ein. Bieten Sie Ihren Gästen eine Mischung aus Weinen unterschiedlicher Preiskategorien an und finden Sie gemeinsam heraus, welcher Tropfen Ihnen besonders mundet. Sie werden überrascht sein.

Weniger Auswahl – mehr Zeit

Über 150 Joghurtsorten, mehr als 500 unterschiedliche Käsearten, zwischen 5.000 und 6.000 Biersorten: Wir werden fast erschlagen von den Alternativen und Varianten. Da verwundert es nicht, dass viele Menschen den Einkauf als lästige Pflicht sehen, weil er sie jede Menge Zeit kostet. Zudem haben sie ständig das Gefühl, sich falsch entschieden zu haben. Deshalb erklärt sich der wachsende Erfolg von Discountern nicht allein mit den günstigen Preisen, sondern auch mit einem kleinen Sortiment und übersichtlichen Regalen.

Moment mal! Immer mehr Firmen reagieren auf den Vielfalt-Frust der Kunden. Bereits 2005 reduzierte Procter & Gamble die Anzahl der Produktvarianten seines »Head & Shoulders«-Shampoos von 26 auf 15 – und konnte den Absatz um 10 Prozent steigern.

Verzichten Sie auf überfrachtete Wursttheken und Obstangebote aus aller Welt, zu jeder Zeit. Entdecken Sie stattdessen den Reiz von regionaler Küche. Besuchen Sie den Wochenmarkt in Ihrer Nähe, plaudern Sie mit der Gemüsefrau über die besten Zubereitungsarten, und kosten Sie beim Käsehändler den frischen Kräuterquark. Wer mehr regional isst, lebt einfach besser. Und wer sich beim Einkaufen ein bisschen Mühe gibt, achtet das Essen einfach mehr.

simplify-Tipp!

Trainieren Sie »Konsumfasten« und probieren Sie für einen bestimmten Zeitraum, wie es sich mit weniger lebt. Kaufen Sie einen Monat lang nur das, was Sie tatsächlich zum Leben brauchen. Stellen Sie Ihr Auto bei entfernt wohnenden Bekannten ab, und benutzen Sie nur öffentliche Verkehrsmittel oder das Rad. Verzichten Sie auf Internet, Fernseher und Co., und informieren Sie sich stattdessen über die stillen Medien.

Weniger Fahrtstrecke – mehr Lebensqualität

Studien belegen ganz klar: Mit jeder Minute zusätzlicher Fahrzeit sinkt die Lebenszufriedenheit. Das günstige Haus auf dem Land oder der besser bezahlte Job entschädigen nicht immer für den täglichen Stress. Suchen Sie nach Möglichkeiten, die Fahrt zum Arbeitsplatz zu verkürzen. Denn das könnte Sie an fünf Tagen in der Woche richtig glücklich machen – nicht schlecht, oder? Übrigens auch in Sachen Urlaub gilt: Weniger Entfernung – mehr Erholung. Je weniger Zeit und Nerven Sie für die Anreise brauchen, desto schneller können Sie mit der Erholung starten.

simplify-Tipp!

Vielleicht können Sie mit Ihrem Arbeitgeber einen Homeoffice-Tag pro Woche vereinbaren, oder es rechnet sich sogar, nur an vier Tagen zu arbeiten. In Zeiten flexibler Arbeitszeitgestaltung ist vieles möglich – klären Sie ab, was für Sie machbar ist.

Weniger Ärger – mehr Lebensfreude

Die Bahn kommt mal wieder zu spät, der Chef ist schlecht drauf, Sie müssen den Fehler des Kollegen ausbaden, der Staubsauger hat den Geist aufgegeben und die Lieblingsbluse einen Kaffeefleck: Tag für Tag ärgern wir uns über unzählige Dinge. Das kostet uns viel Energie und noch mehr Lebensfreude.

Wie gehen Sie eigentlich mit Ihrem Frust um? Heizen Sie mit 180 über die Autobahn, gönnen Sie sich einige Gläschen Seelentröster oder ziehen Sie durch die Boutiquen?

Es geht auch besser und preiswerter – vor allem aber gesünder: Ein strammer Spaziergang, eine Radtour, ein Saunabesuch oder eine erfrischende Dusche helfen, angestauten Frust abzubauen. Wie Sie in der Sekunde des Aufruhrs schleunigst wieder runterkommen? Versuchen Sie es mit einem Mantra, dass Sie sich immer wieder im Geiste vorsagen, etwa: »Ich bin die Ruhe selbst.«

> **Adolf Loos, Architekt**
> » Gegenwärtig wird von einem Sessel nicht nur verlangt, dass man sich auf ihm ausruhen kann, sondern auch, dass man sich schnell ausruhen kann. «

simplify-Tipp!

So wie Sie sich jeden Abend die Zähne putzen, sollten Sie auch etwas für Ihre Ärgerhygiene tun – Sie brauchen dazu nur zwei Blätter Papier und einige Minuten Zeit.
Schreiben Sie auf das erste Blatt, was an diesem Tag nicht so toll gelaufen ist: Worüber haben Sie sich geärgert und warum? Auf dem anderen Zettel notieren Sie, was schön war, was Ihnen gut getan hat. Diesen Zettel behalten Sie, das Ärgerblatt werfen Sie einfach in den Mülleimer. Damit können Sie Ihren Ärger loslassen und seelisch befreiter zu Bett gehen. Und: Sie werden den neuen Tag unbelastet mit frischer Energie beginnen.

Weniger Idole – mehr Zufriedenheit

Power-Mama mit Top-Figur, die scheinbar mühelos den Jonglierakt zwischen Karriere, Mutterrolle und verständnisvoller Ehefrau schafft. Erfolgstyp mit Waschbrettbauch, der immer Zeit für Freunde und Familie findet und sich auch noch sozial engagiert: Ideal-

Typen sind immer präsent – in Zeitschriften, im Fernsehen oder auf Plakaten. Natürlich sind Vorbilder wichtig, weil sie uns motivieren. Allerdings lässt sich darüber streiten, ob die Idole, die uns die Medien präsentieren, wirklich alltagstauglich und gesund sind. Befreien Sie sich von »ich muss/sollte/darf nicht«-Zwängen, und gestehen Sie sich zu, dass Sie so, wie Sie sind, vollkommen in Ordnung sind. Fragen Sie nicht: »Wie sollte ich sein«, sondern: »Wie will ich leben?« Sagen Sie nicht: »Mist, so werde ich nie werden«, sondern: *»I do it my way!«* Nehmen Sie Abstand von der extremen Leistungsorientierung. Entscheiden Sie sich für Ihren ganz persönlichen Weg zu einem gesunden, harmonischen und zufriedenen Leben. Dazu gehört auch, entspannter und gelassener auf wachsende Ansprüche und Rollenvielfalt zu reagieren.

simplify-Tipp für Exakt-Typen

Etwas fies, aber äußerst wirkungsvoll: Sicher kennen auch Sie diese gemeinen Paparazzi-Fotos von Heidi Klum, müde, ungeschminkt, ohne Haar-Extensions, Star-Kicker Ronaldo mit Wamperl, ungepflegt und rauchend. Tja, auch die Reichen und Schönen sind eben ganz normale Menschen. Kleben Sie das peinlichste Promi-Foto, das Sie finden können, in Ihren Kalender oder Ihr Tagebuch und lassen Sie sich auf humorvolle Art daran erinnern, dass Zufriedenheit im Leben nichts mit Perfektion zu tun hat.

Weniger im Alltag

Es ist die Vielfalt, die den Wert unserer Lebensqualität ausmacht. Deshalb meint einfacher leben auch keinesfalls karg oder gar ärmlich. Einfach im Sinne von *simplify* steht für ehrlich, ungezwungen, behaglich, bequem und ruhig. Und die Umsetzung von *Weniger, aber besser!* kann in den einzelnen Lebensbereichen mit völlig unterschiedlichen Methoden gelingen.

Manchmal genügt es, ein paar Kleinigkeiten zu verändern, manchmal ist ein radikaler Schnitt am wirkungsvollsten. Ganz nach dem Motto: *Use it – or lose it.*

Mehr von dem, was Sie möchten, durch Umorganisieren

Sie wollen samstags regelmäßig mit Freunden in die Sauna gehen – wenn nur diese lästige Hausarbeit nicht wäre? Überlegen Sie, was Sie anders organisieren können: Wocheneinkauf am Freitag, Bad putzen mittwochs … Und natürlich sollten Sie alle Familienmitglieder zur Mithilfe motivieren.

Einfach mehr vom Leben

Haben Sie schon erkannt, was in Ihrem Leben fehlt und wovon Sie gerne mehr hätten? Dann greifen Sie zum Stift und machen sich einige kurze Notizen:

Ich sehne mich nach *mehr*

_____

_____

Und was ist mit den Dingen, auf die Sie gut und gerne verzichten könnten?

Ich hätte gerne *weniger*

_____

_____

Mehr von dem, was Sie möchten, durch Weglassen

Mutter, Ehefrau, Kollegin, Gärtnerin oder Lebenspartner, Führungskraft, Vereinsvorstand, Hausmeister – wissen Sie eigentlich, wie viele Rollen Sie ausfüllen? Stellen Sie sich vor, Sie tragen jede dieser Rollen als Hut auf Ihrem Kopf. Selbst, wenn Sie ein echter Hut-Fetischist sind, hilft da nur eins: Verabschieden Sie sich von unnötigen Nebenrollen. Muss es wirklich der Posten als Kassierer im Alpenverein sein? Warum treffen Sie sich immer noch mit der ehemaligen Kollegin, obwohl ihr ewiges Jammern Sie nervt?

Mehr von dem, was Sie möchten, durch Kreativität

Jeden Tag die gleiche Leier? Bringen Sie Abwechslung in Ihren spröden Alltag. Starten Sie mal anderes als gewohnt in den Tag, beispielsweise mit einem kleinen Wellness-Programm. Legen Sie abends schon alle Utensilien bereit, stellen Sie den Wecker eine halbe Stunde früher als gewohnt, und schlafen Sie mit dem schönen Gefühl ein, dass etwas Besonderes auf Sie wartet. Entwickeln Sie Fantasie, wenn es darum geht, sich immer wieder kleine Auszeiten zu erobern.

Mehr von dem, was Sie möchten, durch Eigensinn

Unterm Strich zähl ich: Von der Natur können wir lernen, dass es durchaus in Ordnung ist, zuerst an sich zu denken. So tragen viele Obstbäume in trockenen Jahren kaum Früchte, weil sie jeden Tropfen Wasser für sich selbst nutzen. Werden auch Sie ruhig ein bisschen eigensinnig – das hat nichts mit Egoismus zu tun, sondern damit, die Richtung seines Lebens zu bestimmen. Sagen Sie ganz klar Nein zu den Wünschen anderer und selbstbewusst Ja zu Ihren persönlichen Bedürfnissen. Je mehr Gutes Sie sich tun, desto größer wird das wunderbare Gefühl der eigenen Unabhängigkeit.

simplify-Check für mehr Lebensqualität

- *Lebensqualität braucht Zeit:* Das Leben genießen kann nur, wer sich dafür ausreichend Zeit nimmt. Schaffen Sie deshalb ganz bewusst kleine »Genussinseln« in Ihrem Alltag.
- *Lebensqualität braucht Konzentration:* Zufriedenheit erreicht man nicht so einfach nebenbei. Schenken Sie Ihren Wünschen volle Aufmerksamkeit.
- *Lebensqualität braucht Verzicht:* Vollgepackte Tage und zu viel Konsum machen es schwer, den wahren Sinn des Lebens zu erkennen. Halten Sie sich an das *simplify*-Prinzip: Weniger, aber besser!

Leinen los!

Reisen erweitert den Horizont, das ist allgemein bekannt. Und auch die Vorstellung von dem, was Glück ist, hängt eng mit Reisen zusammen. So heißt es im Hinduismus: »Es gibt kein Glück für den Menschen, der nicht reist.« Meist ist es eine große Sehnsucht, die die Unzufriedenen dazu bringt, ihr Glück woanders zu suchen.

Auch Sie sind die *simplify your time-Reise* angetreten, weil Sie dringend etwas in Ihrem Leben verändern möchten. Es ist Ihr Wunsch, ruhiger, intensiver und authentischer zu leben, der Sie dazu bewogen hat. Und weil Sie wissen: Wer mit kleinem Gepäck reist, hat weniger Sorgen, haben Sie sich entschlossen, zukünftig weniger zu wollen und weniger zu haben. Doch mit *Weniger, aber besser* ist es wie mit einer Diät: Zehn Kilo weniger in zehn Tagen ergibt keinen Sinn. Lassen Sie sich Zeit, die einfachen, aber wunderschönen Dinge des Lebens wieder zu entdecken. Machen Sie einen genussvollen Anfang. Wie wäre es, die nächsten Ferien mit Menschen zu verbringen, die Sie lieben, an einem Ort, der seine Identität bewahrt hat, in einer Landschaft, deren Weite die Sorgen und Ängste davonfliegen lässt? Freuen Sie sich auf die vielen neuen Erfahrungen, die vor Ihnen liegen, und genießen Sie dann das wunderbare Gefühl, nach einer Reise wieder zu Hause zu sein.

Moment mal!

2007 setzte die Willy-Hellpach-Schule in Heidelberg das Fach »Glück« auf den Stundenplan. »Es war nie unsere Absicht, alle glücklich zu machen«, so der Schulleiter. »Unser Ziel ist, den Schülern gute Gründe mit auf den Weg zum Glücklichsein zu geben.«

Kleine Dinge – große Wirkung

Es ist Ihr Leben, und nur Sie können das Beste daraus machen. Wie das gelingt? Setzen Sie den Forderungen nach Flexibilität, Mobilität und Virtualität ganz bewusst ein Lebensgefühl von Wertigkeit und Beständigkeit entgegen. Sozialer Reichtum und emotionale Verbindlichkeiten statt Prestigeobjekte und Leistungsdenken. Glücklich zu leben bedeutet: nicht abhängig sein von den Dingen, die man besitzt, den Job auszuüben, der einem Spaß macht, und mit den Menschen zusammen zu sein, die man liebt.

Was bedeutet *Glück* für Sie? Ein fauler Sonntag im Bett, umgeben von Zeitschriftenbergen? Ein Frühstück mit Freunden, das sich bis in den Abend hinzieht? Oder einfach nur ganz viel Zeit für sich?

Clemens Brentano
>> Glück ist eine stille Stunde, Glück ist auch ein gutes Buch, Glück ist Spaß in froher Runde, Glück ist ein freundlicher Besuch. <<

Wunschlos glücklich sind wir nicht, wenn wir endlich alles haben, sondern, wenn wir innere Fülle erleben. Glück zu haben heißt, Gelegenheiten zu erkennen. Wärmende Sonnenstrahlen auf der Haut, keckfröhliche Blümchen am Straßenrand, verzaubernder Raureif auf der Wiese: Jeder Tag bietet viele Momente, die unser Herz höherschlagen lassen. Wir müssen nur lernen, diese zu genießen.

Farbe hält Einzug

»Mit der Zeit nimmt die Seele die Farbe der Gedanken an.« Dieser schöne Satz stammt von Marc Aurel. Leicht abgewandelt passt er wunderbar zum *simplify*-Prinzip des *Weniger, aber besser*: Je weniger Stress, Hektik und Verpflichtung wir uns aufladen, desto besser und glücklicher werden wir uns fühlen, je mehr Ballast wir abwerfen, umso farbenfroher und leichter werden wir unser Leben empfinden. Wenn Sie langsam, aber konsequent damit beginnen, Ihre Gewohnheiten zu ändern, wird sich bald ein unglaubliches Gefühl der Zufriedenheit einstellen. Denn auf diejenigen, die den *Weniger, aber besser-Weg* einschlagen, warten viele Mehr-Werte: mehr Zeit, mehr Freiheit, mehr Ruhe, mehr Glück. Also, lassen Sie sich nicht beirren – Sie sind auf dem richtigen Kurs!

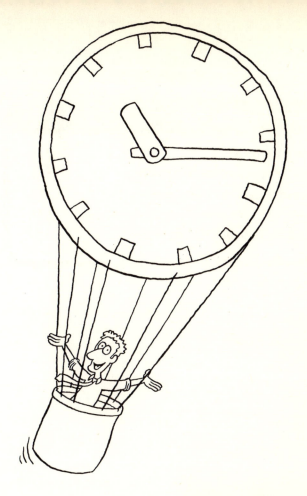

Einfach loslegen:
Mit *simplify* auf Erfolgskurs

simplify-Kapitelüberblick

Mit *simplify* auf Erfolgskurs	311
Einfach entspannend: *simplify* für Turbo-Typen	313
Einfach kreativ: *simplify* für Ideen-Typen	314
Einfach mehr vom Leben: *simplify* für Manager-Typen	315
Einfach erstklassig: *simplify* für Exakt-Typen	316

Karl Julius Weber
>> Reisen sind das beste Mittel zur Selbstbildung. <<

Mit *simplify* auf Erfolgskurs

Am Ende unserer *simplify your time*-Reise heißt es: Einfach anfangen und ein ganz neues Zeit- und Lebensgefühl entdecken.

Von unseren Reisen bringen wir meist nicht nur schöne Dinge und Eindrücke mit, sondern auch jede Menge Ideen und Anregungen für den Alltag. Sicher haben auch Sie auf unserer *simplify*-Ballonfahrt viele Erkenntnisse gewonnen und interessante Möglichkeiten entdeckt, Ihr Leben und Ihre Zeit einfacher, aber zugleich genussvoller zu gestalten. Dann lassen Sie sich nun von der Wirksamkeit der Tipps und Techniken überraschen. Und: Gewinnen Sie etwas ungemein Wertvolles – die Freiheit, einfach zu tun, wozu Sie Lust haben!

Damit es Ihnen noch besser gelingt, Ihren ganz persönlichen Zeit-Stil zu pflegen, habe ich zum Schluss für jeden TIME-Typ noch einen speziellen *simplify*-Tipp parat. Denn: *simplify your time* ist mehr als nur ein Modetrend, es ist eine wunderbare Lebenseinstellung.

Ich erlebe immer wieder mit großer Begeisterung, wie einfach es sein kann, seine Zeit nicht mit allmorgendlichen Staus, nervigen E-Mails oder endlosen Meetings zu vergeuden. Und noch viel schöner ist es, Zeit für die Menschen und Dinge zu haben, die einem wichtig sind.

Wenn ich Ihnen nur einen einzigen Rat geben dürfte, wäre es dieser: *Legen Sie einfach los, trauen Sie sich!* Sie werden sehen, es geht von Tag zu Tag leichter. Denn: Zeitmanagement mit *simplify your time* ist gerade deshalb so großartig, weil es so einfach geht. Also: Worauf warten Sie noch?

Einfach entspannend:
simplify für Turbo-Typen

Entdecken Sie *simplify your time* als Regenerationsquelle. Denn Menschen, die wie der Turbo-Typ immer in Bewegung sind, brauchen Stationen, an denen sie ihre verbrauchte Energie wieder auftanken können.

Der Wunsch nach schneller Abwechslung zieht sich wie ein roter Faden durch Ihren vernetzten Alltag. Beruf und Privates vermischen sich so, dass Sie kaum merken, wann das eine anfängt und das andere aufhört. Doch wirklich leben heißt *bewusst erleben* – und das gelingt selten auf die Schnelle. Die traumhafte Aussicht vom Gipfel ist nur halb so überwältigend, wenn man sich oben von einem Helikopter absetzen lässt. Fahren Sie jedoch gemächlich mit der Sesselbahn auf den Berg, können Sie alle Hektik unter sich zurücklassen.

Schalten Sie regelmäßig auf Entschleunigung, entdecken Sie Low Tech und Slow Living als Ausgleich zu High Tech und Hyperliving. Deshalb gilt: *Weniger, aber besser!*

Einfach kreativ:
simplify für Ideen-Typen

»Nur wer sich ändert, bleibt sich treu!« Auf wen könnte dieses Motto besser passen als auf den Ideen-Typ? Genießen Sie den Spaß an einfachen Veränderungen mit großer Wirkung.

Entdecken Sie Ihr ganz besonderes Zeitmanagement-Talent, und schaffen Sie sich wohltuende Zeit-Freiräume. Das *simplify*-Erfolgsgeheimnis besteht darin, unterschiedliche Methoden und Techniken kreativ miteinander zu verbinden. Wählen Sie Ihre Lieblingstipps und kombinieren Sie einfach drauflos. Geben Sie Ihrer Ablage ein originelles Gesicht. Überraschen Sie mit einem ungewöhnlichen Zettel-Arrangement als To-Do-Liste. Setzen Sie Prioritäten im bunten Farbmix.

Gewinnen Sie Zeit durch konsequentes Reduzieren – bei der Anzahl Ihrer Projekte, bei Ihren Terminen und bei den Dingen, mit denen Sie sich umgeben. Gönnen Sie sich den Luxus, beim Arbeiten nicht gestört zu werden. Bleiben Sie unkonventionell, auch bei Ihrer Zeitplanung. Das ist aufregend und macht richtig Spaß!

Einfach mehr vom Leben:
simplify für Manager-Typen

»Nur aufs Ziel zu sehen, verdirbt die Lust am Reisen.« Manager-Typen sollten dieses Zitat von Friedrich Rückert immer im Blick haben.

Als Manager-Typ würden Sie am liebsten alle Tipps aus *simplify your time* auf einmal umsetzen. So könnten Sie ganz schnell ganz viel Zeit für neue Projekte freischaufeln. Aber warum eigentlich? Wäre es nicht viel schöner, die neu gewonnenen Zeitfreiräume zum Trödeln und Träumen zu nutzen? Man muss nicht immerzu rennen, jeder darf auch mal innehalten. Es geht nicht nur darum, Ziele zu erreichen – es ist auch wichtig, den Weg zum Ziel zu genießen.

Beginnen Sie gleich heute damit, Leistung und Lebensqualität in Einklang zu bringen. Machen Sie früher Schluss im Büro und tun Sie etwas, das Sie schon längst mal machen wollten!

Einfach erstklassig:
simplify für Exakt-Typen

»**Entweder etwas geht einfach oder es geht einfach nicht!**« **Dieses wunderbare Motto sollten Exakt-Typen für sich entdecken.**

Gerade für Sie als fleißigen, genauen und gewissenhaften Exakt-Typ bietet *simplify your time* völlig neue Perspektiven. Haben Sie Mut zum Umdenken. Entdecken Sie, dass einfach auch erstklassig sein kann. Lassen Sie Ihrem Ehrgeiz in Sachen *simplify* ruhig freien Lauf.

Ob Aufräumen, E-Mails oder Urlaubsplanung: Werden Sie ein wahrer Meister des Einfachen!

Legen Sie gleich heute los und erledigen Sie die nächste Aufgabe, die ansteht, erstklassig, aber einfach! Genießen Sie es, nicht immer alles übergenau zu nehmen, und gewinnen Sie so mehr Zeit für die schönen Dinge des Lebens.

Literatur

Allen, David: *Making It All Work*. Winning at the Game of Work and the Business of Life. New York, NY: Viking, 2008

Allan, David: *So kriege ich alles in den Griff*. Selbstmanagement im Alltag. München: Piper Verlag, 2008

Asgodom, Sabine und Siegfried Brockert: *Das Glück der Pellkartoffeln*. Vom Luxus der Zufriedenheit. München: Kösel, 2009

Assaraf, John: *Having It All*. Achieving Your Life's Goals and Dreams. New York, NY u. a.: Atria Books, 2007

Assaraf, John und Smith, Murray: *The Answer*. Grow Any Business, Achieve Financial Freedom, and Live an Extraordinary Life. New York, NY u. a.: Atria Books, 2008

Babauta, Leo: *Weniger bringt mehr*. Die Kunst, sich auf das Wesentliche zu beschränken. München: Riemann, 2009

Bachrach, Anne M.: *Excuses Don't Count; Results Rule!* La Jolla, CA: Seraph, 2008

Beck, Martha: *Steering by Starlight*. Find Your Right Life No Matter What! New York, NY: Rodale, 2008

Blanchard, Kenneth; Oncken Jr., William und Burrows, Hal: *Der Minuten-Manager und der Klammer-Affe*. Wie man lernt, sich nicht zuviel aufzuhalsen. Reinbek b. Hamburg: Rowohlt, 7. Aufl. 2009

Bock, Petra: *100 Fragen Ihr Leben betreffend*. München: Knaur, 2009

Borscheid, Peter: *Das Tempo-Virus*. Eine Kulturgeschichte der Beschleunigung. Frankfurt und New York: Campus, 2004

Bütefisch, Siegfried und Michaelis, Viola: *Erfolg in Balance*. Das 7-Felder-Prinzip. Berlin: Cornelsen, 2010

Burton, Valorie: *How Did I Get So Busy?* The 28-Day Plan to Free Your Time, Reclaim Your Schedule, and Reconnect with What Matters Most. New York, NY: Broadway Books, 2007

Burton, Valorie: *Rich Minds, Rich Rewards.* 52 Ways to Enhance, Enrich, and Empower Your Life. New York, NY: Villard, 2001

Canfield, Jack und Switzer, Janet: *Kompass für die Seele.* So bringen Sie Erfolg in Ihr Leben. München: Mosaik bei Goldmann, 3. Aufl. 2005

Cramm, Dagmar von: *simplify Diät.* Einfach besser essen und schlank bleiben. Frankfurt und New York: Campus, 2010

Crenshaw, Dave: *Eins nach dem anderen.* Endlich Schluss mit Multitasking, Wiley-VCH: Weinheim, 2009

Demartini, John F.: *Wie Visionen wahr werden.* Die revolutionäre Demartini-Methode. München: Kösel, 2009

Engelbrecht, Sigrid: *Tanz mit dem Säbelzahntiger.* Stressbewältigung für alle Stresstypen. Zürich: Orell Füssli, 2009

Enkelmann, Nikolaus B.: *Leben ist eine Kunst.* Wege zu einem erfüllten Leben. Offenbach: Gabal, 2010

Forster, Mark: *Do It Tomorrow* and Other Secrets of Time Management. London: Hodder & Stoughton, 2006

Frank, Gunter und Storch, Maja: *Die Manana-Kompetenz.* Entspannung als Schlüssel zum Erfolg. München und Zürich: Piper, 2010

Geißler, Karlheinz A.: *Wart' mal schnell.* Minima Temporalia. Stuttgart: S. Hirzel, 2004

Geißler, Karlheinz A.: *Zeit – verweile doch* … Lebensformen gegen die Hast. Freiburg im Breisgau: Herder, 2008

Gibson, Katherine: *Aufgeräumt macht glücklich.* Der kleine Entrümpel-Ratgeber, Herder: Freiburg im Breisgau, 2009

Gladwell, Malcolm: *Überflieger.* Warum manche Menschen erfolgreich sind – und andere nicht. Frankfurt und New York: Campus, 2009

Hirschhausen, Eckart von: *Glück kommt selten allein* … Reinbek b. Hamburg: Rowohlt, 2009

Hübner, Thomas: *Die Kunst der Auszeit.* Vom Powernapping bis zum Sabbatical. Zürich: Orell Füssli, 2006

Kirch, Doris: *12 Goldene Regeln für Stress-Junkies.* Ein Anti-Ratgeber: Steigern Sie Ihren täglichen Adrenalin-Kick! Murnau: Mankau, 2010

Kehr, Hugo M.: *Authentisches Selbstmanagement.* Übungen zur Steigerung von Motivation und Willensstärke. Weinheim und Basel: Beltz, 2009

Kingston, Karen: *Feng Shui gegen das Gerümpel des Alltags.* Richtig ausmisten. Gerümpelfrei bleiben. Reinbek b. Hamburg: Rowohlt, 2003

Klein, Olaf-Georg: *Zeit als Lebenskunst.* Berlin: Verlag Klaus Wagenbach, 2010

Klein, Stefan: Zeit. *Der Stoff aus dem das Leben ist.* Eine Gebrauchsanweisung. Frankfurt am Main: S. Fischer, 2008

Koller, Christine und Rieß, Stefan (Hrsg.): *Jetzt nehme ich mein Leben in die Hand.* 21 Coaching-Profis verraten ihre effektivsten Strategien. München: Kösel, 3. Aufl. 2010

Kotter, John P.: *Das Prinzip Dringlichkeit.* Schnell und konsequent handeln im Management. Frankfurt und New York: Campus, 2009

Küstenmacher, Marion und Werner Tiki: *simplify your love.* Gemeinsam einfacher und glücklicher leben. Frankfurt und New York: Campus, 2006

Küstenmacher, Werner Tiki: *biblify your life.* Erfüllter und bewusster leben. München: Pattloch, 2009

Küstenmacher, Werner Tiki: *JesusLuxus.* Die Kunst wahrhaft verschwenderischen Lebens. München: Kösel, 3. Aufl. 2009

Levine, Robert: *Eine Landkarte der Zeit.* Wie Kulturen mit Zeit umgehen. München: Piper, 15. Aufl. 2009

Levine, Stuart R.: *Cut to the Chase* and 99 Other Rules to Liberate Yourself and Gain Back the Gift of Time. London: Random House, 2007

Linneweh, Klaus; Heufelder, Armin und Flasnoecker, Monika: *Balance statt Burn-out.* Der erfolgreiche Umgang mit Stress und Belastungssituationen. München, Wien und New York: W. Zuckschwerdt, 2010

Mackenzie, Alec und Nickerson, Pat: *The Time Trap.* The Classic Book on Time Management. New York, NY u.a.: Amacom, 4. Aufl. 2009

Maiwald, Josef und Liebhard, Ute: *Smarter Life.* Zehn Säulen für ein erfolgreiches Leben. Lengerich: Pabst Science Publishers, 2010

Mathis, Jim: *Reaching Beyond Excellence*. Proven Strategies for Sky-rocketing Productivity and Enhancing Everyday Life. Charleston: SC, 2007

Meckel, Miriam: *Das Glück der Unerreichbarkeit*. Wege aus der Kommunikationsfalle. München: Goldmann, 2009

Morgenstern, Julie: *Never Check E-mail in the Morning*. New York, NY: Simon & Schuster, 2004

Morgenstern, Julie: *Shed Your Stuff, Change Your Life*. A Four-Step Guide to Getting Unstuck. New York, NY u.a.: Fireside, 2009

Nickerson, Pat: *Managing Multiple Bosses*. How to Juggle Priorities, Personalities & Projects – and Make It Look Easy. New York, NY u.a.: Amacom, 1999

Passig, Kathrin und Lobo, Sascha: *Dinge geregelt kriegen*. Ohne einen Funken Selbstdisziplin. Augsburg: Weltbild, 2008

Pausch, Randy, mit Zaslow, Jeffrey: *Last Lecture:* Die Lehren meines Lebens. Augsburg: Weltbild, 2009

Pleterski, Friederun und Habinger, Renate: *Vom Luxus des Einfachen*. Wien: Christian Brandstätter, 2010

Posada, Joachim de und Singer, Ellen: *Don't Eat the Marshmallow Yet!* The Secret to Sweet Success in Work and Life. New York, NY: Berkley, 2005

Ramsland, Marcia: *Simplify Your Life*. Get Organized and Stay That Way! Nashville, TN: Publishing Group, 2003

Ramsland, Marcia: *Simplify Your Time*. Stop running and start living! Nashville, TN: Publishing Group, 2006

Reiss, Steven: *Wer bin ich und was will ich wirklich?* Mit dem Reiss-Profile die 16 Lebensmotive erkennen und nutzen. München: Redline, 2009

Richardson, Cheryl: *The Art of Extreme Self-Care*. Transform Your Life One Month at a Time. Carlsbad, CA: Hay House, 2009

Roenneberg, Till: *Wie wir ticken*. Die Bedeutung der inneren Uhr für unser Leben. Köln: DuMont, 2010

Roese, Neal: *Ach, hätt' ich doch*. Wie man Zweifel in Chancen verwandelt. Frankfurt am Main: Eichborn, 2007

Schneider, Beate und Schubert, Martin: *Die Multitaskingfalle* – und wie man sich daraus befreit. Zürich: Orell Füssli, 2009

Schweppe, Ronald P. und Schwarz, Aljoscha A.: *Einfach gut.* 99 Dinge, die nichts kosten und uns bereichern. München: Riemann, 2009

Slocum, Loren: *Life Tuneups.* Your Personal Plan to Find Balance, Discover Your Passion, and Step into Greatness. Guilford, CT: Globe Pequot, 2009

Smallin, Donna: *Unclutter Your Mind.* 500 Ways to Focus on What's Important. North Adams, MA: Storey Publishing, 2006

Shapiro, Stephen M.: *Goal-Free Living.* How to Have the Life You Want Now! Hoboken, NJ: John Wiley, 2006

Shipley, David und Schalbe, Will: *Erst denken, dann senden!* Die peinlichsten E-Mail-Pannen und wie man sie vermeidet. München: Heyne, 2008

Spitzer, Manfred: *Vom Sinn des Lebens.* Wege statt Werke. Stuttgart und New York: Schattauer, 2007

Sprenger, Reinhard K.: *Die Entscheidung liegt bei dir!* Wege aus der alltäglichen Unzufriedenheit. Frankfurt und New York: Campus, 14. Aufl. 2010

Stack, Laura: *Find More Time.* How to Get Things Done at Home, Organize Your Life, and Feel Great About It. New York, NY: Broadway Books, 2006

Stack, Laura: *Leave the Office Earlier.* The Productivity Pro. New York, NY: Broadway Books, 2004

Stack, Laura: *The Exhaustion Cure.* Up Your Energy from Low to Go in 21 Days. New York, NY: Broadway Books, 2008

Storch, Maja: *Machen Sie doch, was Sie wollen!* Wie ein Strudelwurm den Weg zu Zufriedenheit und Freiheit zeigt. Bern: Hans Huber, 2010

Swenson, Richard A.: *Einfach einfacher.* Rezepte gegen das Zuviel, das uns zu wenig Raum zum Leben lässt. Gießen: Brunnen 2006

Terban Morris, Janet: *The Simplify Journal.* A Workbook to help you regain control of your life. New York, NY: Peter Pauper Press, 2002

Thiele, Johannes: *Change Your Life*: Den eigenen Lebenstraum verwirklichen. Gütersloh: Gütersloher Verlagshaus, 2006

Tiggelaar, Ben: *Träumen, Wagen, Tun.* Wie den schwierigsten Menschen der Welt managen: sich selbst. Offenbach: Gabal, 2010

Tracy, Brian: *Eat that frog*. 21 Wege, um sein Zaudern zu überwinden und in weniger Zeit mehr zu erledigen. Offenbach: Gabal, 5. Aufl. 2008

Tracy, Brian: *Flight Plan*. Das wahre Geheimnis von Erfolg. Offenbach: Gabal, 2009

Tracy, Brian und Enkelmann, Nikolaus B.: *Der Erfolgs-Navigator*. Ohne Stress und Burnout private und berufliche Ziele verwirklichen. Wien: Linde, 2008

Trapani, Gina: *Upgrade Your Life*. The Lifehacker Guide to Working Smarter, Faster, Better. New York, NY: John Wiley & Sons, 2. Aufl. 2008

Umland, Regina: *Den Schreibtisch im Griff*. Von Ablage bis Zeitplanung. Bertelsmann: Bielefeld, 2007

Weick, Günter und Schur, Wolfgang: *Wenn E-Mails nerven*. So bekommen Sie die Kontrolle zurück und arbeiten besser, schneller und sicherer. Frankfurt am Main: Eichborn, 2008

Weidner, Christopher A.: *Wabi Sabi – keine Zeit und trotzdem glücklich*. Wie Sie die Kostbarkeit des Augenblicks entdecken und Ihren Rhythmus finden. München: Knaur, 2008

Welch, Suzy: *10 – 10 – 10. 10 Minutes, 10 Months, 10 Years*. A Life-Transforming Idea. New York, NY u.a.: Scribner, 2009

Winget, Larry: *Menschen sind Idioten und ich kann's beweisen*. Maßnahmen gegen die 10 Methoden, mit denen sich jeder sabotiert. Kulmbach: Börsenmedien, 2008

Wisemann, Richard: *Wie Sie in 60 Sekunden Ihr Leben verändern*. Frankfurt am Main: S. Fischer, 2010

Wolf, (Abtprimas) Notker: *Gönn dir Zeit. Es ist dein Leben*. Freiburg im Breisgau: Herder, 2009

Zimbardo, Philip und Boyd, John: *Die neue Psychologie der Zeit* und wie sie Ihr Leben verändern wird. Heidelberg: Spektrum, 2009

Bücher von Lothar Seiwert

Friedrich, Kerstin; Malik, Fredmund und Seiwert, Lothar: *Das große 1x1 der Erfolgsstrategie*. EKS® – Die Strategie für die neue Wirtschaft. Offenbach: Gabal, 18. Aufl. 2012

Küstenmacher, Werner Tiki und Seiwert, Lothar: *simplify your life*. Einfacher und glücklicher leben. München: Knaur, 12. Aufl. 2012

Seiwert, Lothar: *Ausgetickt: Lieber selbstbestimmt als fremdgesteuert*. Abschied vom Zeitmanagement. München: Ariston, 2. Aufl. 2011

Seiwert, Lothar: *Balance Your Life*. Die Kunst, sich selbst zu führen. München: Piper, 4. Aufl. 2010

Seiwert, Lothar: *Das neue 1x1 des Zeitmanagement*. Zeit im Griff, Ziele in Balance. München: Gräfe und Unzer, 34. Aufl. 2013

Seiwert, Lothar: *Die Bären-Strategie: In der Ruhe liegt die Kraft*. München: Heyne, 6. Aufl. 2012

Seiwert, Lothar: *Noch mehr Zeit für das Wesentliche*. Zeitmanagement neu entdecken. München: Goldmann, 4. Aufl. 2012

Seiwert, Lothar: *Wenn du es eilig hast, gehe langsam*. Mehr Zeit in einer beschleunigten Welt. Frankfurt und New York: Campus, 16. Aufl. 2012

Seiwert, Lothar: *Zeit ist Leben, Leben ist Zeit*. München: Ariston, 2013

Seiwert, Lothar, with Ann McGee-Cooper: *Slow Down to Speed Up*. How to manage your time and rebalance your life. Frankfurt und New York: Campus, 2008

Seiwert, Lothar und Friedbert Gay: *Das neue 1x1 der Persönlichkeit*. Sich selbst und andere besser verstehen mit dem persolog-Modell. München: Gräfe und Unzer, 25. Aufl. 2012

Seiwert, Lothar und Tracy, Brian: *Life-Leadership*. So bekommen Sie Ihr Leben in Balance. Offenbach: Gabal, 2. Aufl. 2007

Seiwert, Lothar; Wöltje, Holger und Obermayr, Christian: *Zeitmanagement mit Microsoft Outlook*. Die Zeit im Griff mit der meist genutzten Bürosoftware – Strategien, Tipps und Techniken. Köln: O'Reilly, 9. Aufl. 2013

Facebook

Become a Fan on Facebook:
www.facebook.com/Lothar.Seiwert

twitter

twitter.com/Seiwert: Fast täglich aktuelle Hinweise, kleine Tipps und motivierende Zitate – maximal 140 Zeichen lang.
twitter.com/TimeTip: Kleine Zeit-Tipps für den Alltag aus Lothar Seiwerts Büchern und Kalendern.

Wöchentlicher Newsletter (kostenlos!)

SEIWERT-TIPP: 1 Minute für 1 Woche in Balance. Ihr persönliches Erfolgscoaching mit jeweils einem konkreten Tipp zu den vier Lebensbereichen Job, Kontakt, Body & Mind. Kurzer, knapper e-Newsletter mit praktisch umsetzbarem Sofort-Nutzen (kostenlos, erscheint wöchentlich), zu abonnieren unter:
www.seiwert.de

Register

1 bis 10-Methode 164
1-2-3-Methode 176 f.
30-Sekunden-Prinzip 236
3-K-Methode 276
3-Minuten-Regel 188,
213

Aktionismus 101, 166
Alighieri, Dante 122
Arbeitsweg 300
Ärgerhygiene 301
Aristoteles 80
AUA-Methode 179-189
Aufgaben
– Aufgabenblatt 170 f.
– Aufgaben tauschen 49,
193 f.
– Sinnlos-Aufgaben
165 f., 167
– Sofort-Aufgaben 165 f.,
177
– Später-Aufgaben 165 f.
– Super-Aufgaben 165,
177
Aufschieben 101, 114,
178 f., 284-286
Aurel, Marc 307
Ausreden 286

Babiel, Rolf 270
Balas, Bernhard 44
Bamm, Peter 243
Barbour, Julian 22
Betreffzeile 209
Block-Methode 184
Boros, Ladislaus 29
Brainstorming 114 f.,
266 f.
Braun, Wernher von 270

Brentano, Clemens von
307
Brinthaupt, Thomas 257
Busch, Wilhelm 295

CC-Funktion 49, 208
Chanel, Coco 34
Checklisten
– Aufgaben kategorisieren
168-170
– Delegieren 202 f.
– Ist-Zustand 249
– Lebensqualität 305
– Prioritäten 162-164
– Wohnungsrundgang
265
– Ziele 283
Churchill, Winston 27
Cicero 24, 80
Clinton, Bill 27

Dalai Lama 256
Delegieren 92, 121, 123,
128 f., 144, **156, 191-
203**
– Delegationsvertrag 200 f.
Detailarbeit 142-145
Dostojewskij, Fjodor
M. 80
Downshifter 23

Edison, Thomas Alva 102
Effizienz 44, 66, 124 f.,
184
Einstein, Albert 80, 118
Eisenhower, Dwight D.
164
Eisenhower-Prinzip 164-
166

E-Mail 25, 57, **207-215**
– Etiketteregeln 209
– Signatur 214
– Slow-Mail-Bewegung
210
– Unterordner 212 f.
– Wegwerfadressen 211
Engpass-Konzentrieren-
Strategie (EKS) 281
Entrümpeln 223-237
Entschleunigung 23, 45,
313, *siehe auch* Slow-
Living
Epiktet 244
Epikur 291
Erfolg 24, 47-53
Erfolgsleitfaden 280
Erreichbarkeit 25, 57, 61,
104 f., 156 f., 206 f.
Exakt-Typ 89, 94 f., 107,
133-145, 316
– Stärke-Schwäche-Profil
135-143
– Tipps 137-143, 161,
183, 187, 198, 213, 234,
255, 266, 280, 303
– Zusammenarbeit 118 f.,
143-145, 148 f.
Fahland, Frank 44
Faulheit 28, **79-85**
Ferguson, Alex 117
Fernsehen 45, 68, 170,
186, 294
Fifty-Fifty-Regel 185
Flexibilität 99, 102 f., 111,
137-139
Franklin, Benjamin 32
Freizeitstress 68, 80-82,
255, 296-298

Freud, Sigmund 28
Frosch-Prinzip 178 f.
Fry, Arthur 112

Gandhi, Mahatma 241
Gates, Bill 215
Geduld 97, 105, 297
Gelassenheit 297 f.
Gewinnmaximierung
  281
Gewissen, schlechtes 50,
  83, 129, 167, 189
Glück 257, 306 f.
Goethe, Johann Wolfgang
  von 21, 135

Handy 58 f., 64, *siehe auch*
  Erreichbarkeit
Hausarbeit 193-195, 230,
  255, 303
Havenstein, Klaus 83
Heidegger, Martin 290
Heidenreich, Elke 255
Higgins, Chris 157
High Hoper 242
Hilsbecher, Walter 234
Hirnleistung 64 f., 82, 282
Hopp, Dietmar 53
Huxley, Aldous 41

Iacocca, Lee 27
Ideen-Typ 89, 94 f., 107,
  109-119, 314
– Stärke-Schwäche-Profil
  111-117
– Tipps 112, 114-117,
  131, 164, 178, 184, 186,
  189, 194, 198, 212, 230,
  235, 257, 263, 278, 284,
  293
– Zusammenarbeit 111,
  118 f., 145, 148 f.
Idole 302
Informations-Stress 55,
  156 f., **205-221**
Internet 25, 55-60, 105,
  215-218, *siehe auch*
  E-Mail

Internet-Recherche 216-
  218

Jobs, Steve 118

Kalender-Check 52
Kamprad, Ingvar 116
Kekulé, Friedrich 80
Kennedy, John F. 220
Kettering, Charles 244
Kinder 193-195, 229,
  292, 295
KISS-Formel 138
Kochen 43-45
Kommunikationstechnik
  siehe Technik
Kompetenzverzeichnis
  200
Konsum *siehe* Shoppen
Konsumfasten 300
Kontroll-Freak 98, 129,
  255
Körpersignale 73 f.
Kreativität 27, 84, 109-
  113, 118 f.
Kritik üben 141, 201

Laotse 64
Last-Minute-Aktion 185 f.
Lebensrad 242, **247-259**,
  292
Lebenstraum 243-245,
  261-271
Lennon, John 139
Loos, Adolf 301

Maar, Paul 270
Manager-Typ 89, 94 f.,
  107, **121-131**, 315
– Stärke-Schwäche-Profil
  123-129
– Tipps 124-129, 163,
  183, 186, 201, 209, 225,
  254, 269, 276, 299
– Zusammenarbeit 118,
  130 f.,144, 148 f.
Meeting 105 f.
Merkel, Angela 56, 58

Mewes, Wolfgang 281
Min Tang 230
Minimumprinzip 281
Monotasking 66
Moss, Stirling 98
Mount-Vernon-Methode
  228
Multitasking 26, 63-69
Müßiggang 28, **79-85**,
  291, 315

Nachbarschaftshilfe
  293
Nahr, Helmar 162
Nein-Sagen 93, 113, 123,
  129, 188 f.
Newton, Isaac 28
Nichtstun 28, **79-85**,
  98, 127
Nimm-2-Prinzip 229
Not-To Do-Liste 36

Oesch, Emil 176
Optimismus 254
Ordnung 93, 110, 115 f.,
  157, **223-237**
– Computer 233
– Schreibtisch 110, 115,
  122, 134, **230-233**
Oxfam 226

Palmieren 76
Pareto, Vilfredo 160
Pareto-Prinzip 160 f.
Parkinson, Cyril North-
  cote 182, 207
Parkinson-Gesetz 142,
  182
Pause 27, **71-77**, 186
– Mittagspause 27, 76
– Pausen-Rhythmus 74 f.
– Pausen-Snack 75
– Totalpause 75
Placebo-Termine 50
Planungsmethoden 176-
  189
Planungssystem 103, 180
Platon 114

Power-Nap 76
Pricken, Mario 262
Prioritäten 53, 67, 92, 97, 109, **154 f.**, **159-171**, 281
Produktvielfalt 299
Projektplan 278
Pünktlichkeit 91, 141
Radfahren 253

Reise 14, 42 f., 89, 306, 311, 315
Risikobereitschaft 95, 119, 121, 136 f., 139 f.
Rituale 253, 297
Rolfs, Rudolf 42
Routinearbeit 138, 195
Roosevelt, Theodore 201
Rückert, Friedrich 21, 315
Russell, Dan 210

Saint-Exupéry, Antoine 36, 242
Saint-Pol-Roux 80
Salami-Taktik 183
Salomon 80
Schlaf 80, 256
– Mittagsschlaf 27, 76
Schnelligkeit 39-45, 97, 142
Schnurre, Wolfdietrich 33
Schöneck, Nadine 14
Schwab, Charles M. 160
Sedoris, Rachael 287
Selbstbestimmung 34, 253, 289
Selbstgespräch 257
Seneca 273
Shoppen 292, 294, 300
Simplify-Sackhüpfen 237
Simplify-Strategien
– für clevere Pausen 75
– für Ihr persönliches Off 59
– für mehr Müßiggang und Lebensfreude 84
– für mehr Work-Life-Balance 258

– gegen Techno-Stress 219
– gegen Terminflut 51
– zum Luftholen 49
Slow Living 41-45
Slow Food 43
Slow Mail 210
SMART-Methode 276
SocialBay 226
Solksjaer, Ole Gunnar 117
Sophokles 155
Spam 211
Spezialisierung 136-138, 142 f., 281
Spontaneität 118, 125, 134
Sport 253, 279, 287
Statussymbol 47, 289, 298
Steinbeck, John 36
Stockwerksfrage 208

Tagebuch 262 f.
Tagtraum 84
Teamarbeit 91, 99, 128, 130 f., 144 f., **147-149**
Technik 55-61, 64 f., 103-105, 122, 156, 196, **205-220**
Telefon 60, 77, 214
Terminkalender 24, 47-51
Textbaustein 214
Time-Tools 151-237
Time-Typen 87-149
– Test 91-95
– Überblick 95
To-Do-Strategie 177 f.
Traum-Box 266
Turbo-Typ 89, 94 f., **97-107**, 313
– Stärke-Schwäche-Profil 98-105
– Tipps 100-106, 166, 177, 185, 197, 208, 228, 256, 264, 282, 296
– Zusammenarbeit 105-107, 119, 131, 145, 147 f.
Tuttuko Bako 61

Überstunden 24, 27, 71, 102, 124
Unterbrechungen 67 f., 74 f., 183 f.
Verein zur Verzögerung der Zeit 33
Verzicht 34-36, 207 f., 256, **289-307**

Wartezeit 40, 125
Watson, Tom 56
Weber, Karl Julius 311
Weglassen *siehe* Verzicht
Wilde, Oscar 83, 89
Wohnungsrundgang 264 f.
WO-Methode 207-215
Work-Life-Balance 247-258
Wozniak, Steven 118
Wünsche 266-271, **273-287**
WWW-Methode 216-218, 285

Yutang, Lin 153

Zacherl, Ralf 110
Zeitbedarf ermitteln 51 f., 142 f., 182 f., 278 f.
Zeit-Irrtümer 19-85
Zeitmangel 29, 31-37, 51
– Taktik gegen Zeitdruck 34-36
Zeitmythen *siehe* Zeit-Irrtümer
Zeitplanung 92 f., 113 f., 155, **173-189**
Zielplanung 181 f., 244, **273-287**, *siehe auch* Wünsche
– Ziel-Collage 278
– Ziele, langfristige 179-189, 283
– Ziele, unerreichbare 126
– Zielformulierung 276 f.
Zuverlässigkeit 133 f.

Lothar J. Seiwert
**Wenn du es eilig hast,
gehe langsam**
Mehr Zeit in einer
beschleunigten Welt

Sonderausgabe, 2012. 224 Seiten

Auch als E-Book erhältlich

Entschleunigen Sie Ihr Leben!

Sie fühlen sich gehetzt und haben das Gefühl, dass die Hektik Ihren Alltag beherrscht? Europas führender Zeitmanagement-Experte Lothar Seiwert zeigt Ihnen, warum Zeitoptimierung allein heute nicht mehr ausreicht: Das Zeitmanagement der Zukunft bedeutet ganzheitliches Selbstmanagement und aktive Lebensgestaltung.

»Wer Seiwerts Tipps befolgt, schont seine Gesundheit und gewinnt Lebensqualität auf Dauer.« Impulse

campus.de

Frankfurt. New York

Werner Tiki Küstenmacher und Lothar J. Seiwert

Simplify your Life

Einfacher und glücklicher leben

*»Der Weltbestseller jetzt als Taschenbuch, aktualisiert und
entscheidend ergänzt: der neue 8-Stufen-Weg«*

*»Noch übersichtlicher mit dem praktischen
simplify-Navigator«*

Das immer komplizierter werdende Leben meistern, das volle
Potenzial Ihrer Persönlichkeit ausschöpfen, einfach glücklich und
erfüllt sein – das muss kein Traum bleiben. Millionen Menschen
haben es mit diesem Buch geschafft.
Werner Tiki Küstenmacher und Lothar J. Seiwert geben Ihnen pra-
xiserprobte Regeln an die Hand, sofort umsetzbare Tipps und ver-
blüffend neue Methoden für ein sinnvolles Leben.

Sie erfahren unter anderem:
- wie Sie die Stapel auf Ihrem Schreibtisch besiegen
- wie Sie Ihr Arbeitspensum in den Griff bekommen
- wie Sie auf einfache Weise fit und gesund bleiben
- wie Sie Partnerschaft und Beruf optimal verbinden
- wie Sie zum wunderbaren Kern Ihres Lebens finden

Werden auch Sie ein simplifyer!

Knaur Taschenbuch Verlag

Seiwert sehen, Seiwert

Prof. Dr. Lothar Seiwert
„Er ist in der Szene der Zeit-
management-Experten schlicht
die Größe."
Bild der Wissenschaft

Mehr als vier Millionen Menschen haben seine Bücher gelesen, mehr als 400.000 haben ihn live als Trainer und Sprecher erlebt: Lothar Seiwert ist unangefochten Europas führender und bekanntester Experte für das neue Zeit- und Lebensmanagement.

Er gehört zum Kreis der „Excellent Speakers" in Europa und stand mit Bill Clinton auf der Bühne. Er ist mit über 50 Büchern, Videos und Audios einer der erfolgreichsten Sachbuchautoren Europas.

Sein bekanntestes Buch „Simplify Your Life" (mit Tiki Küstenmacher) ist zu einem weltweiten Megaseller in mehr als 30 Sprachen avanciert.

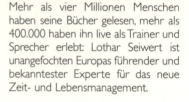

LOTHAR SEIWERT

SEIWERT KEYNOTE-SPEAKER GMBH ■ TIME-MANAGEMENT UND LIFE-LEADERSHIP®
ADOLF-RAUSCH-STR. 7 ■ D-69124 HEIDELBERG
FON: 07000-734 93 78 ODER 07000-SEIWERT
FAX: 0 62 21 / 789 56 42 ■ E-MAIL: INFO@SEIWERT.DE ■ WWW.LOTHAR-SEIWERT.DE

hören, Seiwert erleben

- Sie möchten das Original live auf der Bühne erleben?
- Ein impulsives Highlight für Ihren Event?
- Rednerische Höhenflüge zu einem Thema mit Tiefgang?

Wir informieren Sie gerne über:

☐ Faszinierende und inspirierende Vorträge mit „Deutschlands führendem Zeitmanager" (Focus)

☐ Offene Seminare zu Time-Management und Life-Leadership® mit Prof. Lothar Seiwert

Ein ausgezeichneter Redner

- Internationaler Trainingspreis „Excellence in Practice" der ASTD (USA)
- Benjamin-Franklin-Preis für das „Beste Business-Buch des Jahres"
- Management-Strategie-Preis von FAZ und KPMG
- Deutscher Trainingspreis des BDVT
- Deutscher Strategiepreis des Strategie-Forums e.V.
- Hall of Fame® der German Speakers Association (GSA)
- Life-Achievement-Award der Weiterbildungsbranche für das Lebenswerk
- Conga-Award 2008 für exzellente Leistungen als Business-Speaker
- Certified Speaking Professional (CSP) der National Speakers Association (NSA), USA

EXKLUSIV UND NUR BEI UNS!

Das neue Zeit- und Lebensmanagement in einer beschleunigten Welt

Power-Seminare mit „Deutschlands führendem Zeitmanager" (FOCUS)

Wenn nicht jetzt, wann dann?

Sie möchten mehr Zeit für das Wesentliche? Sie suchen nutzbringende Strategien für eine gesunde Balance zwischen Arbeit, Familie und Freizeit? Ein Lebensmanagement, das zufriedener, erfolgreicher und glücklicher macht?

Wenn nicht er, wer dann?

Mit den Seminaren von **Prof. Dr. Lothar Seiwert**, Europas führendem Experten für ein neues Zeit- und Lebensmanagement, gewinnen Sie ein neues Zeitbewusstsein. Profitieren Sie sofort von neuen Perspektiven in Sachen Zeit- und Lebenseinstellung und seinem umfassenden Know-how zur Zeitplanung.

Optimales Zeitmanagement: Mehr Zeit für das Wesentliche

1-Tages-Power-Seminar

Mit dem Seminar werden Sie:

- Ihre Aufgaben und Aktivitäten besser überblicken
- Ihre Arbeits- und Selbstorganisation optimieren
- Ihre Zeit klug einteilen und planen
- Stress und Termindruck vermeiden
- Wertvolle Zeitreserven entdecken
- Eindeutige Prioritäten mit der ABC-Methode setzen
- Erfolgreiche Praxis-Tipps mitnehmen

Life-Leadership®: Das neue Zeitmanagement

1-Tages-Intensiv-Seminar

Mit dem Seminar werden Sie:

- Effektivität und Zeitsouveränität gewinnen
- Klarheit über Ihre Ziele, Ihre Werte und Ihre Lebensvision bekommen
- Ihr Leben entschleunigen und den Alltagsstress besiegen
- Ihre Ziele Schritt für Schritt verwirklichen
- Dringendes von Wichtigem unterscheiden lernen

Aktuelle Seminartermine unter www.seiwert.de und www.teamconnex.com

TEAM CONNEX AG • Schönbuchstr. 48 • 71155 Altdorf
Tel. +49 7031 2703-0 • Fax +49 7031 2703-88 • partner@teamconnex.com